윤관희 지음

BELIEF

SUSPICION

CONVERSATION

믿음과 의심의 대화

신아사

글머리에

필자는 대학생을 대상으로 성경공부를 15년간 인도하면서 다양한 질문들을 접했다. 흔히 믿음이란 설득을 통해 얻는 아니라 하나님이 선포하신 것을 그대로 받아들이면 되는 것이라고 알고 있다. 그러나 학생들이 질문할 때 그런 식의 해답을 내놓자, 그들이 겪는 고민과 제시한 질문들에 대한 대답으로는 충분하지 못하다는 것을 알았다.

예수님이 부활하신 후에도, 도마가 예수님이 못 박힌 손자국과 옆구리를 직접 보고 만져보지 않고서는 믿지 못하겠다고 하자, 놀랍게도 예수님은 그에게 믿음이 없다고 구박만 하지 않고 그가 믿음을 가지도록 직접 보여주었다. 그것이 비록 온전한 믿음은 아니었다 할지라고 예수님은 차선의 방법을 사용했다.

주일학교 어린이들이나 초신자들이 가질만한 호기심어린 질문이나 당돌하게 던지는 의문은 악의적이라기보다는 신앙인이라면, 아니 비신자라도 누구나 던질만한 것이다. 흔히 말하기를, 믿음의 반대는 의심이 아니라 무관심이라고 한다. 의심한다는 것 자체는 영적인 세계에 대해 조금이나마 관심이 있다는 표시이다. 그러므로 그들의 호기심 또는 의심에서 나오는 질문을 무시하는 것은 영적인 길에서 더 멀어지게 하거나, 하나님의 오묘한 계획을 깨닫지 못하게 가로막는 자세가 아닐까? 그래서 이들의 질문에 답변을 하거나 최소한 그들의 의문에 관심을 표명함으로써, 그들이 하나님께 대한 믿음의 세계로 조금이나마 더 쉽게 발을 내딛는다면, 최소한 그들의 객기어린 당돌한 또는 합리적인 질문에 답하려고 노력하는 것만이라도 도움이 되지 않을까 하는 생각에서 본서를 집필하게 되었다.

성숙한 기독교인뿐만 아니라, 기독교에 관심을 갖는 비기독교인, 또는 기독교를 공격하는 무신론자들을 포함해서 누구나 던질 수 있는 질문들 및 필자가 대학생 성경공부를 인도할 때 받았던 질문들에 대해 성경적 관점에서 알기 쉽게 답변하고자 했다. 이 답변들은 너무 장황하지 않으며 심오한 신학적, 철학적 변증법을 사용한 것이 아니라 오히려 일반적 상식과 논리에 의지한 측면이 많기 때문에 완전한 정답이라고 하기에는 무리가 있을 것이다. 그러나 적어도 질문이 의도하는 바를 정확히 꿰뚫어 보고, 질문 아래에 깔려 있는 전제를 파악하고 성경이 말하고자 하는 핵심 내용이 무엇인지를 명확히 파악하는 데는 도움이 되기를 기도할 뿐이다.

하나님께 질문을 던지고 의문을 솔직히 표현하고 논의하는 또 하나의 중요한 목적은 그것이 하나님을 더 많이 알아가고 믿음이 견고해질 수 있는 하나의 방법이라고 믿기 때문이다. 팀 켈러(Tim Keller) 목사는 '믿음은 생각하는 것과 밀접한 관계가 있다'고 했다. 성경에는 '하나님이 이스라엘에게 어떻게 행했는지 기억해보라, 생각해보라, 묵상해보라. 예수님이 누구인지 생각해 보라. 하나님께 물어보라' 등등 하나님의 본성, 성품, 능력, 섭리, 지위, 계획에 대해 생각하고, 기억하고, 묵상하고, 질문하라는 권고가 수없이 반복된다. 물론 우리의 이성적인 생각으로 하나님을 완전히 알 수 없다. 다만 겸손한 마음으로 하나님의 뜻을 간구하고 물어볼 때, 성령께서 빛을 비추시고 깨닫게 하시는 것만을 알 뿐이다.

본서의 목적 및 독자들이 보일 수 있는 몇 가지 반응을 제시해 본다. 첫째, 본서에서 던지는 질문과 그에 대한 답은 절대 완벽하지 않음을 인정한다. 다만 몇 가지 질문을 통해, 성경과 하나님의 뜻에 대해 다시 한 번 그리스도인으로서 생각해보고 이성과 신앙과 감정이 조화를 이룬 성숙된 단계로 나아갈 수 있는 계기를 제시하는 디딤돌 역할을 하길 바랄 뿐이다. 독자들이 단순히 반론을 제기하는 수준을 넘어 나름대로의 논리나 발전된 답변을 제시할 기회를 본서가 제시한다면 소명을 다했다고 생각한다. 둘째, 본서의 질문은 그리스도인이 전도할 때, 최소한 불신자와 구도자들에게 우리의 신앙에 대해 준비된 답을 제시함으로써 우리의 신앙이 견고함을 증명하는데 일말의 도움을 주려는 것이다. 따라서 전도자들과 독자들은 본서에서 제기한 질문과 답변에 덧붙여서, 성령께서 주신 개인적 깨달음을 얼마든지 보충하여 더 완전한 답을 제시하길 바라마지 않는다.

이 책은 특히 교회에서 제자훈련과 사역훈련을 함께 수료한 집사님들과 영적 훈련을 받는 도중에 받은 은혜에 대한 감사의 표시로서 드리고 싶다. 또한 주제와 관련해서 도움을 준 아내와 자녀 둘에게 이 책을 바치고 싶다.

끝으로 본서를 출간하는데 흔쾌히 도움을 주신 신아사 대표님과 편집 및 출판 작업에 힘써주신 분들에게 심심한 사의를 표하는 바이다.

차례

1부

의문과 믿음의 동행

대개 성경을 직접 읽어 보지 않은 많은 사람들은 기독교를 믿고 싶지 않은 이유를 다양하게 제시한다. 그 중 한 가지는, 하나님이 너무 독단적이고 권위적이며 하나님의 명령에 얽매이는 생활을 하기 싫고 자신도 모르게 그렇게 될까 염려하기 때문이라는 것이다. 이런 부류의 사람들은 그나마 솔직한 편에 속한다. 하나님이 없다고 주장하는 것이 아니라, 하나님이 믿기 싫다는 것이다. 하나님에 대한 잘못된 생각 때문에, 기독교인의 삶이란 폐쇄적이고 뭔가에 구속된 인생이라고 오해하는 경향이 있다.

필자도 한 때 그렇게 생각했지만 신앙생활을 하며 성경을 읽고 난 후에, 그것은 오해와 선입견이라는 것을 깨닫게 되었다. 하나님은 과연 인간을 구속하고 폭압적일 뿐 아니라 권위적이며 두려운 분인가?

놀랍게도 많은 사람들이 생각하는 것과 반대로, 하나님은 인간의 말에 귀를 닫고 무시하고 명령만 내리는 분이 아니다. 오히려 성경에는 하나님과 사람들의 대화가 끊임없이 펼쳐진다. 의심과 불안, 죄의식에 휩싸인 인간들의 목소리를 가감없이 듣고 그들의 영혼의 신음소리에 끊임없이 응답하시는 분이 바로 하나님임을 성경을 한 번이라도 읽어 본 사람이라면 쉽사리 알 수 있을 것이다.

피조물인 인간이 하나님께 불순종한 결과 죄인으로 타락한 이후부터 의심과 불안, 죽음과 고통에 대한 두려움으로 휩싸이게 되었다. 그래서 완전한 믿음 대신에 하나님을 향해 끊임없이 의심과 불만을 제기하기에 이르렀다. 그러나 하나님은 피조물인 우리를 사랑하기 때문에 우리가 지속적으로 의심을 표출해도 무시하지 않고 답변을 한다.

래리 크랩(Larry Crabb)은 심지어 우리가 인생에서 고난을 당할 때 "왜 하나님이 내게 이런 일이 일어나도록 하셨을까?"라고 적극적으로 질문을 던지라고 격려한다. 스스로에게 혼란을 일으키는 난해한 질문을 함으로써 하나님을 기쁘시게 하는 법을 배울 수 있다는 것이다. 정직한 혼란을 애써 무시한다면, 하나님을 향한 진실된 확신이 아니라 강요된 신뢰를 할 수도 있다고 주장한다. 이런 도발적 주장은 문제를 해결하는 것보다 오히려 하나님을 기쁘시게 하는 것이 인생의 더 큰 목적이 되어야 한다는 생각에서 비롯된다(『영적가면을 벗어라』. 1998).

게리 하버마스(Gary Habermas)는 의심을 세 가지, 즉 사실적 의심, 정서적 의심 및 의지적 의심으로 구분한다 (『의심: 믿음의 또다른 얼굴』. 2002). 사실적 의심은 신앙의 기초가 되는 성경적 사실, 역사적 사실, 또는 이 사실에 기반을 둔 과학적 사실 및 논리에 대한 의심을 가리킨다. 사실적 의심을 품은 사람에게 믿음의 근거가 되는 역사적 사실 및 논리를 충분히 제시하면, 대개 의심이 사라질 가능성이 많다. 가령 예수님의 실존을 의심하는 사람에게는 예수가 역사적으로 실존한 인물이라는 증거를 제시하고, 부활의 실재를 의심하는 사람에게는 부활에 관한 수많은 증인과 의학적 증거 및 논리를 제시한다면 의심의 눈초리를 거둬들이게 할 수 있을 것이다.

정서적 의심은 성경의 특정 사실이나 논리를 의심하는 게 아니라, 개인의 주관적 느낌과 감정에 의심이 생기는 경우이다. 객관적 사실이나 증거가 중요한 것이 아니라, 당사자의 느낌으로 증거를 판단한 결과 의심이 든다는 것이다. 이와 같은 경우에는, 아무리 객관적 증거, 역사적 및 과학적 사실 그리고 논리 정연한 설명을 제시해도 당사자가 의심스럽다고 느끼는 한 해결할 수가 없다. 이 문제에 대한 해법은 오직 하나님의 직접적인 역사와 성령의 감동밖에 없다. 하버마스는 사실 의심을 하는 사람은 이미 진정한 신앙인이라는 역설적 주장을 한다. 신앙이 없고 무관심하다면 의심도 있을 수 없다는 의미이다. 물론 의심을 하는 모든 사람한테 신앙이 있는 것은 아닐 것이다. 여기서 말하는 의심은 내면적으로 진리를 갈구하는 사람이 겉으로 의문과 의심을 표출하는 경우에 한정된 것임은 말할 나위가 없다.

셋째, 의지적 의심은 본인이 의지적으로 믿으려 하지 않는 경우를 말한다. 자발적으로 믿지 않으려고 의지를 발동하기 때문에, 의심을 없애려고 순순히 선택하지 않는다.

본서는 이 세 가지 유형의 의심 중에서, 특히 사실적 의심을 가진 사람들에게 도움을 주고자 하는 목적에서 씌어졌다. 하버마스의 분류를 그대로 받아들인다면, 정서적 의심이나 의지적 의심을 가진 사람들한테는 아무리 객관적 증거, 역사적 및 과학적 사실, 양심과 상식에 근거를 둔 논리적 반박이나 증거를 제시해도 의심이 사라질 리 만무하기 때문이다.

성경에서 믿음의 조상이라 불리는 아브라함, 고난 중에서도 믿음을 지켰던 욥, 하나님의 마음에 합했던 다윗, 자기 목숨을 걸고 하나님의 말씀을 대언했던 선지자들은 거의 모두 인생의 어느 순간에서 실수를 저지르거나 의지가 약해지는 경험을 했다. 바로 그 때 의심이 그들을 뒤덮었다. 믿음의 사람들은 의심이 전혀 생기지 않았던 사람들이 아니었다. 의심이 생겼을 때, 하나님을 부인하고 떠나간 것이 아니라 하나님 앞에서 담대히 질문함으로써 답을 구했다. 혹시 하나님의 답변을 듣지 못했다고 할지라도 믿음을 잃지 않았다. 의심이 생기면, 하나님께 더 가까이 나아갈 수도 있지만 반대로 신앙에서 멀어질 수도 있다. 그 때 의심이 드는 순간을 오히려 하나님을 더 아는 기회로 바꾼 사람들은 결국 하나님의 축복을 받았다.

세례 요한이 감옥에 갇혔을 때, 예수님이 하신 일을 듣고 제자들을 보내 당신이 약속된 메시야가 맞냐고 질문을 했다(마 11:1-11). 하버마스는 요한의 이 질문이 겉으로는 하나님의 약속의 권위를 떨어뜨리는 질문으로 비칠 수도 있다고 지적했다. 사실 이상한 점은, 그렇다면 그 전까지는 요한 자신이 예수님이 누군지도 모른 채, 약속된 메시야를 맞이하기 위해 회개하라는 가르침을 전파했단 말인가라는 의구심, 즉 요한의 사역 자체의 대한 정당성에 대한 의심을 살만한 질문이기도 했다. 요한 자신의 사역의 정당성과 예수님의 사역 모두를 의심케 할 수도 있는 질문을 던졌다는 게 신기할 정도이다. 그런데 더 놀라운 것은, 하버마스의 지적대로, 예수님의 추후 답변이었다. 예수님은 자신이 일으킨 놀라운 기적을 요한에게 말씀하시면서 요한이 제기한 "사실적 의심"을 풀어주기에 충분한 사실적 근거를 제시하셨다. 그러고 난 후, 다음과 같이 말씀하셨다.

> ✦ 내가 진실로 너희에게 말하노니 여자가 낳은 자 중에 세례 요한보다 큰 이가 일어남이 없도다 (마 11:11)

예수님은 요한의 "사실적 의심"에 구구절절이 답변을 다 한 후에, 요한의 영적 통찰력을 비난하지 않고 오히려 극찬을 했다. 메시야도 못 알아 본 주제에 무슨 회개 사역을 했느냐고 핀잔을 준 게 하니라, 가장 위대한 선지자라고 평가한 것이다. 세례 요한의 경우처럼, 믿음은 모른다고 솔직하게 고백하고 하나님께 질문하는 게 아닐까?

물론 의심이 하나님께로 나아가는 기회가 될 수 있다는 이유로 모든 것을 의심해서는 안 된다. 그러나 우리가 마음을 열고 진정으로 믿고 싶은데 의심이 드는 경우, 하나님은 기꺼이 우리의 의심어린 질문에 답변하셨다는 말이다.

그렇다면 하나님은 왜 우리의 의심어린 질문에 대답하는가?

첫째, 하나님의 언약을 이루기 위해서다. 하나님은 언제나 먼저 인간을 찾아오셔서 언약을 맺었다. 아담을 지으신 후에 언약을 맺었고, 아브라함에게 나타나 이스라엘이 번성할 것과 아브라함이 온 열방과 나라와 민족들에게 복의 근원이 될 것이라는 언약을 맺었다. 그러나 피조물인 인간은 태어날 때부터 죄성을 가지고 태어났기 때문에 본성상 하나님의 언약을 믿지 않았다. 그래서 하나님의 언약에 의심을 품고 질문을 던지기 시작했다. 아브라함이 75세 때 하나님이 나타나 그가 자식을 낳아 이스라엘 민족을 이루고 아내인 사라는 온 민족의 어머니가 된다고 했을 때, 사라는 믿지 않았다. 그들은 믿음이 부족했고 의심이 많았지만, 하나님은 자신의 언약을 이루기 위해 아브라함에게 다시 나타나서 언약을 반복해서 제시하고 믿음을 심어주었다. 하나님은 우리가 의심이 많다고 당장 우리를 무자격자로 몰아서 내팽개치는 것이 아니라, 당신의 언약을 끝까지 성취하기 위해 우리가 온전한 믿음을 가질 때까지 제한적으로 받아준다.

둘째, 우리를 사랑하기 때문이다. 부모가 자식을 사랑하는 이유는, 자식을 자신의 일부라고 생각하기 때문이다. 자식은 부모의 성격, 기질, 체격 등을 물려받기 때문에, 부모는 자식 안에서 자신을 본다. 자식은 부모의 좋은 면도 닮고 나쁜 면도 닮는다. 하나님이 인간을 사랑하는 이유는 하나님의 형상이 우리 안에 있기 때문이다(창 1:27).

✦ 하나님이 자기 형상 곧 하나님의 형상대로 사람을 창조하시되 (창 1:27)

아담이 불순종함으로써 하나님의 온전한 형상은 완전히 망가지고 철저히 왜곡되었기 때문에, 인간은 하나님과 분리되었다. 그럼에도 불구하고 하나님은 우리를 다시 회복시키기를 원한다. 그래서 인간이 타락하기 이전에 아담과 누렸던 교제를 회복하기 위해, 우리의 의심과 의문을 무시하지 않으며 오히려 경청한 후에 답변을 하신다. 우리가 믿음을 회복하고 하나님의 자녀가 된다면 완전히 타락한 하나님의 형상을 원래의 모습으로 돌이킬 수 있기 때문이다.

성경은 온전한 믿음의 주인인 하나님이 인내와 사랑하는 마음으로 던지는 질문, 그리고 불완전한 믿음을 가진 인간이 하나님께 던지는 의문과 의심으로 가득 차 있다. 몇 가지 예를 성경을 통해 살펴보기로 하겠다.

하나님의 질문: 아담아 네가 어디 있느냐? (창 3:9)

하나님이 아담과 하와에게 에덴동산의 모든 나무의 과실은 먹어도 되지만, 중앙에 있는 선악과를 먹으면 죽기 때문에 먹지 말라고 금지했다. 그런데 아담과 하와는 뱀의 유혹에 넘어가 명령에 불순종했다. 그 때 그들의 눈이 밝아져 벌거벗은 상태의 수치를 알게 되었고 하나님의 목소리를 들었을 때, 급기야 나무 사이에 숨었다. 불순종이란 죄의 결과, 하나님과 아담 사이의 온전하던 관계는 부끄러움의 관계로 전락했다. 죄 때문에 인간 소외가 시작된 것이다. 관계가 소원해지고 깨졌을 때, 회복을 위해 먼저 손을 내민 쪽은 다름 아닌 하나님이었다.

하나님은 아담에게 “어디 있느냐? (Where are you?)”라는 질문을 던졌다(창 2:9). 하나님은 아담이 어디 있는지 이미 알고 있었는데, 왜 이 질문을 했을까? 마치 잘못을 저지른 어린아이가 집에 숨어 있는데, 어머니가 혼을 내서 버릇을 고쳐주려고 ‘어디 있느냐 당장 이리 나오지 못해?’라고 고함을 지르는 것과 같은 질문인가?

하나님이 질문을 한 것은, 아담이 어디 있는지 몰라서도 아니고, 아담을 찾아 벌을 주려고 한 것도 아니었다. 그것은 바로, 죄를 지은 결과 양심이 찔려서 숨고 싶은 아담에게 하나님의 언약을 가르쳐주고 상한 마음을 회복시키기 위함이었다. 창세기 3장 15절에서 보듯이, 아담은 자신이 지은 죄의 결과 하나님이 약속한 대로 죽음의 대가를 지불해야만 했다. 그러나 하나님은 인간이 저지른 죄의 대가를 자기 아들인 예수님이 대신 감당할 것이라고 예언하셨다. 그리고 죄를 지은 인간에게 먼저 다가와 관계의 회복을 또다시 약속하셨다. 이 구절에서 여자의 후손은 예수 그리스도를 예표하고, 뱀의 후손은 사단을 나타내는데, 예수 그리스도가 죽음으로써 사단을 물리치고 죽음을 두려워하는 인간에게도 죽음을 이기는 능력을 줄 것이라는 예언이다. 창세기 3장 21절에 보면, 하나님이 아담을 찾은 또 하나의 이유는, 비록 아담이 불순종한 것 때문에 수치를 당하게 되었지만 그것을 당연한 것으로 여긴 것이 아니라, 오히려 부끄러움을 가릴 수 있도록 세심하게 배려했음을 알 수 있다.

✦ 내가 너로 여자와 원수가 되게 하고 네 후손도 여자의 후손과 원수가 되게 하리니 여자의 후손은 네 머리를 상하게 할 것이요 너는 그의 발꿈치를 상하게 할 것이니라 (창 3:15)

✦ 여호와 하나님이 아담과 그의 아내를 위하여 가죽옷을 지어 입히시니라 (창 3:21)

이로 보건데 하나님의 질문은 자신의 명령을 어긴 인간을 처벌하기 위해서가 아니라, 오히려 사랑하고 허물을 덮어주고 관계를 회복하는 방법을 가르쳐주기 위한 세심한 배려였던 셈이다.

아브라함의 질문: 주께서 의인을 악인과 함께 멸하려 하시나이까? (창 18:23)

아브라함이 99세 때 하나님이 그에게 나타나 100세 때 아들을 낳을 것이며 그를 통해 이스라엘 민족이 번성하리라는 언약을 재확인했다. 그 무렵 악의 도시 소돔과 고모라의 죄악이 극에 달했기 때문에 하나님은 그 유명한 불의 심판을 내리기로 작정했고 아브라함에게 그 소식을 미리 알려 주었다. 당시 소돔에는 아브라함의 조카인 롯의 가족도 살고 있었다. 아브라함 생각에 그 도시가 아무리 악하다고 해도, 의인이 그 곳에 살고 있는데 하나님이 심판을 하는 것이 과연 옳은지 의문이 들었다. 만약 소돔과 고모라에 의인이 살고 있다면 공의의 하나님이 어떻게 악인과 의인을 동일하게 심판을 할 수 있느냐에 대한 도전적인 질문을 던진 것이다. 의인과 악인을 통째로 묶어서 심판하는 것은 부당하다는 항변이었다. 어떻게 감히 하나님의 공의를 의심하는 질문을 한단 말인가!

하나님이 죄악이 가득 찬 두 도시를 심판하겠다는 것을 알려준 것도 아브라함한테는 과분한 영광인데, 거기다 대놓고 하나님의 공의에 대한 도전적인 질문을 던진 셈이다. 그것도 6번이나 말이다. 만약 의인이 50명, 아니 45명, 아니 40명, 아니 30명, 아니 20명, 아니 10명이 있다면, 그래도 심판하시겠습니까?라고 그는 집요하게 물었다.

✦ 거기서 십 명을 찾으시면 어찌 하려 하시나이까 (창 18:32)

하나님은 이 당돌하고도 무례한 듯한 질문에 회피하지 않고 기꺼이 대답했다. '내가 십 명으로 말미암아 멸하지 아니하리라' (창 18:32). 아브라함은 더 이상 질문하지 않았다. 그 이유는 의인이 10명 정도는 될 것이라고 확신해서였을까?

결국에 하나님은 불로 두 도시를 완전히 심판했다. 그렇다면 의인이 10명이 아니라, 9명밖에 안 되었기 때문일까? 의인이 9명밖에 남지 않아서가 아니라, 단 한 명도 없었기 때문에 하나님은 소돔과 고모라를 멸망시킨 것이다.

✦ 의인은 없나니 하나도 없으며 깨닫는 자도 없고 하나님을 찾는 자도 없고 다 치우쳐 함께 무익하게 되고 선을 행하는 자는 없나니 하나도 없도다 (롬 3:10)

이 이야기에서 흥미로운 점은, 아브라함의 질문 내용이다. 어떻게 하나님의 공의를 의심하는 듯한, 도전적인 질문을 감히 하나님께 6번이나 던질 수 있단 말인가! 더 놀라운 점은, 이 질문들에 대해 하나님이 화를 내거나, 아브라함이 믿음이 없다고 나무란게 아니라 꼬박꼬박 답변을 했다는 것이다. 그렇다면 아브라함은 왜 이런 질문을 던졌을까? 몇 가지 이유를 생각해 보자.

첫째, 아브라함은 정말로 하나님의 공의에 대해 의심했을 수도 있다. (『의심(믿음의 또다른 얼굴)』게리 하버마스. 2002). 그러나 중요한 것은 하나님이 이 의문을 가로막지 않고 끝까지 들어주고 답변을 했다는 사실이다. 만약 정말로 의심했다 할지라도, 하나님은 당신의 공의를 실천하고 아브라함에게 준 언약을 실행하는 신실한 분이라는 것을 확신시켜 주기 위해 그의 당돌한 질문에 성실히 답변하지 않았을까?

둘째, 아브라함의 질문은, 하나님의 공의를 의심한 질문이라기보다는 어떻게 해서라도 의인 한 명이라도 살리고 싶은 안타까운 마음에서 나왔을 수도 있다. 그런 의도였다면, 하나님이 아브라함의 질문을 권위에 대한 도전으로 받아들이지 않고, 사람을 사랑하는 아브라함의 긍휼한 마음을 간파하고 성실히 답변했을 가능성도 있다.

어떤 이유였든지간에, 중요한 것은 하나님이 아브라함의 의문에 놀랍도록 성실히 답변했다는 점이다. 사실 아브라함이 품었던 의문점은 누구든지 충분히 던질 수 있는 질문이었다. 하나님은 피조물이 감히 던지는 자신의 공의를 의심하는 듯한 질문을 받았을 때, 화를 내거나 무시하지 않았다. 그는 인간이 제기하는 의문을 통해 오히려 자신의 공의로움을 우리 인간에게 알리려고 노력했으며, 우리가 그의 공의로움 앞에 영광을 돌리고 순종함을 배우게 하는 편이 낫다고 생각했을는지도 모른다. 이런 질문과 의문도 기꺼이 받아준 하나님 앞에, 우리가 하지 못할 의문과 질문이 어디 있겠는가? 하나님은 이런 질문에 답변하는 수고를 통해서라도, 당신의 공의와 사랑의 마음을 우리가 알기를 원하는 게 아닐까?

모세의 질문: 내가 누구이기에 이스라엘을 인도합니까? (출 3:11)

모세는 애굽(이집트)의 바로왕의 왕자로서 40년간 왕궁에서 호화로운 생활을 했다. 그러던 중 자기와 같은 히브리 민족 사람이 애굽 사람한테서 고통을 당하는 것을 목격했을 때 분노가 일어났다. 그래서 그를 죽인 후에 애굽에서 도망쳐 나왔다. 그 후 40년간을 광야에서 장인의 양을 치면서 보냈다. 그 때 하나님이 모세에게 나타나서 애굽에서 고통받는 이스라엘 민족을 인도해서 가나안 땅으로 데려가라고 명했다. 이에 모세가 던진 질문이 바로 "내가 누구이기에 이스라엘을 인도하여 내리이까?"이다.

청년 시절의 호기와 기상을 잃어버리고 양치기로서 근근이 살아가던 모세에게 하나님의 요구는 청천벽력과도 같았을 것이다. 80세의 모세는 인생을 살만큼 살았고 세상 사람들의 생각도 알만큼 알게 되었고 자신의 능력도 어느 정도 객관적으로 파악할만한 연륜을 쌓았을 것이다.

사실 모세의 이 질문은 자신과 세상에 대한 냉철한 현실 인식에서 나온 것이다. 자기는 이제 늙었고 애굽 왕을 설득시킬 만한 타고난 말재주도 없고 이스라엘 사람들도 뭘 보고 난데없이 나타난 모세의 말을 믿고 따라 나서겠는가?

그렇다면 모세의 질문은 '내 능력으로는 아무 것도 할 수 없다'라고 하는 말이나 다름없는데, 이는 무력감에서 나온 말인가 아니면 하나님의 명령을 거부하는 불순종의 질문인가? 애굽에서 지낸 인생 초반기 시절의 모세와 비교해 보면, 당연히 모세의 질문은 자신의 무능력을 자인하는 겸손에서 비롯된 것처럼 보인다. 그러나 그의 계속된 질문을 보자.

- ✦ 내가 누구이기에 바로에게 가며 (출 3:11)
- ✦ 내가 무엇이라고 그들에게 말하리이까 (출 3:13)
- ✦ 그러나 그들이 나를 믿지 아니하며 내 말을 듣지 아니하고 (출 4:1)
- ✦ 주여 나는 본래 말을 잘 하지 못하는 자니이다 (출 4:10)
- ✦ 오 주여 보낼만한 자를 보내소서 (출 4:13)

하나님이 한 번 명령하면 순종하고 가면 되는데 겸손의 말도 한 두 번이지, 모세는 도저히 못가겠다고 온갖 핑계를 대는 듯한 질문과 변명을 계속 늘어놓는 것처럼 보인다. 처음에는 겸손의 질문인 줄 알았는데, 모세의 끊임없는 질문과 하나님의 집요한 설득을 보면 답변하고 격려하는 하나님이 오히려 애가 탄 듯한 느낌을 받는다.

하나님은 모세의 질문과 자기 부정에 왜 끊임없이 대답하며 그를 설득하려고 애쓰셨을까? 아마도 다음과 같은 여러 가지 이유때문이었을 것이다. 첫째, 당신의 백성들이 애굽에서 고난 받는 것을 불쌍히 여기고 그들을 구원할 생각을 굳혔기 때문이다. 둘째, 아브라함에게 언약한 대로 이스라엘 백성들을 가나안 땅으로 인도하여 번영을 누리도록 하기를 원했기 때문이다. 셋째, 자신이 한 언약은 반드시 지킨다는 신실함을 이스라엘에게 보여주고, 이스라엘 민족을 구원하고 그들을 통해 모든 민족에게 복을 줌으로써 자신의 영광을 온 세계에 나타낼 계획을 실행에 옮기기 위해서가 아니었을까?

그러므로 모세의 질문에 하염없이 대꾸하고 답변을 마다하지 않은 하나님이라면, 어떻게 우리가 믿음이 없어 물어보는 질문을 기꺼이 받아주고, 한도 끝도 없이 던지는 의문에 대답하지 않겠는가!

다윗의 질문: 여호와여 어찌하여 환난 때에 숨으시나이까?
(시 10:1)

성경 인물 중에서 다윗만큼 파란만장한 인생을 산 사람은 없을 것이다. 그는 양치기로 있던 10대 때 골리앗을 물리친 용맹 덕택에 이스라엘의 영웅이 되었다. 그러나 곧 닥쳐온 것은 꽃길이 아니라, 사울왕의 시기와 질투, 그리고 끊임없는 살해 음모 속에서 도망쳐 다니는 가시밭길이었다. 그러는 동안에도 블레셋 군대를 수없이 무찌른 전공을 착실히 쌓은 덕택에 이스라엘 백성의 정신적 지주로 발돋움했다. 그는 선지자 사무엘한테서 기름부음을 받은 후에 곧바로 이스라엘의 왕이 되지 않았다. 15여년이 지난 후에야 왕이 되었다. 왕이 된 후에도 자신의 왕위를 강탈하려는 아들 압살롬이 일으킨 반란때문에 왕궁을 도망치듯 빠져나와 비참한 유랑 생활을 했다.

인생의 굴곡을 겪으면서 하나님께 탄식하고 울부짖고 고통, 의문 등 온갖 감정을 표출하면서 질문과 의문을 표출했다. 성경 인물 중에서 질문과 의문을 가장 많이 한 사람을 꼽으라면 다윗이 둘째가라면 서러워할 정도의 사람일 것이다. 하나님을 가장 기쁘게 한 사람, 하나님의 마음에 합했다는 극찬을 하나님한테서 들은 장본인인 다윗만큼 질문을 많이 던진 사람은 없을 것이다.

그 가운데 살펴볼 한 가지 질문은 바로 '어찌하여 환난 때에 숨으시나이까?'라는 것이다. 이 질문은 우리 모두가 한 번쯤 던져 본 질문이기도 하다. 가정에서 가족들이 자기를 싫어하고, 직장에서 인정 못 받고, 경제적으로는 쪼들려 오고, 승진 경쟁에서 밀려나고, 그나마 아끼던 친구들도 떠나가고, 갑자기 암에 걸리고, 게다가 교통사고까지 당한다면? 다윗과 같은 질문이 안 나올래야 안 나올 수 없을 것이다. 하나님이 도대체 어디 있단 말인가? 나를 사랑한다던 하나님이 있다면 이렇게까지 고통을 겪게 할 수 있단 말인가?

고통 속에서 던지는 이 질문은 질문이라기보다 탄식에 가깝다. 고통을 겪어보지 않은 사람이라면 이런 탄식이 나오기 어려울 것이다.

이 질문을 던진 다음에, 시편의 기자는 기도를 올린다.

✦ 여호와여 일어나옵소서 하나님이여 손을 드옵소서 가난한 자들을 잊

지 마옵소서 (시 10:12)

원수에게 쫓기고 악인들에게 고통을 당하는 순간에 던진 질문은, 하나님에 대한 믿음이 없어서 나온 의문이 아니었다. 이 질문을 한 후에 던진 것은 하나님의 공의를 호소하는 기도였다.

우리는 여기서 하나님의 존재를 부인하는 듯한 의문이 불신이 아님을 본다. 그것은 고통 속에서의 부르짖음이었을망정, 신앙을 버린 것은 아니었다. 하나님은 이런 의문과 탄식도 기꺼이 들어주는 분이다.

우리도 얼마든지 고통 속에서 하나님께 부르짖고 탄식하고 질문하고 의문을 토로할 수 있는 것이다. 이유인즉 하나님이자 하나님의 아들인 예수님이 우리가 당한 모든 고통을 이미 당했기 때문에 우리를 위로해 줄 수 있는 유일한 분이기 때문이다.

예수님의 질문: 요한의 아들 시몬아 네가 나를 사랑하느냐? (요 21:16)

모두가 알다시피 베드로는 예수님의 수제자였다. 그는 단점으로 작용할 수도 있는 다혈질의 소유자였지만 그것은 장점이기도 했다. 그래서 예수님을 열성적으로 따랐다. 예수님이 제자들에게 마지막 순간 그들이 다 자기를 버리고 배신할 것이라고 예언했을 때, 베드로는 '다 버릴지라도 나는 그리하지 않겠나이다' (막 14:29)라고 자신 만만하게 대답했다. 이 말을 한 순간 베드로는 자기의 말을 철석같이 믿었을 뿐 아니라, 예수님을 진정으로 사랑했을 것이다. 하지만 그는 자신이 말을 지킬 수 없는 존재라는 것은 몰랐다고 앤드류 머레이는 말한다 (『완벽한 항복』, 앤드류 머레이. 2002). 머레이는 베드로가 이 순간 자아가 너무 강해서, 예수님이 자기가 닭 울기 전에 부인하겠다는 말을 들었을 때, 자신을 완전히 부인하지 못했다고 말한다. 그러나 몇 시간 후 베드로는 마음으로는 예수님을 사랑했는지 몰라도, 행동으로는 자신의 말을 지키지 못해 끝내 예수님을 두 번씩이나 부인한 후 저주까지 했다. 그 때 닭이 두 번째 울었다.

✦ 이에 베드로가 예수께서 자기에게 하신 말씀 곧 닭이 두 번 울기 전에 네가 세 번 나를 부인하리라 하심이 기억되어 그 일을 생각하고 울었더라 (막 14:72)

베드로는 분명 예수님을 사랑했고 예수님을 버리지 않을 만큼 의리도 있었다. 하지만 두려움에 사로잡혀 예수님을 부인할 수밖에 없었다. 그래서 그는 울었다. 자신의 연약함과 예수님을 죽게 만들었다는 자책감, 인생의 소망이 무너진 것에 대한 허망함, 이 모든 것이 한꺼번에 밀려왔을 것이다.

그 후에 예수님이 부활하고 다시 그에게 나타나 아침 식사를 같이 한 후에 베드로에게 이 질문을 했다. "네가 나를 사랑하느냐?" 이 물음의 의미는 무엇일까? 말로는 예수님을 사랑한다고 떵떵거렸지만 결국 부인하다니, 정말로 나를 사랑한다고 말한 것이 맞느냐?는 의미로 예수님이 물은 걸까? 예수님이 베드로의 그런 말만 앞서는 태도를 꾸짖고 훈계하려는 의도에서 던진 질문은 분명 아닐 것이다.

예수님은 베드로가 자기를 부인한 순간에도 자기를 사랑한다는 것을 알았다. 단지 예수님을 사랑하는 마음보다 자기 목숨에 대한 두려움이 더 컸기 때문에 배신할 수 밖에 없었다는 것도 이미 알고 있었다. 베드로의 연약함을 간파했던 것이다. 그 후에 예수님이 승천하기 직전에, 또 다시 베드로에게 사랑을 확인하는 질문을 던진 것은, 오순절 날 성령이 임한 후에 베드로가 감당할 사명을 일깨워주기 위함이었다. '베드로야! 네가 여전히 나를 사랑하는 마음이 있다는 것을 안다. 그렇다면 앞으로는 내 양을 먹이는 삶을 살라'는 격려와 당부가 담긴 질문에 다름 아니었다.

예수님이 우리를 위해 십자가에서 죽고 아버지 하나님께로 올라간 후에 자신이 감당했던 사역을 우리에게 맡겼다. 그 이유는 예수님을 믿는 자에게 성령의 능력이 임하기 때문에, 예수님을 사랑한다면 당신 대신 사명을 충분히 감당할 수 있다고 예수님이 믿기 때문이다.

지금도 예수님은 베드로에게 했던 것과 동일한 질문을 우리에게 던진다. "네가 나를 사랑하느냐?" 예수님을 믿는 우리에게 성령이 함께하기 때문에, 이 질문은 더 이상 '나를 사랑해 달라'는 말이 아니라, '이제는 우리 안에 있는 사랑으로 예수님이 구원하기를 원하는 사람들에게 복음을 전하고 제자로 양육하라'는 예수님의 지상 명령이 담겨 있는 질문이다.

바울의 질문: 주여 누구시나이까? (행 9:5)

바로 앞선 예수님의 질문이 자기 수제자에게 던진 질문이라면, '주여 누구시나이까?'는 예수님을 믿는 자를 죽이고 박해하던 사울이 자기에게 갑자기 나타난 예수님에게 던진 질문이다. 사울은 율법주의에 정통한 바리새파였고 나름대로 열심히 하나님을 섬겼지만 본인 고백대로 잘못된 열정을 가지고 있었다. 그래서 예수님이 하나님이 아들이라는 것을 인정하지 않았고 예수님을 따르는 것이 정통 율법에 어긋나며 하나님께 대한 신성모독이라고 생각했었다. 그래서 처음에는 교회를 파괴하고 박해하는 데 앞장섰을 뿐 아니라, 스데반의 순교를 당연하게 여겼다(행 7:60-8:3).

그러나 박해를 받을수록 예수를 따르던 무리들은 점점 더 많아졌다. 이런 기세를 억누르기 위해 사울은 살기가 등등하여 교회를 더욱 박해했고 예수 믿는 자들을 잡으려는 공문을 대제사장에게 부탁했다. 이런 상황에서 다메섹으로 가던 도중 예수님이 그에게 나타나 물었다 "사울아 네가 어찌하여 나를 박해하느냐?"(행 9:4). 이 때 사울은 "주여 누구시나이까?"(행 9:5)이라고 되물었다.

이 질문은 예수님을 믿지 않는 모든 사람들이 던지는 질문이다. 예수님은 자기의 몸과도 같은 교회를 박해하는 원수 같은 사람에게 어느 날 갑자기 나타났다. 그 이유는 무엇일까? 첫째는, 교회를 보호하기 위함이다. 예수 믿는 사람을 괴롭게 하는 사람을 예수님은 그냥 두고만 보지 않는다. 자기의 생명을 나눈 형제들을 세상 끝 날까지 보호하리라고 약속했기 때문이다(마 28:20). 둘째, 자기를 핍박하는 자들을 오히려 더욱 사랑함으로써 하나님의 영광을 보여주기 위함이다(마 5:44-45). 사울은 예수 믿는 자들을 다 잡아 예루살렘으로 보내어 죽이려 했지만, 예수님은 도리어 그런 사울에게 극적으로 나타나 그를 품어주고 자기 사람으로 만들었다. 원수를 사랑하라는 명령을 스스로 실천에 옮긴 것이다. 그럴 때 믿지 않는 자들에게서 자연스럽게 나오는 질문이 "주여 누구시나이까?"이다. '당신은 도대체 누구인데 내가 가는 길을 막습니까?'라는 뜻이다.

예수님은 베드로처럼 자기의 제자들에게는 '네가 나를 사랑하느냐?'라고 묻지만, 교회와 믿는자를 죽이고자 하는 자에게는 '왜 나를 박해하느냐?'라고 묻는다. 이 질문은 '네가 나를 모르기 때문에 핍박하는 걸 다 안다. 이제 내가 누구인지를 보여 줄테니, 앞으로는 하나님의 사랑을 증거하면서 살아라'는 의미인 것이다.

그리스도인들은 사울처럼 '주여 누구시나이까'라고 묻는 불신자들에게 예수님이 누구인지를 말해 주고 그들이 어떤 삶을 살아야할 것인지를 가르쳐 줘야 하는 의무와 특권을 가진 자들이다.

이상에서 성경은 완전한 하나님이 불완전한 인간이 던지는 의문에 열심히 답변하고 질문하는 이야기로 가득 차 있음을 살펴보았다. 요약하면 다음과 같다.

- ✦ 하나님이 아담에게 던진 질문: 사랑의 손길
- ✦ 아브라함이 하나님에게 한 질문: 하나님의 공의에 대한 요청
- ✦ 모세의 질문: 하나님의 능력을 구하는 간구
- ✦ 다윗의 질문: 고통에 대한 탄식
- ✦ 예수님의 질문: 베드로에게 사명을 위탁하는 확인
- ✦ 바울의 질문: 원수를 품어주는 질문

즉 우리는 의문과 질문을 통해 하나님을 만나며 하나님께 능력을 구하며 하나님의 성품을 체험하며, 하나님 역시 질문을 던짐으로써 우리에게 사랑을 확인시켜 주고 사명을 불러일으킨다. 그는 우리의 의문과 질문을 거절하지 않으며 기쁘게 받을 뿐 아니라, 기꺼이 답변해 준다. 의문과 의심은 믿음의 적이 아니라 하나님께 나아가고 믿음에 이르는 한 가지 길이다.

다음 장부터 우리가 흔히 접하는 다양한 질문들을 제시한 다음, 그 문제에 대해 해답을 논의하기 위해 성경을 살펴볼 것이다. 그럼으로써 영적 통찰력을 얻고 하나님을 더 깊이 알 수 있는 심오한 질문을 던질 수 있는 안목을 얻기를 바란다.

2부

복음의 진리를 향한 갈망

1장

인간의 실존 : 하나님은 왜 인간을 창조했는가?

대학교 때부터 지금까지 어언 30년간 인생을 살면서 길거리에서 전도하는 사람들을 가끔씩 만났는데, 그들은 흔히 하나님이 인간을 위해 특별한 계획을 가지고 있다는 데서부터 대화를 시작한다. 그런 얘기를 들을 때 마다, 그 특별한 계획이란 무엇인지가 매우 궁금했다. 전도자들의 말에 따르면, 그 계획이라는 것이 마치 부모가 자식을 낳는 이유가 자식과 사랑을 나누기 위한 것이듯이, 하나님도 우리를 사랑하기 위해서 창조했다는 것이다. (토저『하나님은 굶주린 영혼을 먹이신다』2010).

그 때마다 이런 의문이 들었다. '물론 하나님은 사랑의 하나님이며, 우리를 창조한 이후에도 사랑으로 우리의 인생을 돌보아 주고 인도한다. 그렇다면 한 단계 더 나아가서 다음과 같이 질문할 수 있지 않을까? 하나님은 왜 우리를 사랑하시는가?'

이 질문에 대해 생각하기 전에, 간단한 사실부터 확인해보자. 성경에 따르면, 하나님이 사람을 창조했다. 기독교인들은 다음에 제시한 성경 말씀을 믿는다.

✦ 여호와 하나님이 땅의 흙으로 사람을 지으시고 생기를 그 코에 불어 넣으시니 사람이 생령이 된지라 (창 2:7)

✦ 집마다 지은 이가 있으니 만물을 지으신 이는 하나님이시라 (히 2:4)

그렇다면 한 단계 더 나아가서 질문을 해 보자. 하나님은 왜 사람을 창조했는가?

크게 두 가지 측면에서 이 질문에 대한 답을 생각해 볼 수 있을 것이다. 조나단 에드워즈(Jonathan Edwards)와 존 파이퍼(John Piper)에 의하면, 첫째, 하나님의 영광을 전파하기 위해서다. 얼마 전 영국에서 팝의 황제였던 고 마이클 잭슨의 동상을 세웠다는 뉴스가 있었다. 마이클 잭슨의 형상을 본 따서 동상을 세운 이유는 무엇인가? 그것은 그의 훌륭한 음악에 감동하고 즐거워하는 팬들이 그의 음악적 형상 또는 이미지를 찬양하여 사후에라도 길이길이 전파하기 위해서이리라. 한국인들이 이순신 장군의 동상을 세운 것도 마찬가지 이유에서일 것이다. 위기에 빠진 나라를 위해 목숨을 아끼지 않은 애국심과 그의 곧은 인품과 삶에 감동되어 그 영광을 길이길이 빛내고자 하는 것이다. 이와 같이 영웅이나 우리가 영웅시하는 예술인, 문학인, 운동 선수같은 사람의 형상을 만들어 그를 기념하고 놀라운 영광을 드러내고자 하는 것은 인간의 자연스런 본성의 일부임을 부인할 수 없을 것이다. 우리는 위인을 존경하고 영웅을 찬미하고 퍼뜨림으로써 우리의 기쁨을 표현하고 완성하는 것이다.

창세기 1장에는 하나님이 자기의 형상을 따라 사람을 만들었다고 기록되어 있다.

✦ 하나님이 이르시되 우리의 형상을 따라 우리의 모양대로 우리가 사람을 만들고 (창 1:26)

✦ 하나님이 자기 형상 곧 하나님의 형상대로 사람을 창조하시되 (창 1:27)

인간의 이와 같은 속성의 근원은 바로 하나님이다. 하나님은 자신의 헤아릴 수 없는 사랑, 능력, 은혜, 거룩함을 표현하지 않고서는 견딜 수 없는 분이다. 자신의 영광을 마음껏 드러낼 수 있고, 전파해야 하는 분은 하나님 밖에 없다는 것이다. 존 파이퍼(John Piper)에 따르면, 역설적으로 말해, 만일 하나님이 존재한다면 그는 최고의 영광과 아름다움을 소유하고 있기 때문에 그것을 드러내고 과시하지 않는다면 그 분은 하나님이라고 할 수 없다는 것이다. 그래서 자신의 형상으로 사람을 만드시고 인간을 통해 자신의 영광을 전 우주에 전파하고 드러내고자 하신 것이다. 하나님은 이렇게 자신의 위엄을 나타내기 위해 성경을 통해 여러 가지 다양한 이름으로 자신을 소개했다. 가령 엘로힘 (하나님), 여호와 닛시 (여호와는 나의 깃발, 승리를 주시는 하나님), 여호와 이레 (준비하시는 하나님), 여호와 라파 (치료하시는 하나님), 여호와 샬롬 (평강의 하나님) 등등 적극적으로 자신을 계시하신다.

조나단 에드워즈(Jonathan Edwards)는, 우리가 하나님을 믿으면 이 세상의 모든 부귀영화를 누린다고 성경이 약속한 바가 없다는 점을 확실히 밝혔다. 오히려 우리가 하나님을 알고 믿는 궁극적 이유는 우리의 영광을 추구하기 위해서가 아니라, 위대하신 하나님의 영광을 온 세상에 전파하고 쓰임받기 위해서라고 못박았다(사 43:21).

✦ 사 43:21 내가 내 영광을 위하여 창조한 자를 오게 하라

✦ 빌 1:10-11 너희로....진실하여 허물 없이 그리스도의 날까지 이르고 예수 그리스도로 말미암아...하나님의 영광과 찬송이 되기를 원하노라

조나단 에드워즈와 존 파이퍼(John Piper)에 의하면, 인간은 다이아몬드 같은 존재처럼 살 때 가장 행복하며 소중한 존재로 인생의 가

치를 평가받는다. 이들의 주장을 좀 더 자세히 살펴보자. 다이아몬드 자체는 빛을 가지고 있지 않다(『존 파이퍼의 하나님의 영광을 위한 하나님의 열심』.조나단 에드워즈·존 파이퍼. 2003). 다이아몬드가 햇빛이 침투하지 않는 컴컴한 동굴 안에만 놓여 있다면, 그것은 보석으로서 빛을 보지 못했을 것이다. 태양의 광채를 최대한 반사시킬 때 다이아몬드의 가치가 살아나는 것이다. 동굴 밖에 있기 때문에 다른 어떤 광석보다 더 많이 햇빛을 투영할 뿐이다. 자체적인 빛을 발산하지 못한다. 햇빛을 최대한 반사시키는 매개체일 뿐이지만, 다이아몬드는 가장 가치있는 보석으로 모든 사람이 갖고 싶어하는 가장 값비싼 보석이다. 마찬가지로 우리 인간 안에는 영광의 빛이 없다. 다만 하나님의 영광의 빛을 우리를 통해 최대한 비추는 통로가 될 수는 있다. 그런 면에서 우리 역시 위대한 창조주의 영광을 발할 때만이 스스로도 가장 소중한 존재가 될 뿐 아니라, 창조의 목적을 최대한으로 수행하게 된다고 볼 수 있다. 성경은 우리에게 하나님의 영광을 적극적으로 비추라고 말한다.

- ✦ 일어나라 빛을 발하라 이는 네 빛이 이르렀고 여호와의 영광이 네게 임하였음이니라 (사 60:1)
- ✦ 온 땅이여 여호와께 즐거운 찬송을 부를지어다 (시 100:1)

그렇다면 어떻게 하나님의 영광을 비추고 발산할 것인가? 하나님의 사랑, 선하심, 정의, 아름다움, 자비, 온유, 용서 등 그분의 모든 성품을 주위 사람들에게 몸소 보여주는 것이다. 그래서 예수님은 우리에게 구체적으로 권고한다.

✦ 너희 빛이 사람 앞에 비치게 하여 그들로 너희 착한 행실을 보고 하늘에 계신 너희 아버지께 영광을 돌리게 하라 (마 5:16)

하나님의 영광을 비추는 삶을 이렇게 실천한다면, 누가 그리스도인들을 싫어하고 욕하겠는가? 사람들이 우리를 소중하게 여길 뿐만 아니라, 하나님과 사람들로부터 사랑받는 존재가 될 것이다. 이것이 하나님이 우리에게 명령하시고 기대하는 행복한 삶이 아니고 무엇이겠는가!

둘째, 하나님으로부터 위임받은 권세를 가지고 이 세상을 행복하게 다스리기 위해서다. 고대 왕들은 자신의 위대한 권세로 제국을 다스리기 위해 지역마다 대리 총독이나 영주를 임명하여 파견했다. 위대한 왕 뿐만 아니라 독재자 역시 자신의 형상을 동상으로 만듦으로써 우상화에 열을 올린다. 이 모든 예는 왕이 자신의 영광을 제국에 선포하고 발산함으로써, 제국의 영토에 권력과 권세를 실질적으로 행사하기 위함이다. 마찬가지로 우주의 창조자인 하나님이 자신의 형상을 인간 안에 부여함으로써 우리를 하나님의 통치의 대리자로 삼으신 것이다.

하나님의 창조의 목적에 대한 이상의 깨달음은 전도의 방향과 내용에 대한 통찰력을 제시해 준다. 많은 그리스도인들은 복음을 전할 때, [인간의 타락 → 십자가를 통한 하나님의 구속→하나님의 자녀됨]이란 큰 틀을 사용한다. 구원의 필요성을 깨닫도록 하기 위해, 모든 사람은 죄인임을 비신자들에게 설득시키기 위해 진땀을 흘린다. 죄인임을 전제로 하지 않고서는 구원이라는 하나님의 선물을 받아들이려 하지 않기 때문이다. 복음을 복음으로 받아들이도록 하기 위해, 죄인임을 설득할 수 있는 온갖 비유와 논리를 동원한다. 이 방법은 하나님이 마음을 겸손하게 미리 준비한 불신자들에게는 매우 효과적이라고 할 수 있다.

그러나 복음을 전하는 또 하나의 방법이 있는데, 그것은 [하나님의 창조 →인간의 타락→ 십자가의 구속→하나님의 자녀로서 관계 회복]이란 성경사적 흐름을 따라 복음을 전하는 것이다. 즉 복음을 전하는 첫 단계로서, 하나님이 우리를 당신의 영광을 전파하기 위해 창조하셨다는 사실부터 출발하는 것이다. 필자가 이런 접근법으로 복음 전도를 실행했을 때, 훨씬 더 많은 사람들이 하나님의 창조와 뜻에 대하여, 자연스럽게 마음의 문을 여는 것을 볼 수 있었다. 죄 때문에 마음이 굳어진 사람들에게 억지로 죄책감을 불러 일으키도록 하는 것보다, 그들이 원래는 하나님의 형상을 따라 그의 영광을 전파하도록 지어진 소중한 존재였다는 사실을 전했을 때, 자신의 모습을 뒤돌아보고 진리를 알고자 하는 구도자로 들어서는 경우를 많이 접하게 되었다.

하나님이 우리를 당신의 영광을 전하기 위해, 하나님의 형상으로 지었다는 사실은 우리가 지닌 존재가치의 소중함을 새롭게 깨닫게 할 뿐 아니라, 하나님을 알지 못하던 자들에게 복음에 더 자연스럽게 다가가게 만드는 디딤돌이 될 수 있는 것이다.

혹자는 아마도 이런 반응을 보일지도 모른다. '하나님께서 영광을 독차지하면 나는 뭐가 됩니까?'라고. 그러나 이는 하나님과 신앙인들이 부모와 자식간의 관계를 맺고 있다는 사실을 인지하지 못하는데서 비롯되는 반응이다. 만약 자식이 자신에게 생명을 준 부모에게 영광을 돌리는 경우, 자식의 삶은 아무것도 아닌가? 학생이 스승에게 모든 영광을 돌릴 때 스승만 영광을 독차지하는가? 결코 그렇지 않을 것이다. 자식과 부모는 하나요, 진정한 스승과 제자는 한 몸이기 때문이다. 자식이 부모에게 영광을 돌리면, 그 부모는 그 영광을 다시 자녀에게 돌릴 것이며, 제자가 스승에게 영광을 돌리면 스승은 오히려 그 영광을 제자에게 되돌려 줄 것이기 때문이다.

우리가 창조된 목적은 우리의 창조주인 하나님께 영광을 돌리는 것이다. 우리가 그렇게 할 때 그 분은 다시 우리에게 영광을 돌려주신다. 예수님이 십자가에서 죽음을 맞이하기 전에 드린 기도를 기억하길 바란다. 예수님은 하나님 아버지의 말씀에 순종함으로써 하나님께 영광을 돌렸고 하나님은 예수님을 부활시킴으로써 영광을 주었고, 예수님은 하나님께 받은 영광을 이제 믿는 제자들에게 주었다.

✦ 아버지여 아들을 영화롭게 하사 아들로 아버지를 영화롭게 하게 하옵소서 (요 17:1)

✦ 내게 주신 영광을 내가 그들에게 주었사오니 이는 우리가 하나가 된 것같이 그들도 하나가 되게 하려 함이니라 (요 17:22)

2장

하나님과 선악과 : 하나님이 왜 선악과를 만들어 인간을 죄의 유혹에 빠지게 했나요?

하나님이 사랑의 하나님이라면 왜 선악과를 만들어 인간이 뱀의 유혹에 빠지게 만들었느냐 하는 의문은 전도할 때 들어봤을 뿐만 아니라 모든 사람이 한 번쯤 던질만한 질문일 것이다. 사실 쉽사리 답할 수 없는 문제이다. 그러나 복잡한 신학적 논쟁은 피하고 대신, 이 질문의 의도에 초점을 맞추는 게 논의에 도움이 될 것이다.

거두절미하고 하나님이 선악과를 먹지 말라고 명령했을 때, 아담과 하와는 그 명령에 순종해야 했다. 그런데 본 질문을 던진 사람들의 의도를 살펴보자면, 선악과를 애당초 만들지 않았으면 죄를 지을 여지가 전혀 없었을 텐데 괜히 빌미를 제공해서 죄를 짓게 만들었느냐는 뜻일 것이다.

그러나 조금만 더 생각해보면, 문제는 선악과가 아니라 선악과를 먹지 말라고 하는 명령임을 금방 알 수 있다. 선악과한테는 죄가 없다. 선악과는 백설 공주가 깨문 독이 묻은 사과가 아니다. 선악과가 나쁜 것이 아니라, 선악과를 먹은 것이 죄라고 성경은 말한다.

따라서 이 질문 아래에 깔린 더 본질적인 전제는 부정적인 것으로 짐작할 수 있다. 즉 인간이 마음대로 먹고 싶은데 왜 하나님이 이건 먹고 저건 먹지 말라고 하면서 인간의 자유를 제한하셨는가에 대한 불만의 표시인 셈이다. 하나님이라는 절대 권위에 대한 불신 또는 그 권위를 인정하고 싶지 않다는 거부감의 다른 표현인 셈이다. 다시 말해 '모든 명령은 인간의 자유를 제약하고 자유를 제약하는 것은 모두 나쁜 것이다'라는 전제에 기초하고 있다. 과연 명령은 악이고 무한 자유만이 선일까?

명령과 사랑의 공존

부정적인 형식을 취하는 명령을 자세히 들여다보면, 내용적 측면에서 두 가지 유형으로 구분할 수 있다. 첫 번째 유형은, 자신의 권력을 유지하기 위해 언론, 출판, 집회, 결사의 자유를 억압하는 것이다. 부패한 권력을 유지하기 위해, '내 허락 없이는 의견을 마음대로 말하지 말고 집회도 열지 말라'는 것이 그 예이다. 둘째, 상대방의 안위와 공동체의 유익을 위해, 개인의 자유를 제한하는 경우이다. 부모가 자식에게 '흡연과 음주를 하지 말라, 사람들에게 피해를 주지 말라'고 하는 것은 자녀의 건강과 타인의 행복을 위한 명령이다.

그렇다면 이 두 가지 유형의 명령 중에서 하나님이 내린 진짜 명령은 무엇이며, 그 명령은 과연 인간의 자유를 억누르는 것인지를 살펴볼 필요가 있다. 우선, 창세기 2장 16절-17절에서 하나님은 "동산 각종 나무의 열매는 네가 임의로 먹되 선악을 알게 하는 나무의 열매는 먹지 말라 네가 먹는 날에는 반드시 죽으리라"고 말씀하셨다. 모든 나무의 열매는 먹어도 되지만 선악과는 먹으면 죽으니 먹지 않는 게 좋다는 말씀이었다. 이는 사실 자유를 억누르는 명령이라기보다는 모든 자유를 허락한 후 그 자유를 누리기 위해 가장 필요한 생명을 지키는 하나의 방법을 세심하게 가르쳐준 것이라고 볼 수 있다. 생명이 없다면 자유는 무용지물이기 때문이다. 무한한 자유와 권력도, 높은 소망도 살아 있을 때 누릴 수 있다. 전도서에는 생명의 소중함을 지적하고 있다. “모든 산 자 중에 참여한 자가 소망이 있음은 산 개가 죽은 사자보다 나음이니라”(전 9:4).

가령 부모가 어린아이한테 자주 하는 말이 있다. “집안에서 아무 거나 다 만지고 놀아도 되지만 부엌에 있는 칼은 만지지 말라 놀다가 잘못하면 죽을 수도 있다.” 이 말을 부모가 아이의 자유를 제약하는 것이라고 받아들일 사람이 있겠는가? 이는 아이의 생명을 염려한 사랑의 말에 다름 아니다. 하나님이 하시는 모든 말씀(백보 양보해서 모든 명령)은 사랑과 관련이 있다. 왜냐하면 하나님의 가장 근본적인 특성은 사랑이기 때문이다.

존 파이퍼(John Piper)의『장래의 은혜』에서는 “명령과 사랑”은 공존할 수 있다고 지적한다. 명령에는 두 가지가 있다. 독재자 또는 악당이 상대방의 자유를 억압하고 자신의 권위로 피지배층의 자유를 제한하려는 의도가 있는 명령이 그 중의 하나이다. 아무리 아름다운 표현을 쓴다 할지라도, 이 명령에 모든 사람이 거부 반응을 보이는 이유는 자신의 자유가 억업당한다고 양심이 느끼기 때문이다.

두 번째는 귀에는 명령처럼 들리지만 사실은 그 표현 안에 사랑과 신뢰의 마음이 담겨있기 때문에 듣는 이가 자신의 자유가 제한을 받는다고 느끼는 것이 아니라 기꺼이 순종하고 싶은 마음이 생기게 만드는 명령이다. 가령 어머니가 몸이 허약한 자녀를 보고 보약을 지어주며 이렇게 말한다. “너 이것 반드시 먹어 안 먹으면 내 얼굴 다시 못 볼 줄 알아.” 자녀에게 하는 이 말은 강한 명령의 표현이지만, 이 얘기를 듣고 자기가 싫어하는 일을 시킨다고 생각하면서 자유를 가로막지 말라고 항변하는 사람은 없을 것이다. 오히려 어머니의 지극한 사랑을 느끼며 먹기 싫더라도 감사함으로 먹으려 할 것이다.

간단하지만 또 다른 예를 들어보자. 생선을 먹는 도중 가시 때문에 불편을 겪을 수가 있다. 이 때 하나님이 왜 가시를 만들었느냐고 불평할 수 있을까? 하나님이 우리의 불편을 덜어주기 위해 가시가 없이 생선살만 먹게 하실 수는 없냐고 말이다. 그러나 생선의 맛있는 살을 먹을 수 있는 것은 바로 가시처럼 생긴 뼈가 있기 때문이다.

명령과 자유의 공존

마찬가지로 하나님이 선악과를 만드신 이유는 우리가 그 명령을 지킴으로써 하나님 앞에서 우리의 존재를 자각하고 하나님을 경외하고 두려워함으로써 하나님이 주시는 행복을 누리게 하기 위함이다. 우리의 자유를 제약하고 불편을 끼치게 하려는 것이 아니다. 사실 예수님은 우리에게 진정한 자유를 주시기 위해 이 진리를 찾으라고 말씀하셨다.

✦ 너희가 내 말에 거하면 참으로 내 제자가 되고 진리를 알지니 진리가 너희를 자유롭게 하리라 (요 8:31-32)

✦ 주 여호와의 영이 내게 내리셨으니 이는...나를 보내사 마음이 상한 자를 고치며 포로된 자에게 자유를, 갇힌 자에게 놓임을 선포하며 (사 61:1)

선악과를 먹지 말라는 하나님의 명령에 순종함으로써 하나님과 인간 사이의 영적 질서를 존중하게 된다. 그 안에서 진정한 자유를 맛볼 수 있기 때문에 그와 같은 명령이 주어진 것이다. 팀 켈러(Tim Keller)목사는 자유란 단순히 제약이 없는 것(absence of restrictions)이 아니라 올바른 제약이 있는 것(presence of right restrictions)이라고 주장했다. 그 예로 물고기가 물밖에서 자유롭게 다니고 싶은 자유에 제약을 받고, 물속에 있을 때만 진정한 자유를 맛볼 수 있는 것과 같다는 것이다.

우리나라의 고속도로를 달리다 보면, 곳곳에 과속 운전과 졸음운전을 경고하는 다양한 표지판이나 문구가 걸려있는 것을 볼 수 있다. '사망지점', '안전띠 매고 백세 인생 출발', '졸음운전 목숨을 건 도박입니다.' 등등 기상천외한 문구들이 많다. 한 가지 공통점이 있는데, 그것은 이 문구들이 게시되는 지점은 사망 사고율이 가장 높은 지점이라는 것이다. 사고율이 가장 높아서 주의를 요하는 지점에 있어야만 운전자의 주의를 환기시켜 사망률을 감소시킬 수 있기 때문이다.

창세기 2장 9절에 보면, '하나님이...동산 가운데에는 생명나무와 선악을 알게 하는 나무' 놓아두었다. 생명을 영위하는데 필요한 가장 중요한 나무를 아담과 하와가 잘 볼 수 없는 동산의 가장 자리가 아니라, 가장 잘 보이는 동산 가운데에서 배치함으로써 인간의 생명을 지키고 죽음을 피하라는 경고를 하신 것이다. 하나님이 선악과를 배치한 장소와 이 나무에서 난 과일을 먹지 말라는 명령을 볼 때, 이는 자유를 제약하는 명령이 아니라 오히려 하나님의 사랑과 애정이 담긴 경고가 아니고 무엇이겠는가!

3장

죄의 의미 : 누가 죄를 만들었나?

흔히들 사람들은 '하나님이 선한 분인데 왜 죄라는 것을 만들었느냐?'라고 질문한다. 죄를 만들어 가지고 왜 인간이 죄의 유혹에 빠지고 죄를 범할 수밖에 없게 만들었느냐는 것이다. 얼핏 들으면 수긍이 가는 측면도 없지 않은 것 같다. 과연 하나님이 죄를 만들었을까? 아니면 죄는 만들지 않았는데, 사람들이 죄를 짓도록 방치한 것인가?

아마도 이런 질문을 던지는 사람들은 본인들은 죄를 짓고 싶지 않은데, 억울하다고 주장하고 싶을지 모른다. 더 역설적인 것은, 이 질문을 제기하는 사람들은 하나님께 죄에 대한 책임의 화살을 돌리고 싶을런지는 모르겠지만, 적어도 죄의 실재 또는 죄를 짓도록 허락한 실재를 이미 인정하고 있다는 것은 분명한 것 같다. 다시 말해서 하나님이 계시다면 왜 이 세상이 죄로 가득 차 있느냐고 하는 입장을 가진 사람들은 하나님의 존재를 부인하기 위해 이 질문을 던지지만 사실은 죄라는 특성과는 거리가 먼 거룩한 하나님의 존재를 자기도 모르게 인정하는 것이 아닐까?

그게 아니라면 하나님의 존재를 부정하고 인간이 선하다고 강력하게 주장하고 싶을 수도 있을 것이다.

누가 죄를 만들었나?: 하나님과 나

그러나 재미있는 사실은, 사람들이 타인의 죄에 대해서는 다른 시각으로 바라본다는 것이다. 요즘 언론이나 매체에 비리에 연루된 사람들이 많이 등장한다. 많은 증거들이 그들이 범죄자라는 것을 가리킴을 쉽사리 알 수 있을 정도이다. 그러나 대부분의 사람들은 자신의 범죄 사실이 드러나면 일단 발뺌부터 하고 나선다. 다른 사람들도 똑같이 죄를 저질렀는데, 자기만 비난받아 억울하다는 것이다. 대중들은 그런 모습을 보고 손바닥으로 하늘을 가리는 격이라 비난하지만, 범죄자는 오히려 자기가 피해자인양 대중의 연민을 자아내게 하는 코스프레를 연출한다. 대중은 정직하게 죄를 인정하는 모습을 보고 싶어하지만, 당사자는 오히려 제도와 권력의 희생양인 양 처신한다.

그렇다면 누가 죄를 만들었는가? 성경에 따르면, 하나님은 분명 죄를 만들지 않았다. 역설적으로 죄를 만든 이가 있다면 그는 하나님이 아니라고 할 수 있다. 하나님은 우주와 자연 만물을 훌륭하게 만들었다. 창세기 1장을 보면, 하나님이 자연 세계를 창조한 후에, 자신이 지은 피조세계에 대해 '하나님이 보시기에 좋았더라'라고 기록되어 있다. 창세기 1장 31절에는 '하나님이 지으시고 그 모든 것을 보시니 보시기에 심히 좋았더라'라고 결론을 짓는다. 우주의 물질세계와 자연을 창조한 후 마지막으로 하나님의 형상을 닮은 가장 소중한 영적 존재인 인간을 만들었다. 하나님이 창조한 물질계와 영적 세계는 기본적으로 선한 것이었다.

✦ 하나님이 보시기에 좋았더라 (창 1: 4, 10, 12, 18, 21, 25, 31)

(God saw that...was good)

하나님은 '좋은 것'을 창조했지만, '나쁜 것'은 창조하지 않았다. 하나님은 선하기 때문에, 선한 것밖에 만들 수 없다. 하나님의 아들인 예수님은 만물과 인류의 공동 창조주였고(요 1:1-3), '죄를 알지도 못하신 분'(고후 5:21)이었다. 죄를 알지도 못하는 분이 어떻게 죄를 만들 수 있겠는가!

그렇다면 죄는 누가 어떻게 만들었는가? 죄는 최초의 인류인 아담이 하나님의 말씀에 불순종함으로써 생긴 것이다.

✦ 한 사람으로 말미암아 죄가 세상에 들어오고 죄로 말미암아 사망이 들어왔나니 (롬 5:12)

죄는 하나님이 만든 것이 아니라, 인간이 자초한 셈이다. 그렇다면 죄(sin)란 무엇인가?

죄는 피조물인 인간이 창조주인 하나님의 자리에 앉는 것이다. 하나님이 마땅히 받아야할 영광과 위엄을 하나님께 돌리지 않는 것이 죄이다. 아담이 하나님의 말씀에 불순종하기 전에 사실 영적인 세계에서 하나님의 영광을 가로채려는 시도가 있었다. 하나님을 찬양하는 임무를 맡은 '천사' 루시엘(Luciel)은 자기가 하나님의 영광을 가로채려고 시도하다가 하나님의 보좌에서 쫓겨나서 '사단'(Luciper)이 되었다.

✦ 너 아침의 아들 계명성(Luciel)이여 어찌 그리 하늘에서 떨어졌으며 너 열국을 엎은 자여 어찌 그리 땅에 찍혔는고 네가 네 마음에 이르기를 내가 하늘에 올라 하나님의 뭇 별 위에 내 자리를 높이리라....가장 높은 구름에 올라가 지극히 높은 이와 같아지리라 하는도다(사 14:12-14)

인간 사회에서도 관계 속에서 마땅히 지켜야할 도리가 있다. 가령, 자식이 부모를 공경하고 순종하는 것은 인류 보편적 선이다. 그러나 자식이 부모의 위치에 올라가려고 하거나 자식이 부모한테 부모노릇을 한다면 비난과 징계가 따를 것이다. 학생이 자기의 위치를 망각하고 교사 노릇을 하려고 시도하거나 종업원이 사장 자리에 마음대로 올라가려 한다면 개인적으로 징계를 받을 뿐 아니라, 관계는 망가질 것이요 조직의 기강은 뿌리째 흔들릴 것이다.

영적 세계에서 하나님을 대적하고 하나님의 자리에 올라가려던 사단은 하나님의 보좌에서 쫓겨난 이후, 인간에게도 동일한 유혹을 던졌다. 사단은 에덴 동산에서 하나님이 맡긴 청지기로서의 사명을 잘 감당하고 있던 아담에게 다가가 하나님처럼 될 수 있다고 유혹했다.

✦ 너희가 그것(선악과)을 먹는 날에는 너희 눈이 밝아져 하나님과 같이 되어 선악을 알게 한 줄 하나님이 아심이니라 (창 3:5)

그렇다면 아담이 하나님의 말씀을 거역하고 불순종하는 죄를 범했을 때, 어떤 결과가 일어났는지를 살펴본다면, 죄가 얼마나 심각한 것인지를 쉽게 알 수 있을 것이다. 첫째, 하나님(존재의 근거)으로부터 인간(존재)은 소외(estrangement)되었다. 하나님이 인간을 소외시킨 것이 아니라, 인간이 스스로 소외되는 길을 택한 것이다. 아담은 죄를 짓고 난 후, 벌거벗은 자신의 수치 때문에 스스로 나무 뒤에 숨었다. 그 때 하나님은 '아담아 네가 어디에 있느냐?'라고 찾아야만 했다(창 3:9). 소외의 결과는 두려움이다. 죄를 짓기 전에, 아담은 자신의 모습을 부끄러워하지도 않았고 하나님을 두려워하지도 않았다. 하나님이 만들어

놓은 꿈의 주거지인 에덴 동산에서 마음껏 양식을 먹고 자유를 누리고 생명을 즐겼다. 그러나 불순종의 결과 아담은 수치심과 함께 두려움에 사로잡혔다. '내가 벗었으므로 두려워하여 숨었나이다'(창 3:10). 게다가 하나님의 말씀을 거역한 결과는 예상과 정반대로 나타났다. 사단의 말대로 하나님과 같게 된 것이 아니라 하나님의 징계를 받아 에덴 동산에서 쫓겨나고 말았다.

둘째, 죄의 결과, 에덴 동산에서 인간과 인간 사이의 소외가 일어났다. 하나님이 아담에게 불손종한 경위를 물었을 때, 아담은 여자 탓으로 돌렸다.

✦ 하나님이 주셔서 나와 함께 있게 하신 여자 그가 그 나무 열매를 내게 주었으므로 내가 먹었나이다 (창 3:12)

아담은 자신의 잘못을 솔직하게 인정하고 용서를 구한 것이 아니라, 아내 탓으로 돌렸다. 죄 때문에 인간과 인간의 소외가 시작되었다.

셋째, 인간은 자연으로부터 소외되었다. 죄를 짓기 전에는 에덴 동산의 과일을 마음껏 먹을 수 있었지만, 죄를 지은 후에는 수고하고 일을 해야만 먹고 살 수 있게 되었다.

✦ 아담에게 이르시되...땅은 너로 말미암아 저주를 받고 너는 네 평생에 수고하여야 그 소산을 먹으리라 (창 3:17)

넷째, 죄의 결과 인간은 자신으로부터 소외되었다. 인간 속에는 파괴적인 자아와 창조적인 자아가 공존하기 때문에 스스로는 분리되어 있다. 예수님을 믿고 그리스도인이 된 바울조차도 자기가 원하지 않는 그것을 행하려 한다고 말한다. 즉 자신의 내면에서 두 개의 자아가 서로 싸우고 있음을 고백했다. 죄를 지으려고 하는 욕심과 하나님께 순종하고자 하는 거룩한 욕망이 투쟁하고 있다는 현실에 부딪쳤다. 죄 때문에 자아가 분열되었다. 유명한 철학자인 임마누엘 칸트(Immanual Kant)는 "우리의 가장 좋은 친구들의 불행 속에는 우리를 불쾌하게 만들지 않는 무언가가 있다."고 말함으로써 인간 안에 선과 악이 공존하고 있다고 암시했다. 철학자 칼 메닝거(Karl Menninger)의 저서『자신과 싸우는 인간』(1956)에서 그는 인간 자아의 분열의 모습을 묘사했다. 인간은 기술적 진보를 통해 시간과 공간의 거리 제약을 없애는데 성공했을지 몰라도, 자아의 소외라는 벽은 허물지 못했다고 말했다. 철학자 키에르케고르는 인간이 겪는 '절망을 죽음에 이른 병'이라고 진단했다.

사도 바울이 선을 행하고 싶은 마음은 있는데 오히려 악을 행하는 자아의 분열상에 괴로워하는 처절한 독백을 하는 모습을 보라.

✦ 내 속 곧 내 육신에 선한 것이 거하지 아니하는 줄을 아노니 원함은 내게 있으나 선을 행하는 것은 없노라 내가 원하는 바 선은 행하지 아니하고 도리어 원하지 아니하는 바 악을 행하는도다 (롬 7:18-19)

자신이 죄를 짓고 싶지 않아도 죄를 지을 수밖에 없는 절망과 무력감도 인간 소외때문이라고 할 수 있지만, 자신이 죄인이면서도 죄인임을 깨닫지 못하고 거부하는 것 역시 인간 소외가 가져온 치명적 결과이다. 물론 바울 같은 진실한 신앙인이 아닌 대부분의 사람은 죄를 사랑하기 때문에 죄를 지을 수 밖에 없는 존재라고 할 수 있는데, 죄를 사랑하는 욕망 역시 인간 소외때문이다. 최초의 인류인 아담이 죄를 지은 이래로 죄성(sinful nature)이 인류에게 전파되고 모든 후손 세대에 유전되었다. 그래서 인간 본성은 죄로 물들게 되었고 심지어 자신이 죄인임을 깨닫지도 못하는 상태에 이르렀다. 윌리엄 쉐드(William Shedd)는 죄에 대해 지각하지 못하는 것 자체가 죄라고 단언한다(『사망의 잠깨워 거듭나게 하는 말씀』. 2016).

요컨대 죄를 지은 인간은 성령의 깨닫게 하심을 통해서만 죄의 본질과 자신이 죄인이라는 현실을 파악할 수 있다. 죄는 인간이 하나님의 자리에 앉고자 하는 모든 생각과 행위를 포함한다. 하나님이 없다고 생각하고 하나님의 존재를 무시하고 부정하며 (불신), 나아가 하나님을 저주하고 대적하며 (모욕), 하나님의 존재를 알지만 하나님께 돌려야 할 당연한 순종과 영광을 드리지 않는 것 (불순종)에 이르기까지 모두 죄이다.

4장

예수님의 죽음의 필연성 : 예수님이 굳이 죽어야만 했나?

예수님이 우리의 죄를 위해 대신 처벌을 받았기 때문에 우리의 죄가 용서받았다고 알고 있는데, 예수님이 반드시 죽음의 형벌을 받아야만 했는지 의아해하는 사람들을 종종 본다.

사람들이 죄 때문에 받는 양심의 고통과 죄책감 및 좌절감은 인정하면서도 죄 때문에 하나님으로부터 응당 대가를 받아야한다는 것에 대해서는 강한 거부감을 보이는 모순된 태도를 보인다고 윌리엄 쉐드(William Shedd)는 지적한다 (『사망의 잠 깨워 거듭나게 하는 말씀』.2012). 그렇게 생각하는 사람들의 마음 한 구석에는 이런 태도가 자리잡고 있는 것 같다. 즉 죄의 경중에 따라 처벌을 받아야하는 것은 이해하겠지만, 본인의 인생을 돌이켜 볼 때 예수님이 대신해서 반드시 죽어야 할 정도의 죄를 짓지는 않았다는 생각일 것이다. 나름 수긍이 가는 부분도 없지 않은 것 같다. 아니면 예수님이 굳이 죽지 않고서 우리 죄를 용서할 방법은 없었는가? 내 죄 값은 내가 치르면 되지, 왜 부탁도 하지 않고 시키지도 않았는데 부담스럽게 예수님이 우리 대신 죽고 용서했다고 하면서 믿으라고 하는 걸까?

대속(代贖, redemption)의 필연성과 자발성

단도직입적으로 말해서, 성경은 예수님이 우리 인간 대신에 죽음이란 형벌을 필연적으로 감당해야만 한다고 단언한다. 구약에는 예수님이 우리의 죄때문에 대신 죽음, 즉 대속제물(redemption)로 희생을 당할 것을 예언하고 있다.

✦ 그는 곤욕과 심문을 당하고 끌려 갔으나 그 세대 중에 누가 생각하기를 그가 살아있는 자들의 땅에서 끊어짐은 마땅히 형벌 받을 내 백성의 허물 때문이라 하였으리요 그는 강포를 행하지 아니하였고 그의 입에는 거짓이 없었으나 그의 무덤이 악인들과 함께 있었으며 그가 죽은 후에 부자와 함께 있었도다 (사 53:8-9)

예수님 자신도 우리를 위해 당신 자신이 기꺼이 목숨을 버릴 것을 알고 있었으며, 스스로 죽음을 선택하셨다고 말했고 그 말대로 행동에 옮겼다. 존 스토트(John Stott)는 예수님이 '죽음을 당한 것'처럼 보이지만, 사실은 '죽은 것'이라고 해야 더 정확한 설명이라고 주장한다(『그리스도의 십자가』. 1988). 사도 바울도 예수님이 죽음을 통해 하나님이 우리를 사랑하시는 사랑을 확증했다고 거듭 밝혔다.

✦ 아버지께서 나를 아시고 내가 아버지를 아는 것 같이 나는 양을 위하여 목숨을 버리노라 (요 10:15)

✦ 우리가 아직 죄인되었을 때에 그리스도께서 우리를 위하여 죽으심으로 하나님께서 우리에 대한 자기의 사랑을 확증하셨느니라 (롬 5:8)

우리가 본성적으로 알 듯이, 사실 자발적 희생과 강요된 희생의 가치 차이는 비교할 수 없다. 예수님의 죽음은 우리에게 형벌을 면하게 하기 위한 필연적 행위인 동시에 자발적으로 치른 희생이기 때문에 인류에 대한 최고의 사랑의 표현이다.

심판과 사랑의 양면성

흔히들 비기독교도인들 뿐만 아니라 나름대로 경건하게 살려고 노력 깨나 한다는 사람들 조차도 이렇게 생각하는 것처럼 보인다.

'평소 남에게 피해를 끼치지 않으려고 나름대로 노력했고 사회적인 법규도 잘 지켰고 사회에 해악을 끼친 중범죄도 저지르지 않았다. 도둑질도 하지 않았고 살인도 저지르지 않았는데 내가 어떻게 죄인이란 말인가!'

이와 같은 생각은 일면 타당한 것처럼 보인다. 게다가 본인은 꼭 죽어야할 만큼 중대한 죄를 지은 것도 아닌데, 굳이 예수님이 죽어야만 했는가라고 의아해한다. 얼핏 들으면, 예수님을 믿지도 않으면서 예수님의 죽음을 안타깝다는 식으로 넘겨버리거나 또는 불필요한 것으로까지 생각하는 것이다. 마치 예수님을 불쌍히 여기거나 헛된 것으로 여기는 듯한 인상을 주기까지 한다. 그러나 이 생각은 성경에서 말하는 죄의 중대함과 그 결과를 과소평가한 데에서 나온다.

여기서 우리는 사람들이 생각하는 죄와 하나님이 바라보는 우리의 죄가 근본적으로 다르다는 것을 알 필요가 있다. 사람들이 생각하는 죄는 도덕적 비난을 살만한 행위(moral blame), 또는 사회적 법규를 위반한 죄(crimes)를 가리키는 반면 하나님이 보시는 죄(sin)는 그 이상이다. 사람들은 '마땅히 하지 않아야 할'것에만 초점을 맞춘 나머지 법적 또는 양심적 기준에서 볼 때 '나쁜 짓'만 하지 않으면 거룩한 사람들에 속한다고 생각한다. 그러나 윌리엄 쉐드(William Shedd)는 죄란 '마땅히 해야 할 일'을 하지 않는 것 역시 '하지 말아야 할 것'을 한 죄와 똑같은 보응을 받는 죄임을 지적했다. '마땅히 해야 할 일'은 바로 마음으로 하나님을 사랑하고 하나님의 말씀에 의지적으로 순종하는 것이다. 성경에서 말하는 죄는, 사회 규범을 위반한 행위적 일탈이나 비양심적인 인간 관계 속에서 저지르는 외적 행위가 아니라, 피조물과 창조주 하나님의 관계의 왜곡을 초래한 '마음'에 속한 것이다.

✦ 그러므로 사람이 선을 행할 줄 알고도 행하지 아니하면 죄니라 (약 4:17)

하나님이 정하신 법칙에 의하면, 죄의 대가는 사망이며, 피흘림이 없으면 곧 죽음을 통하지 않고서는 죄를 용서받을 수 없다.

✦ 죄의 삯은 사망이요(the wages of sin is death) (롬 6:23)

✦ 율법을 따라 거의 모든 물건이 피로써 정결하게 되나니 피흘림이 없은즉 사함이 없느니라 (히 9:22)

죽음은 최고의 형벌인데, 우리가 살인을 한 것도 아닌데 왜 죽음의 형벌을 받아야 하는가? 하나님이 우리의 죄에 대해 죽음의 형벌을 내리시는 이유는 무엇인가? 성경에서 말하는 죽음은 세속적인 사형 집행이 아니라 인생의 말기에 찾아오는 '육체의 자연적 죽음(natural death)'과 하나님의 심판 후에 받게 될 '영적인 죽음(spiritual death)', 곧 지옥의 형벌 모두를 포괄적으로 지칭한다. 예수님이 반드시 죽음이란 형벌을 담당한 몇 가지 이유를 생각해 보자.

첫째, 동일한 잘못이라도 누구에게 저지른 것이냐에 따라 죄의 경중이 달라지는 법인데, 인간이 하나님을 거역한 죄는 실로 엄청나기 때문이다. 가령 누군가가 친구에게 욕설을 했다고 치자. 그러면 간단히 진심어린 사과 한 마디면 용서를 받을 것이다. 그러나 욕설과 비방, 인격모독의 발언을 한 대상이 사회적으로 인정받을 뿐 아니라, 특정 공동체의 책임을 지는 사람, 즉 한 국가의 원수라면 그의 죄는 더 중할 것이며 처벌의 강도도 세질 것이다. 동일한 살인을 저지른 경우라도 그 대상이 낯선 사람이냐, 친구냐, 부모이냐에 따라 죄의 경중과 처벌의 정도가 다를 것임은 자명하다. 도덕적인 관점에서도 친구를 배신한 것보다 부모를 반역한 죄가 더 많은 사회적 비난을 불러일으킨다. 자기 회사를 팔아넘긴 것보다 국가를 팔아넘긴 것에 대한 윤리적 비난의 강도와 법적 책임은 확연히 다르다.

최초의 인류인 아담과 하와가 하나님의 명령을 거부한 이래로 모든 인간은 하나님을 싫어하고 거부하고 심지어 저주하게 되었다. 그렇다면 하나님은 누구인가? 친구도 아니고 연인도 아니고 부모도 아니고 국가도 아니다. 그 분은 우주 만물의 주관자이시며, 인류의 창조자이시며 사랑과 긍휼로 인간에게 은혜를 베푸는 분이시다. 공의와 정의로 인간을 심판하는 분이시며 영광, 존귀, 위엄, 권세, 권능, 평화, 사랑, 아름다움, 질서의 주관자이시다.

중국 역사상 가장 강대한 시기이며 유방이 건국한 한나라(漢, 기원전 206~220년) 때에는 왕에게 반역하면 9족을 멸족했고, 조선 시대에는 반역죄에 대해 3족을 멸하는 처벌도 있었다. 물론 이와 같은 동아시아의 고대법은 현대 사회에서 대표적인 연좌제(緣坐制, guilt by association)로서 비난을 받고 있으며, 본서에서는 이 법의 타당성을 주장하는 것이 아님을 명백히 밝혀두며 불필요한 오해가 없기를 바란다. 다만

이 법의 사례를 인용한 이유는, 고려 시대와 조선 시대 뿐만 아니라, 동서양을 막론하고 반역죄와 불효죄는 큰 도덕적 비난과 더불어 사회적 형벌을 받았음을 보여주는 일례를 들기 위함이다. 사람들이 만든 사회적 제도 하에서 합법적으로 획득한 지위와 관계에 대한 처벌이 이러할진대, 하물며 하나님의 어떠하심을 생각한다면 하나님을 모욕하고 거역한 죄에 대한 형벌로서의 죽음은 말할 필요조차 없지 않는가!

둘째, 죽음이란 형벌은 역설적으로 하나님이 피조물인 인간을 얼마나 사랑하는가를 시사한다. 대개 형벌은 피해자가 입은 피해의 정도에 상응해서 결정되거나 또는 물질적, 정신적 피해 보상이 이루어진다. 뿐만 아니라 인간관계 측면에서 볼 때, 가해자에 대한 처벌의 정도는 피해자가 얼마나 존중받고 있는지를 반어적으로 보여준다. 가령 어느 형제 사이에 다툼이 발생한 상황에서, 부모가 어느 한쪽 자식에게 벌을 주었다고 가정해 보자. 피해자인 형제 입장에서 볼 때, 부모가 내린 처벌이 약하다고 생각하면 자신의 고통을 알아주지 않는다고 생각하거나 심지어 자신을 사랑하지 않는다고 여길 것이다. 그러나 반대의 경우 혹 부모의 처벌이 자신의 생각보다 더 심했다고 생각하면 그는 부모가 자신을 얼마나 가치 있게 여기고 자신의 상처를 아파하는지를 공감하고 그 사랑에 감동할 지도 모른다. 구약의 율법에서는 폭행 살인의 경우 죽음의 형벌을 받았다(출 21:12). 그런데 신약성경을 보면 예수님이 더 엄격한 처벌 기준을 제시하신다.

✦ 옛 사람에게 말한 바 살인하지 말라 누구든지 살인하면 심판을 받게 되리라 하였다는 것을 너희가 들었으나 나는 너희에게 이르노니 형제에게 노하는 자마다 심판을 받게 되고 형제를 대하여 라가라 하는 자는 공회에 잡혀가게 되고 미련한 놈이라 하는 자는 지옥 불에 들어가게 되리라 (마 5:21-22)

✦ 또 간음하지 말라 하였다는 것을 너희가 들었으나 나는 너희에게 이르노니 음욕을 품고 여자를 보는 자마다 마음에 이미 간음하였느니라 (마 5:27-28)

죄를 정하는 기준에 있어서 예수님과 구약의 율법 사이에 큰 차이가 있다. 예수님은 마음 속으로 형제를 미워하면 살인한 거나 마찬가지이며, 마음으로 음욕을 품은 자는 간음한 것과 다름없다고 판결을 내렸다. 이 새로운 기준은 가히 혁명적이다. 이 기준을 따를 경우, 살인죄와 간음죄를 범하지 않은 사람은 이 세상에 없을 것이다. 예수님은 왜 더 엄격하고 까다로울 정도로 마음을 기준으로 죄를 정하셨을까?

이는 모든 사람을 죄인으로 정죄하려는 가혹한 동기에서 비롯되었을까? 성경은 그렇지 않음을 보여준다. 마음으로 미워한다는 것은 형제를 살인한 거나 마찬가지라는 것은, 창조주 하나님의 형상을 따라 지음받은 인간을 마음으로라도 미워해서는 안 된다는 것을 반증하는 것이다. 즉 모든 인간은 하나님의 소중한 피조물이기 때문에 마음속으로 미워해서도 안 되고, 간음해서도 안 된다는 것이다. 우리가 마음으로 형제를 미워하고 간음했다면 이는 사형죄에 해당한다. 예수님이 제시한 죄의 기준으로 볼 때, 인간 모두는 사형 죄에 해당되기 때문에 죽음이란 형벌을 받아 마땅하다. 그러므로 예수님은 우리를 사랑하기 때문에, 마땅히 우리의 죄에 대한 대가를 대신 담당하길 원하셔서 죽음을 선택한 것이다.

셋째, 하나님이 죽음이란 형벌을 내리는 이유는 반어적으로 하나님의 공의와 거룩함이 그만큼 크다는 것을 시사한다. 폴 워셔(Paul Washer, 『복음』 2013: 177)는 하나님이 거룩하고 의롭기 때문에, 불의하고 경건하지 않은 인간을 마주하면 필연적으로 분노할 수밖에 없다고 주장한다. 물론 하나님은 이기적이거나 불합리한 분노를 발산하지 않는다. 죄가 없는 완전하고도 거룩한 존재가 죄와 죄인을 볼 때 거룩한 본노가 일어나는 것은 어찌보면 당연하지 않은가! 역설적으로 생각해 보면, 죄를 보고도 거룩한 분노가 생기지 않으면 공의의 하나님이라고 할 수 있겠는가! 그러나 더 중요한 것은, 하나님은 심판과 공의의 분노를 인간에게 쏟지 않고 자기가 가장 사랑하는 아들 예수님에게 쏟기로 작정하셨다는 것이다.

✦ 하나님은 의로우신 재판장이심이여 매일 분노하시는 하나님이시로다 (시 7:11)

십자가에서 하나님의 완전한 공의와 거룩을 만족시키기 위해서, 예수님이 십자가에서 피를 조금 흘린 것만으로는 우리의 죄를 갚을 수 없다. 그 분은 반드시 피를 흘리며 완전히 죽어야만 한다. 그분이 피를 흘려서 죽어야 하는 이유는, 하나님이 우리를 엄청나게 소중하게 생각하시고 우리에 대한 마음속의 미움과 간음까지도 죽음에 해당되는 죄로 간주하기 때문이다. 하나님이 우리의 생명과 인격을 향한 놀라운 사랑 때문에 예수님은 역설적으로 죽음으로써만 우리의 죄를 대속할 수 있다. 하나님은 죄에 대한 가장 강력하고도 촘촘한 기준을 제시해 놓고도, 그 대가는 자신이 담당했다는 사실에 감동하지 않을 수 있겠는가!

✦ 목숨을 버림이라 이를 내게서 빼앗는 자가 있는 것이 아니라 내가 스스로 버리노라 (요 10: 17-18)

5장

인간의 죽음 : 인간은 왜 죽음을 두려워하는가?

사춘기 시절을 지나면서 우리는 모두 죽음에 대해 적어도 한 번쯤 생각해 본다. 필자 역시 청소년 시절 죽음에 대해 막연하나마 생각해 본 적이 있었다. 그 때 떠오른 것은 기쁨이나 기대가 아니라 섬짓한 두려움이었다는 것을 기억한다. 우리는 생명을 자신의 권리로 생각하고 건강을 유지하면 장수할 수 있다고 생각한다. 하지만 생명과 죽음은 우리가 통제할 수 없다는 사실에 절망한다.

죽음이 우리의 손아귀 밖에 있는데 담담히 받아들이지 않고, 왜 모든 사람은 죽음을 소망하지 않고 피하려고 하는 것일까? 물론 가끔 조국을 위해, 가족을 위해, 특정 이념을 위해 또는 공동체의 자유와 안보를 위해 자기 목숨을 아까워하지 않고 내던지는 사람이 소수이지만 있기는 하다. 그러나 목숨을 버릴만한 대의명분이 있다 하더라도, 죽음 자체를 좋아하는 사람은 아무도 없다. 그들 역시 죽음에 대한 공포를 느끼면서 죽음을 선택하는 것이다. 죽음이 좋아서가 아니라, 두렵지만 나름대로 주장하고 있는 더 나은 명분과 공동체를 위해 목숨을 버릴 수밖에 없다고 결정을 내린 것이다.

죽음: 죄의 대가

신학자인 폴 틸리히(Paul Tillich)는 죽음에 대해 다음과 같이 말했다.

"인간의 죽음은 다른 피조물의 두려움과 다르다. 낙엽이 떨어지는 것은 자연스럽게 보이나, 인간은 죽음을 필사적으로 거부한다. 인간의 죽음은 자연스러운 현상이지만, 죄에 대한 심판으로 마땅히 다가오는 것이기 때문에 두려워하는 것이다. 우리가 두려움의 노예인 것은 우리가 죽어야 하기 때문이 아니라 우리가 죽어야 마땅하기 때문이다.
자신이 죽어야 한다는 사실에 관한 지식은 또한 자신이 죽음 이상의 존재라는 사실에 대한 지식이기도 하다." (『흔들리는 터전』. 2008)

즉 우리의 죽음은 자연스런 것이 아니라 죄책감과 죄에 대한 마땅한 보응이라는 것을 본능적으로 알기 때문이라는 말이다. 윌리엄 쉐드 역시 죽음에 대해 느끼는 두려움은 죄의 노예로서 살고 있는 인간이 느끼는 필연적인 정서라고 단언한다 (『사망의 잠 깨워 거듭나게 하는 말씀』.2016:183). 죽음을 두려워하는 이유는 죽음 이후에 있는 심판에 대한 두려움 때문이라는 것이다.

그러나 나 자신을 비롯해서 그리스도인이나 비신자나 할 것 없이 주변의 현대인들은 과연 죽음에 대한 내재적 두려움을 가지고 있는가에 대해 의아할 정도로 정신없이 바쁘게 사는 것 같다. 좀 더 많은 돈을 벌기 위해, 더 높은 명예와 더 많은 권력을 얻기 위해, 더 나은 인정을 받기 위해, 순간적 쾌락을 얻기 위해 앞만 보고 살아가기 때문에 영혼이 갖는 두려움을 느끼지 못하는 것처럼 보인다. 물질적 삶에 매몰된 나머지 영혼의 두려움을 잊어버린 것처럼 보인다.

게다가 요즘은 홍수, 쓰나미, 화산, 지진 등의 자연재해로 수천 명이 한꺼번에 갑자기 죽음을 당하고, 비행기 사고, 선박 사고, 열차 사고 등으로 수백 명이 목숨을 잃기도 한다. 또한 뜻하지 않은 질병이나 바이러스가 창궐해서 수천 명이 죽기도 한다. 이 때 사람들은 충격에 빠진다. 존 맥아더(John MacArthur)는 2001년 미국에서 일어난 9.11 테러 사건에서 2,800명이 목숨을 잃은 것에 대해 안타까워하면서, 죽음과 테러에 대한 설교를 했다. 그는 사람들이 끔찍한 사고를 보면, 마땅히 받아야 할 대가가 떠올려지기 때문에 충격과 공포에 휩싸일지도 모른다고 조심스럽게 추측했다(『최고의 설교』. 2012:300). 게다가 오히려 닥쳐올 죽음을 상기함으로써, 현재 주어진 생명에 대해 하나님께 감사할 수 있다고 말했다.

최준식의 『죽음학개론』(2013)에는 사람들이 죽음을 두려워하는 이유로서 자신의 존재가 없어지는 것에 대한 두려움, 사람들과 다시 만날 수 없는 것에 대한 두려움, 그리고 죽음 이후의 세계에 대한 무지로 인한 두려움이 언급되어 있다.

죽음을 두려워하지 않거나 좋아하는 사람은 없다. 간혹 국가나 소속된 공동체를 위해, 또는 위험에 처해 있는 이웃을 위해 용감하게 자기 목숨을 내놓는 사람들이 있다. 우리는 그들을 의인, 열사, 또는 영웅이라 칭하며 그들의 죽음에 대해 경의와 조의를 표한다. 그러나 우리가 그들을 존경하는 이유는, 그들이 죽음을 두려워하지 않아서가 아니라 두려움에도 불구하고 기꺼이 타인과 공동체를 위해 희생했기 때문이다. 성경은 그런 사람이 있음을 기록하고 있다.

✦ 의인을 위하여 죽는 자가 쉽지 않고 선인을 위하여 용감히 죽는 자가 혹 있거니와(롬 5:7)

예외적인 경우를 일단 고려하지 않는다면, 성경은 일반적인 인간의 죽음에 대해 있는 그대로 설명하고 있고, 그 원인까지 친절히 가르쳐

준다. 윌리엄 쉐드(William Shedd)는『사망이 잠 깨워 거듭나게 하는 말씀』에서 우리가 현재 또는 내세에서 당하는 모든 고통은 하나님으로부터 온 것이 아니라, 오직 인간인 우리의 죄 때문에 비롯된다고 강력히 설파했다. 그는 또한 존 호우(John Howe)의 말을 인용했다: '악인이 지옥에 가는 것은 지옥을 지옥에 던지는 것과 마찬가지이다. 그가 지옥에 떨어지기 전에 이미 그의 심령은 지옥이기 때문이다'.

✦ 사망의 줄이 나를 두르고 스올의 고통이 내게 이르므로 내가 환난과 슬픔을 만났을 때에 (시 116:3)

✦ 죄의 삯은 사망이요 하나님의 은사는 그리스도 예수 우리 주 안에 있는 영생이니라(롬 6:23)

죄로 인한 죄책감과 형벌을 인간의 힘으로 해결할 수 없다는 절망감 때문에 죽음을 두려워한다는 것이다. 죄와 그에 대한 대가인 지옥의 보응을 해결할 소망이 있다면 죽음을 두려워하지 않을 것이라고 쉐드는 단언했다. 인간이 어떻게 죽음을 이길 소망을 품을 수 있을까?

죽음의 거부: 영원한 생명에 대한 갈망

영원한 생명을 바라는 인간의 원초적인 갈급함은 인간 본성이다. 그렇기 때문에 죽기를 완강히 거부하는 것이다. 죽음이 영원한 생명을 바라는 욕망을 가로막기 때문에 죽음을 두려하는 것이다.

✦하나님이 모든 것을 지으시되 때를 따라 아름답게 하셨고 또 사람들에게는 영원을 사모하는 마음을 주셨느니라 그러나 하나님이 하시는

일의 시종을 사람으로 측량할 수 없게 하셨도다 (전도서 3장 11절)

다시 말해서, 인간이 죽음을 두려워하는 이유는 인간 안에 영원을 사모하는 마음이 있다는 반증에 다름 아니다. 사실 윌리엄 쉐드는 인간의 영혼은 영원하기 때문에, 인간이 육체적 죽음을 맛본 이후에도 여전히 영혼을 만족시키고 싶어한다고 지적했다. 유명한 복음주의 설교자 A. W. 토저(Tozer)는 인간의 최고 이상향은 하나님을 만나서 그분께 환영을 받는 것이라고 단언했다 (『하나님은 굶주린 영혼을 먹이신다』 2010).

인류 역사에서 영생을 누려 보겠다고 몸부림친 권력자들은 셀 수 없을 정도이다. 신비한 불로장생초를 찾아보겠다고 애쓴 고대 중국의 왕들도 있고, 신비한 물을 마시면 영생을 얻을 수 있다고 믿은 왕도 있었고, 스스로 영생교란 종교를 만들어 자신의 몸은 죽지 않는다고 주장한 거짓 종교인도 있었다. 그러나 그들의 간절한 노력과 헛된 주장에도 불구하고 아무도 죽음을 피할 수 없었다.

스스로 하나님의 아들이라 주장한 예수님이 오신 것은 바로 우리가 갈급해하는 영생을 주시기 위함이었다. 유한한 인간은 영생을 임의로 생산할 수 없다. 영생은 영생하는 창조주가 우리에게 선물로 줄 때만 얻을 수 있다. 그러기에 영원히 살아계시는 하나님께서 죽음을 두려워하지만 죽을 수밖에 없는, 아니 이미 죽어 있었던 우리에게 영원한 생명을 주시기 위해 오신 것이다.

✦ 도둑이 오는 것은 도둑질하고 죽이고 멸망시키려는 것뿐이요 내가 온 것은 양으로 생명을 얻게 하고 더 풍성히 얻게 하려는 것이라 (요 10:10)

✦ 예수께서 이르시되 나는 부활이요 생명이니 나를 믿는 자는 죽어도 살

겠고 무릇 살아서 나를 믿는 자는 영원히 죽지 아니하리니 (요 11:25-26)

영원을 사모하는 마음을 우리에게 넣어주었음에도 불구하고, 죽음을 피할 수 없는 운명과 이에 대한 공포가 죄 때문이라는 것을 알고 있는 하나님은 죽음에 대한 두려움으로부터 우리를 구원해 주기 위해 극약처방을 내렸다.

✦ 또 죽기를 무서워하므로 한평생 매여 종노릇 하는 모든 자들을 놓아 주려 하심이니 (히 2:15)

예수님의 죽음: 하나님과의 단절

죽음을 두려워하는 인간을 위해 예수님 자신이 먼저 죽음을 맛본 후에, 그 죽음을 극복함으로써 우리를 죽음의 공포에서 해방시켰음을 살펴보았다. 그렇다면 죽음을 코앞에 둔 예수님의 심정은 어떠했을까? 당시에 이스라엘의 종교지도자들인 대제사장과 서기관들은 예수님 때문에 종교적 권력을 빼앗긴 사실로 인해, 예수님을 시기한 나머지 죽이기로 계획했다. 그래서 예수님의 제자인 가룟 유다를 돈으로 매수하여 예수님을 잡으려고 시도했다. 예수님은 이 사실을 알고 있었다. 그는 열두 제자들과 최후의 만찬을 끝낸 후에 겟세마네 동산에 가서 기도했다.

✦ 내 마음이 심히 고민하여 죽게 되었으니....아빠 아버지여 아버지께서는 모든 것이 가능하오니 이 잔을 내게서 옮기시옵소서 그러나 나의 원대로 마시옵고 아버지의 원대로 하옵소서(마 14:34-36)

예수님은 3년 반 동안의 공생애 사역 기간 일관되고 줄기차게 자신이 죽임을 당하고 사흘 만에 부활하리라고 예언했다. 죽음이 임박한 마지막 순간에 드린 위의 기도는 어떤 의미일까? 예수님이 십자가 위에서의 죽음이 너무 육체적으로 고통스러울 것 같아 회피하고 싶었을까 아니면 죄가 없는 당신의 죽음이 너무 억울해서였을까?

그가 고민한 이유는 육체적으로 극한 고통을 참을 자신감이 없어서도 아니고, 억울한 죽음을 견디지 못해서도 아니었다. 그는 창세 전부터 하나님 아버지가 세운 자신의 죽음에 대한 계획을 이미 알았고 육체적 고통도 알고 있었으며 자신이 우리를 위해 스스로 목숨을 내놓는다고 여러 차례 언급하셨다(요 10:10-11). 그가 죽음 앞에서 고민한 것은, 바로 죄인들인 인간을 위해 죽는 순간만큼은 적어도 하나님께로부터 영적으로 버림받은 순간이었기 때문이다. 예수님이 십자가에 매달린 후 임종 직전 다음과 같은 기도를 드렸다.

✦ 나의 하나님 나의 하나님 어찌하여 나를 버리셨나이까 (마 27:46)

그는 우리를 사망의 공포와 두려움에서 해방시키기 위해 자신이 하나님께로 버림받아 죽음을 당하는 고통을 기꺼이 짊어지셨다. 예수님의 죽음에 대한 고민과 울부짖음 덕택에 그를 믿는 사람은 누구나 죽음에서 벗어나 영생을 얻을 수 있게 되었다.

✦ 내가 진실로 진실로 너희에게 이르노니 내 말을 듣고 또 나 보내신 이를 믿는 자는 영생을 얻었고 심판에 이르지 아니하나니 사망에서 생명으로 옮겼느니라 (요 5:24)

6장

믿음의 본질 : 믿음이 뭐죠?

믿습니다라고 외치는 사람들을 보면 부럽기도 하고 뭔가 부자연스럽기도 해서 혼란이 생긴다고 하는 사람들이 종종 있다. 믿고 신앙생활을 하고 싶은데, 평소에 보아온 그리스도인들은 뭔가 형식적이고 종교적이라서 부담이 간다는 변명 아닌 이유를 덧붙인다. 믿음이 있다는 사람을 보면 존경이 가고 본받고 싶고 한번 믿어 보아야겠다는 마음이 생기게 하는 것은 하나님이 원하는 것이요, 그리스도인이 원하는 바이다. 아니 어쩌면 비신자들이 더 제대로 신앙생활을 하는 사람을 보고 싶어 할런지도 모른다. 그렇지 않다면, 그리스도인의 믿음에 대한 생각 또는 신앙인의 태도 및 생활에 문제가 있는 게 아닐까?

믿음은 신뢰이다

일반적으로 사람들과의 관계를 형성할 때, 상호간의 믿음은 단계적으로 발전한다. 첫째, 상대방의 말을 믿는다(believe him). 대개 처음 만나서 대화를 하다 보면 상대방의 말이 신뢰할 만한지, 믿을 수 없는 사람인지 느낌이 온다. 만약 그 사람의 말이 미덥지 않거나 신뢰가 가지 않는다면 관계는 더 이상 발전하지 않을 것이다. 둘째, 그의 말에 신뢰가 쌓이며, 그의 성품과 인격을 믿게 된다(believe in him). 셋째, 마지막으로 그에게 의지하는 믿음을 갖는다(trust him).

제임스 패커(James Packer)는 'belief'는 개인적 의견을 표출하는 것인데 비해, 'faith'는 신뢰할만한 존재로서 생각하고 마음을 모두 바치는 것을 뜻하는 것이라고 설명한다 (『사도신경』. 2012:18).

앤드류 머레이는 믿음에는 세 단계가 있다고 설명한다. 1단계는 찾는 믿음, 2단계는 기뻐하는 믿음, 3단계는 승리하는 믿음이라고 요약한다. 예를 들어, 요한복음 4장에 보면 왕의 신하가 아들이 병이 들었을 때 예수님이 갈릴리에 오셨다는 소식을 듣고 한 첫 번째 행동은 그를 찾아가 이렇게 말한 것이었다. "내 아이가 죽기 전에 내려 오소서." 예수님의 능력에 대해 듣고 그를 찾아서 간구한 믿음이 1단계이다. 둘째, 예수님이 "네 아들이 살았다"라고 말했을 때, 믿고 집에 돌아갔다. 이는 기뻐하는 믿음의 단계이다. 마지막으로 신하는 집에 가는 도중 아들이 나았다는 소식을 듣고 예수님의 말씀대로 이루어졌다는 것을 완전히 알고 믿게 되었다. 그 후 전 인생을 예수님께 바치게 되었다 (『나를 허물고 주님을 세우는 삶』,2017).

우리는 믿음에 대한 올바른 개념, 즉 성경에서 말하는 믿음에 대해 한 번 더 생각해 볼 필요가 있다. 성경에서 말하는 믿음이란 과연 무엇일까? 가장 유명한 성경 구절을 먼저 살펴보자.

✦ 믿음은 바라는 것들의 실상이요 보지 못하는 것들의 증거니....(히 11:1)

뿐만 아니라, 몇몇 위대한 그리스도인들은 다음과 같이 말했다.

"우리가 무언가를 기다린다는 사실은 우리가 어떤 식으로든 이미 그것을 갖고 있음을 보여 준다...인내하며 기다리는 사람은 이미 그가 기다리고 있는 것의 힘을 받은 셈이다....우리는 소유할 때보다 기다릴 때 더 강하다...."

"...우리가 그분을 알지 못한다는 사실을 안다면, 또한 그분께서 우리에게 자신을 알려 주시기를 기다린다면 그때 우리는 참으로 그분에 대해 무언가를 알게 됩니다."

믿음은 과격한 선포가 아니라 기다리는 것이다.

흔히들 갑자기 병에 걸린 그리스도인을 주변에서 알게 될 때 사람들은 뭔가 믿음에 문제가 있어서 그렇다고 단정하고 무작정 회개하라고 은근히 압박을 가한다. 이 말은 당사자에게 상처만 줄 뿐이지 믿음을 심어주지도 않는다. 이런 정죄는 예수님 당시에도 흔했던 것 같다. 태어나면서부터 장님이었던 사람을 두고 예수님의 제자들은 부모의 죄 때문이냐 본인의 죄 때문이냐고 물었다 (요 9:1-12). 그들은 율법에 얽매인 나머지, 아픈 사람을 보고 긍휼한 마음을 품기에 앞서 약한 사람을 죄인으로 판단하기에 급급했다. 그들의 정죄는 장님의 병을 고치는데 아무런 도움도 되지 못했다. 예수님께서는 어느 누구의 죄 때문에 장님이 된 것이 아니라 하나님의 일을 그에게 나타내기 위함이라고 하셨다 (요9:3). 다만 우리가 해야 할 일은 기도할 뿐이지 그 다음은 하나님이 그의 뜻대로 하실 뿐이다. 사도바울은 육체의 가시를 없애달라고 세 번 간청했지만 주님은 허락지 않고 "내 은혜가 네게 족하다"고 하셨고, 바울은 그것을 감사함으로 받아들였다 (고후 12:7-9).

진정한 믿음이란 하나님의 뜻대로 맡기고 때로는 고통스럽지만 하나님의 뜻으로 받아들이는 것이다. 오늘날에도 믿음이 없어서 아프다고 판단하는 자들이 바울시대에 살았다면 아마 세 번밖에 기도를 안 했다고 바울의 믿음을 나무라고도 남았을 것이다. 진정한 믿음은 자기 뜻대로 되게 해 달라고 떼를 쓰는 것이 아니라 하나님의 뜻을 발견하고 감사함으로 받아들이고 그분을 사랑하는 것이 아닐까!

믿음은 자기 포기이다

다시 말해서 믿음은 자기를 포기하는 것이다. 가족과 전통으로부터 심한 고난을 받으면서도 믿음을 잃지 않은 잔느 귀용(Jeanne-Marie Guyon, 1648-1717)은 모든 염려, 즉 물질적 욕구, 건강에 대한 욕망, 권력 추구, 명예욕, 그리고 모든 영적인 문제를 하나님께 맡기는 것이 믿음이라고 단정한다 (『예수 그리스도를 깊이 체험하기』, 2018). 예수님은 우리가 당신을 믿음으로써 자유와 평안과 생명을 얻기 원하시기 때문이다.

✦ 내일 일을 위하여 염려하지 말라 (마 6:32)

✦ 너의 행사를 여호와께 맡기라 (잠 16:3)

✦ 너의 염려를 다 주께 맡기라 그가 너희를 돌보심이라 (벧전 5:7)

혹자는 이렇게 말한다. 믿음이 없어서 네가 아픈 거야, 네 자녀가 그 모양이야, 네가 좋은 직장에 가지 못하는 거야... 사도 바울은 많이 아팠고, 많이 맞았고, 많이 고생했고, 호위호식하지도 않았다. 사도바울이 믿음이 없어서 그런 고초를 당했을까? 믿음만 있으면 세상적으로 잘 풀린다고 언제 예수님께서 설파하셨는가? 현대 교인들은 물질적 기준을 가지고 오히려 영적인 그리스도인을 판단하려는 경향이 강하다. 그러나 하나님은 외모를 취하지 않으시고 사람의 마음의 중심을 보시는 분이다. 믿음은 고난이 없는 인생의 보증 수표가 아니라 고난 가운데서도 하나님을 바라보는 마음이다.

✦ 하나님께서 외모로 사람을 취하지 아니하심이라 (롬 2:11)

✦ 사람은 외모를 보거니와 나 여호와는 중심을 보느니라 (삼상 16:7)

7장

절대자의 본성 : 긍휼과 은혜는 무엇인가?

성경에는 긍휼에 풍성하신 하나님, 은혜로운 하나님이라고 기록되어 있으며 하나님의 이 속성들은 설교 시간에도 수없이 듣는다. 사랑의 하나님과 함께 하나님의 성품을 이보다 더 잘 표현하는 말은 없을 것이다.

✦ 긍휼이 풍성하신 하나님이 우리를 사랑하신 그 큰 사랑을 인하여 (엡 2:4)

✦ 오직 하나님은 긍휼하시므로 죄악을 덮어 주시어 멸망시키지 아니하시고 (시 78:38)

✦ 여호와는 은혜로우시며 의로우시며 우리 하나님은 긍휼이 많으시도다(시 116:5)

긍휼의 하나님: 용서하는 마음

긍휼(compassion; mercy)은 마땅히 받아야 할 대가나 처벌을 면제해주거나 경감해주는 것을 의미한다. 즉 긍휼에 풍성하신 하나님이란 말은, 우리의 죄에 대해 치러야할 죽음이란 대가를 예수님이 대신 치르시고 우리는 처벌을 면하게 하셨다는 말이다. 긍휼을 베풀어 달라고 부탁하는 때는 잘못을 저지른 후 처벌의 강도를 약하게 또는 완전히 없애달라고 요청하는 순간이다. 성경에서 말하는 긍휼은 죄를 용서하는 마음과 주로 관련이 있다.

✦ 긍휼을 행하지 아니하는 자에게는 긍휼 없는 심판이 있으리라 긍휼(mercy)은 심판(judgment)을 이기고 자랑하느니라 (약 2:13)

하나님께서는 우리에게 서로 긍휼을 베풀라고 말씀하신다. 왜냐하면 하나님이 우리에게 먼저 긍휼을 베푸셨기 때문이다. 이사야 53장 4-6절에는 예수님에겐 긍휼을 베푸지 않고 우리에게 긍휼을 베푸시는 하나님의 사랑이 담겨져 있다.

✦ 그는 실로 우리의 질고를 지고 우리의 슬픔을 당하였거늘 우리는 생각하기를 그는 징벌을 받아 하나님께 맞으며 고난을 당한다 하였노라 그가 찔림은 우리의 허물 때문이요 그가 상함은 우리의 죄악 때문이라 그가 징계를 받으므로 우리는 평화를 누리고 그가 채찍에 맞으므로 우리는 나음을 받았도다 우리는 다 양 같아서 그릇 행하여 각기 제 길로 갔거늘 여호와께서는 우리 모두의 죄악을 그에게 담당시키셨도다 (사 53:4-6).

✦ 자기의 죄를 숨기는 자는 형통하지 못하나 죄를 자복하고 버리는 자는 불쌍히 여김을 받으리라(find mercy) (잠 28:13)

✦ 하나님이여 주의 인자를 따라 내게 은혜를 베푸시며 주의 많은 긍휼을(great compassion) 따라 내 죄악을 지워 주소서

윌리엄 쉐드(William Shedd)와 폴 워셔(Paul Washer)는 긍휼에 대해 많은 사람들이 오해하고 있다고 지적한다. '내가 이러 저러한 죄를 지었

기 때문에 또는 양심상 괴로운 상황이기 때문에, 하나님이 긍휼이 많다면 나를 용서해주셔야 한다'고 감히 말한다는 것이다. 우리는 하나님의 공의와 긍휼을 혼동해서는 안 된다. 하나님의 공의는 모든 죄인에게 형벌을 가해야 한다는 당위성과 절대성을 가지고 있다. 그러나 긍휼은 하나님이 주권적으로 행사하는 것이며 당위성이 없으며 '선택적'이다. 쉐드는 하나님이 긍휼의 속성을 가졌기 때문에 당연히 '실행'에 옮겨야 한다는 필연성은 없다고 단언한다. 그래서 '하나님이 당연히 나를 용서해야 한다'는 생각은 하나님의 긍휼하심에 대한 오해에서 비롯된 생각이라고 주장한다.

✦ 모세에게 이르시되 내가 긍휼히 여길 자를 긍휼(mercy)히 여기고 불쌍히 여길 자를 불쌍히(compassion) 여기리라 하셨으니 (롬 9:15)

하나님이 모세에게 이른 바와 같이, 긍휼을 베풀 지의 여부는 전적으로 하나님의 주권에 의해 결정되기 때문에 우리가 하나님의 긍휼을 입기 위해서는 그가 정한 방식을 따라야만 한다. 하나님은 성경을 통해 긍휼을 입을 수 있는 경우에 대해 몇 가지 제약을 두셨다.

첫째, 우리가 이 세상에서 살아있을 동안에만 영원한 형벌을 피할 기회가 주어졌다. 죽은 이후에는 영원한 복락 또는 영원한 형벌이 있다는 것을 알게 되지만 그 때는 회개와 구원의 기회가 없다. 이는 부자와 거지 나사로의 비유에서 명확히 알 수 있다(누가복음 16장).

둘째, 하나님의 긍휼은 예수 그리스도의 대속죽음을 인정하고 회개하는 사람들만 받을 수 있다. 하나님은 당신의 아들의 죽음을 통해서만 우리의 죄를 용서하시는 긍휼을 베풀기로 작정하셨고 그대로 실행하셨기 때문이다. 예수 그리스도를 믿지 않고서는 하나님의 긍휼을 누릴 수 없다. 폴 워셔(Paul Washer)는 "복음의 핵심은 '모든 사람'이 아니라 '믿는 모든 사람'을 구원하다"는 것이라고 단호히 설파한다(『복음』, 2013).

긍휼 얻은 자의 인생

그렇다면 긍휼을 입은 자에게서 나오는 것은 감사하는 마음일 것이다. 또한 마땅히 받아야 할 형벌을 받지 않았기 때문에 그 형벌을 야기한 죄를 더 이상 지어서는 안 되겠다는 마음이 자연스레 따라온다.

하나님이 우리에게 긍휼을 베푸신 이유는 세 가지이다. 첫째, 하나님은 본성상 긍휼이 풍성하신 분이기 때문에 우리에게 긍휼을 베풀지 않을 수 없다. 그 분이 우리에게 긍휼을 베푸는 순간 이 세상에는 존재하지 않는 그 분의 영광을 보게 된다. 하나님은 우리에게 당신의 영광을 비추기 위해 긍휼을 베푸시는 것이다.

둘째, 우리에게 행복을 베풀기 위해서이다. 우리가 행한 행위에 따라 처벌을 받아야 한다면 이 세상에 살아있을 사람은 아무도 없을 것이다. 하나님은 긍휼을 베푸셔서 우리에게 평안과 행복을 주시길 원하신다.

✦ 내가 오늘 네 행복을 위하여 네게 명하는 여호와의 명령과 규례를 지킬 것이 아니냐(신 10:13)

✦ 너는 하나님과 화목하고 평안하라 그리하면 복이 네게 임하리라 (욥 22:21)

셋째, 우리가 더 이상 죄를 짓지 않게 하기 위함이다. 우리가 마땅히 받아야 할 형벌을 받지 않는다면 양심에 찔려서 죄를 짓지 않아야겠다는 거룩함에 대한 열망과 의지가 되살아나게 된다. 하나님께서는 내가 거룩하니 너희는 죄를 지어도 된다고 하신 게 아니라, 내가 거룩하니 너희도 거룩하라고 말씀하셨다 (레 11:45, 벧전 1:16). 하나님은 우리에게 거룩하라고 명령만 내리시는 게 아니라 거룩함에 이르고자 하는 열망과 능력까지도 주시는 분이다.

자비의 하나님: 불쌍히 여기는 마음

하나님은 긍휼의 하나님이기도 하고 동시에 자비의 하나님이다. 긍휼과 자비는 한국어에서 대략 공통적인 의미가 담겨 있기도 하다. 긍휼히 여기는 마음은 불쌍히 여기는 마음이기도 하도 자비로운 마음이기도 하기 때문이다. 앞서 살펴본 바와 같이, 긍휼은 성경에서 대체로 죄를 용서하는 마음을 나타낸다. 자비(mercy)는 불쌍히 여기는 마음(pity, compassion)과 특별히 연관되어 있다. 앤드류 머레이는 자비는 "궁핍하고 비참한 상황을 목격할 때 솟아나는 사랑의 마음"이라고 정의했다 (『앤드류 머레이의 예수님처럼』, 2015).

예수님은 공생애 사역 동안 당시 이스라엘 사회에서 멸시당하거나 질병으로 고통을 당하거나 귀신 들려서 괴로워하는 자, 사회적으로 천대받던 세리나 여인들을 주로 찾아 가시고 그들을 불쌍히 여기며 자비를 베풀었다. 하재성 목사는 예수님이 기적을 행하실 때는 사람들을 불쌍히 여기는 마음이 수반되었다고 올바로 지적했다 (『긍휼, 예수님의 심장』,2014). 구약성경을 보면, 하나님이 가나안 땅에서 살게 될 이스라엘 백성들에게 소위 긍휼법이라고 부르는 율법을 주셨다. 가난하고 의지할 데 없는 노동자들, 과부, 고아, 외국인들을 불쌍히 여겨 그들에게 먹을 것을 남겨 놓고 입을 것을 빼앗지 말고 품삯을 제 때에 정당하게 주고 공정한 판결을 내릴 것을 명령하셨다 (신명기 24장).

✦ 곤궁하고 빈한한 품꾼은 너희 형제든지 네 땅 성문 안에 우거하는 객이든지 그를 학대하지 말며 그 품삯을 당일에 주고 (신 24:14-15)

✦ 너는 객이나 고아의 송사를 억울하게 하지 말며 과부의 옷을 전당 잡지 말라 (신 24:17)

✦ 네가 네 포도원의 포도를 딴 후에 그 남은 것을 다시 따지 말고 객과 고아와 과부를 위하여 남겨두라 (신 24:20)

예수님은 말씀을 들으러 자기한테 나아온 수천 명의 군중들이 먹을 것이 없어 배고팠을 때, 오병이어의 기적을 통해 배부르게 먹이셨다 (마 15:32; 요한복음 6장). 예루살렘의 베데스다 연못에서 38년 동안 병을 앓고 꼼짝 못하던 병자를 고쳐 주셨고, 맹인의 눈을 뜨게 하셨고, 마리아와 마르다가 동생 나사로의 죽음에 대해 슬퍼하는 모습을 보고 불쌍히 여겨 나사로를 살리셨다 (요11:33). 예수님은 대부분 자기가 하나님의 능력을 입은 하나님의 아들이라는 사실을 증명하기 위해 기적을 행하셨지만, 단순한 능력만 보여준 게 아니라 그들을 불쌍히 여기는 마음(moved in spirit)에서 기적을 일으켰다.

✦ 내가 너를 불쌍히 여김과(have mercy) 같이 너도 네 동료를 불쌍히 여김이 마땅하지 아니하냐 하고 (마 18:33)

앤드류 머레이는 우리도 주님처럼 육체적, 관계적, 및 영적으로 고통을 당하는 사람들을 불쌍히 여기는 삶을 살게 해달라고 기도했다.

은혜로우신 하나님: 칭의를 선물하다

기독교는 은혜의 종교라고 일컫는다. 은혜의 원어인 히브리어 '헨'(חן)은 '하난', 즉 '불쌍히 여기다'에서 파생된 말이다. 비슷한 의미로 사용되는 '인자'라는 단어는 히브리어로 '헤세드'(חסד)인데, '하나님이 보호하시는 구원의 울타리에 들어간다'는 것(mercy, kindness, pity)을 뜻한다. 은혜(favor, grace, love)는 받을 가치나 자격이 없는 사람에게 주는 것 즉 선물이나 혜택을 의미한다. 긍휼이 마땅히 받아야 할 형벌을 감하거나 사해준 것이라면, 은혜는 받을 자격이 없는데도 불구하고 보다 적극적인 혜택을 주는 것이다. 어떤 사람이 미국에 가서 유학을 하고 싶은데 돈이 없다고 치자. 이 때 어떤 후원자가 나타나서 항공권과 유학비용을 대주겠다고 나선다면 이는 큰 은혜인 셈이다. 후원자가 이 사람과는 아무런 관계도 없으며 그의 유학비용을 대 줄 의무도 없을 뿐 아니라 도움을 받을 자격 역시 찾을 수 없다. 우리가 인생을 살다보면 은혜를 여러 번 입는다. 또한 은혜를 베풀기도 한다. 은혜라고 하는 것은 인간 공동체를 유지시키는 필수불가결한 것이다. 은혜를 절대 입지 않거나 절대 베풀지 않고 사는 것은 불가능하다.

제임스 패커(James Packer)는 하나님의 은혜를 세 가지 측면에서 설명했다(『하나님을 아는 지식』. 2012). 첫째, 구원의 근원으로서의 은혜이다. 우리는 우리의 죄 때문에 영적으로 이미 죽은 자였으며 영벌을 받기로 되어 있었다. 게다가 우리의 노력과 행위를 통해 스스로 구원할 능력이 없었다. 이 때 하나님이 먼저 우리에게 예수 그리스도를 보냄으로써 구원의 손길을 뻗친 것이다. 그러므로 구원 사역의 본질은 바로, 받을 자격이 없는 우리에게 구원의 선물을 주신 은혜인 것이다.

둘째, 은혜는 하나님이 구원을 베풀기 원하는 마음의 진정한 동기가 된다. 하나님은 어느 날 갑자기 우리에게 쏟을 죄에 대한 진노를 돌이킨 후에, 은혜를 베풀기로 마음을 새롭게 바꾸지 않았다. 예수 그리스도를 보내어 우리를 구원하기로 한 사역은 창세전에 이미 계획된 것이었다. 그것은 하나님의 성품 자체가 은혜이기 때문이다. 즉 구원의 은혜는 하나님의 본질로부터 나온 것이다. 이는 칼빈의 사상과도 일맥상통한다(『기독교강요』, 2003).

셋째, 성도의 견인(堅忍, perseverance)을 보장해주는 은혜이다. 견인은, 그리스도인이 고난과 역경을 참고 인내하고 견디어서 구원에 이른다는 것을 의미한다. 우리가 구원받은 것은 하나님의 성품의 본질인 은혜 때문에 창세 전에 계획된 것이며, 예수님의 구원 사역의 성격 또한 은혜이다. 그러나 구원받은 이후 이 세상에서 살아가면서 온전한 구원을 이루어야 한다 (빌 2:12). 혹자는 구원받는 것까지는 하나님의 은혜이지만, 그 이후에 예수님을 닮아가는 삶을 살기 위해서는 우리의 노력만 필요하다고 한다(이 점에서 기독교 내부의 다양한 종파에서 다양한 해석과 의견이 존재하지만, 다양한 해석을 제시하고 포괄적으로 답을 제시하는 것은 본서의 의도와 범위를 벗어난 것이므로 신학적 논쟁은 제시하지 않고자 한다). 그러나 이는 구원의 의미를 축소시키는 오류를 가져올 여지를 남긴다. 사도 바울 역시 은혜로 구원받은 유대인들이 다시 율법을 지키려는 가르침에 대해, 은혜의 복음을 헛된 것으로 만드는 것이라고 강력히 비난한 바 있다. 우리가 이 세상에서 고난과 역경을 통해 온전한 구원을 이루어 가는 여정에서도 하나님의 은혜가 필요한 것이다.

요컨대 그리스도인의 삶 전체에서 은혜가 없이는 아무 것도 아니며 영적 성장을 이룰 수 없을 뿐만 아니라 온전한 구원을 이룰 수 없다. 여기서 한 가지 주의해야 할 점이 있다. 즉 하나님의 은혜란 회개하지도 않는 완악한 죄인들도 모두 어쩔 수 없이 구원해 주는 '무차별적 구원 열차 티켓'은 아니라고 존 맥아더(John MacArthur)는 단호히 말한다(『구원 얻는 믿음이란 무엇인가』, 2006). 하나님의 은혜는 수동적인 것이 아니라, 죄인의 능동적인 회개와 결합하여 구원의 역사를 일으킨다는 것이다.

마지막으로 은혜에 대한 반응과 태도의 측면을 살펴보자. 세 가지 유형의 반응 관계가 있다. 첫째, 은혜를 은혜로 갚는 경우이다. 이런 사람은 은혜에 감사할 줄 아는 사람이며 은혜를 기억한 후에, 은혜를 베풂으로써 보답한다. 은혜에 감사하지 않는 사람은 배은망덕하다는 도덕적 비난을 받는다.

둘째, 은혜를 원수로 갚는 사람도 있다. 이런 사람은 은혜의 가치를 모르는 사람이다.

셋째, 원수를 은혜로 대하는 경우도 있다. 성경은 하나님께서 우리를 이렇게 대하셨다고 말한다.

✦ 우리가 아직 원수 되었을 때에 그리스도께서 우리를 위해 죽으심으로 하나님께서 우리에게 대한 자기의 사랑을 확증하셨느니라 (롬 5:8)

은혜받은 자의 삶

그렇다면 은혜에 보답하는 가장 좋은 방법은 무엇인가? 아마도 은혜를 기꺼이 받고 감사하는 마음으로 은혜를 베풀어준 사람의 마음을 잊지 않고 행복하게 사는 것이리라. 앞에서 살펴본 예처럼 유학비용을 대 준 사람의 은혜를 갚는 길은 열심히 공부한 후 자신과 다른 사람을 위해 은혜로 획득한 지식과 경험을 활용하는 것이리라. 하나님이 구원의 은혜를 주셨다면 구원받은 자로서 합당하게 인생을 사는 것이 은혜를 갚는 길이 아니고 무엇이겠는가!

8장

하나님의 선과 인간의 고통 : 하나님이 선하다면 왜 고통을 허락하죠?

사실 고통에서 자유로운 사람은 아무도 없을 것이다. 신체적 고통, 정신적 고통, 영적 고통, 물질적 고통, 관계적 고통, 직장에서의 고통, 가족 내부의 고통...... 그럼에도 불구하고 고통의 정도는 겪어본 당사자가 아니라면 결코 정확히 알 수 없을 것이다. 고로 타인의 고통에 대해 언급하는 것 자체는 쉽지도 않거니와 본 장에서 다루는 주제는 더더욱 논의를 시도하는 것 자체가 힘들거나 부담스러운 게 사실이다.

고통은 본질적으로 당하는 자의 아픔을 수반하기 때문에 이것을 허락하시는 하나님의 본성에 관한 질문은 오랜 논쟁의 역사를 가지고 있다. 그러나 이 질문을 논의하기 힘들다는 이유로 성경에서 다루는 것 자체를 거부할 필요는 없을 것이다. 본 장의 질문을 던지는 사람들의 심중에는 대개 하나님이 선하지 않다는 것을 증명하려는 의도가 담겨 있을 것이다. 하지만 이러한 의도에는 역설적으로 고통을 허락하는 분이 하나님이라는 전제가 깔려 있기 때문에 질문 자체에 하나님의 존재를 인정하는 아이러니가 내재되어 있다고 볼 수도 있다.

고통은 악인가

그렇다면 고통은 선인가 악인가? C. S. 루이스(C. S. Lewis)의 저서『고통의 문제』(2005)는 이 문제를 정면으로 다루고 있다. 고통은 겪고 싶지 않은 경험이지만 고통이 다 악은 아니라고 C. S. 루이스는 단호하게 말한다. 질병으로 인해 너무나도 큰 육체적 고통을 당하거나 우울증 때문에 삶을 포기하고 싶은 극단적인 경우도 있지만 그 경우는 일단 논외로 하기로 하자. 우선 모든 의사들의 견해처럼 만일 우리의 손이 불에 데었을 때 고통을 느끼지 못한다면 우리의 온몸은 불에 타 없어질 것이다. 신체적 고통은 그 자체가 악이 아니며 자기 방어 기재의 일부라는 것이다. 고통이 올 때 비로소 발견되는 말기암이 무서운 이유는 치료 시기를 놓쳐 인생을 일찍 포기하게 만들기 때문이다. 또한 고통을 느끼면서도 없는 척하다가 더 큰 고통이 찾아오거나 손을 쓸 수 없는 지경에 이르기도 한다. 고통을 인정하고 받아들일 때 그 고통에서 일찍 벗어나서 평안한 삶에 이르는 경우가 훨씬 많다고 볼 수 있다.

둘째, 정신적 및 영적 고통 또한 견디기 어려운 경험임에 틀림없다. 사랑하는 사람과 헤어진 고통, 실직의 고통, 가족과 이별하는 고통, 진리를 찾지 못하는 고통, 친구로부터 배신당한 고통, 승진에서 탈락한 고통 등 인생은 고통으로 점철되어 있다. 성경도 인생이 모두 고통으로 탄식하고 있음을 인정한다.

✦ 피조물이 다 이제까지 함께 탄식하며 함께 고통을 겪고 있는 것을 우리가 아느니라 (롬 8:22)

고통의 의미

그렇다면 고통은 누가 우리에게 주는 것인가? 성경에 의하면 절대자 하나님이 모든 인생사를 주관하기 때문에, 모든 고통 역시 하나님의 섭리와 뜻을 지니고 있다고 할 수 있다. 이 점에 대해 쉽게 수긍하기 힘들거나 마음이 불편한 사람들이 있을 것이지만, 고통의 의미를 생각해 봄으로써 의문을 풀어갈 수 있지 않을까? 한 가지 분명한 사실은, 절대자 하나님을 믿으면 고통이 없어진다고 성경은 약속하지 않는다는 점이다. 그런 의미에서 성경은 정직하다. 절대자를 믿음으로써 고통에서 해방되는 삶이 보장되는 것이 아니라, 고통을 대하는 자세가 달라지고 고통을 극복하는 법을 성경은 우리에게 알려준다. 그렇다면 하나님은 왜 우리에게 고통을 허락하시는가?

첫째, 역설적이게도 하나님은 우리에게 평안을 주기 위해 잠시 고통을 허락하신다. 우리가 진정한 평안을 누리는 길은 창조주인 하나님을 인정하고 그분께 돌아가 그분을 기뻐하는 방법뿐이다. 그 외 다른 길에서 방황하며 헤맬 때 하나님은 우리에게 육체적, 정신적, 영적 고통을 일시적으로 주셔서 그 분을 찾지 않으면 안 되게 하신다. 존 맥아더는 시련과 고통은 우리의 믿음을 시험할 수 있다고 했다. 고통을 통해 자신의 믿음을 돌아볼 수 있다는 것이다(『최고의 설교』. 2012). 선지자 이사야와 다윗, 예레미야가 표현하는 고통에 대한 철학적 깨달음을 보라.

✦ 보옵소서 내게 큰 고통을 더하신 것은 내게 평안을 주려 하심이라 주께서 내 영혼을 사랑하사 멸망의 구덩이에서 건지셨고 내 모든 죄를 주의 등 뒤에 던지셨나이다 (사 38:17)

✦ 내 종 야곱아 두려워하지 말라 이스라엘아 놀라지 말라 보라 내가 너를 먼 곳에서 구원하며 이에 그들이 그들의 고통 때문에 여호와께 부르짖으매 그가 그들의 고통에서 그들을 구원하시되 (시 107:19)

✦ 네 자손을 포로된 땅에서 구원하리니 야곱이 돌아와서 평안하며 걱정 없이 살게 될 것이라 그를 두렵게 할 자 없으리라 (렘 46:27)

둘째, 우리가 고통을 당하는 이유는 다른 사람을 위한 희생 때문이다. 이 고통은 상당히 아프지만 사랑하는 사람의 행복이나 구원을 위해 자발적으로 기꺼이 선택한다. 이런 류의 고통은 바로 하나님 자신이 당한 고통이다. 그분은 죄 가운데서 영적으로 죽은 우리를 구원하기 위해 사랑하는 독생자 예수님을 이 땅에 내려보냈다. 우리가 저지른 죄 및 본성인 죄성의 대가인 죽음의 형벌을 예수님이 대신 받았다. 그가 십자가에서 당한 고통은 자신의 죄때문이 아니라 우리의 죄 때문이다. 그러나 그는 기꺼이 우리 대신 그 고통을 당하셨다. 예수님의 고통은 아버지 하나님의 고통과도 같다. 자식의 고통은 바로 아버지의 고통이기 때문이다. 온 인류를 위한 고통 덕택에 구원받을 수 있는 길이 열렸고 행복한 인생을 얻게 된 것이다. 선지자 이사야는 하나님 자신이 당할 고통을 오래 전에 예언했다.

✦ 그가 찔림은 우리의 허물 때문이요 그가 상함은 우리의 죄악 때문이라 그가 징계를 받으므로 우리는 평화를 누리고 그가 채찍에 맞으므로 우리는 나음을 받았도다 (사 53:5)

예수님이 우리를 위해 기꺼이 고통을 당하셨기 때문에 우리도 다른 사람의 구원과 행복을 위해 기꺼이 즐거운 마음으로 고통을 당할 수 있는 것이다. 고전 소설 흥부전에 보면 흥부가 돈을 벌어 가족을 부양하기 위해 매품팔이를 하는 구절이 등장한다. 즉 다른 사람이 지은 죄의 대가를 대신 받고 돈을 받는 것이다. 다른 사람이 대신 형벌을 받게 하는 대속(atonement; redemption)의 행위는 두 가지 점에서 적절하다. 첫째, 법의 집행자로서 처벌을 통해 정의를 세울 수 있다는 것이다. 둘째, 처벌을 감당할 수 있는 육체적 능력이나 경제적 여력이 부족한 사람에게 긍휼을 베풀 수 있다. 즉 대속은 정의와 사랑을 동시에 성취할 수 있는 제도인 셈이다. 누군가 받아야 할 고통을 대신 받는다는 것은 인간 공동체를 유지하고 활력을 더하는 역할을 한다. 우리는 죄로 인한 궁극적 처벌, 즉 영원한 고통과 사망을 피했기 때문에 이 땅에서 겪는 일시적 고통에도 굴하지 않고 오히려 평안을 유지할 수 있는 능력을 획득했다. 그래서 예수님은 믿는 자들에게 다음과 같이 말씀하셨다.

✦ 이것을 너희에게 이르는 것은 너희로 내 안에서 평안을 누리게 하려 함이라 세상에서는 너희가 환난을 당하나 담대하라 내가 세상을 이기었노라 (요 16:33)

셋째, 고통이 우리의 죄에 대한 하나님의 징계에 해당되는 경우이다. 사실 징계의 주된 목적은 고통을 통한 단순 처벌의 의미보다는 죄를 깨닫고 올바른 삶으로 돌이키려는 길잡이의 성격이 강하다고 할 수 있다. 자식이 부모의 훈육을 받기를 거부하고 일탈 행동을 할 때, 자기 멋대로 하도록 방관만 한다면 자식을 사랑하는 부모가 아닐 것이다. 사랑한다면 따끔한 육체적 및 정신적 고통이 수반되는 징계라도 기꺼이 내릴 것이다. 우리가 답답한 것은 고통 자체 뿐만 아니라 고통을 당하는 이유를 몰라서 억울하거나 고통이 지나간 뒤에도 희망을 찾을 수 없기 때문이다. 다음 구절에서 보듯이 구약의 선지자 예레미야는 자신이 왜 고통을 받는지에 관한 이유와 의미를 깨달았기 때문에 쓰라린 고통을 견딜 수 있었다.

✦ 지나가는 모든 사람들이여 너희에게는 관계가 없는가 나의 고통과 같은 고통이 있는가 볼지어다 여호와께서 그의 진노하신 날에 나를 괴롭게 하신 것이로다 (애 1:12)

넷째, 우리가 고통을 당하는 이유는 하나님의 영광을 드러내기 위해서다. 사실 받아들이기 힘든 경우는 고난을 받을 하등의 이유가 없어 보이는 데도 억울하게 고통을 겪는 상황이다. 이런 고통을 겪은 성경 아니 인류의 대표적인 인물이 욥이다. 사실 그는 고통을 당하기 전에 하나님 앞에서 완전한 자라는 극찬을 들은 인물이다.

✦ 우스 땅에 욥이라 불리는 사람이 있었는데 그 사람은 온전하고 정직하여 하나님을 경외하며 악에서 떠난 자더라...이 사람은 동방 사람 중에 가장 훌륭한 자라...잔치를 끝내면 욥이 그들을 불러다가 성결하게 하되 아침에 일어나서 그들의 명수대로 번제를 드렸으니 이는 욥이 말하기를 혹시 내 아들들이 죄를 범하여 마음으로 하나님을 욕되게 하였을까 함이라 욥의 행위가 항상 이러하였더라 (욥 1:1-5)

그러나 평소에 경건한 삶을 살아온 욥은 갑자기 닥친 사건으로 자녀와 재산을 모두 잃고 집안은 거의 풍비박산 나고 말았다. 실의에 빠질 수밖에 없었다. 그는 하나님을 원망하지도 않았고 죄악에서 떠난 신실한 사람이었지만 갑자기 하나님이 사탄의 요구에 고난을 허용한

까닭에 애매히 고통의 회오리 속에 던져졌다. 그는 애매한 고통을 당했지만 그가 고통을 받은 한 가지 이유는, 역설적으로 그가 하나님께 너무나도 온전한 사람이었기 때문이었다. 그는 하나님의 절대적 신뢰를 받았다. 그래서 그가 고통을 당하더라도 하나님을 저주하지 않고 끝까지 신뢰하리라는 것을 하나님이 인정했던 것이다. 하나님의 신뢰를 받다니 얼마나 영광스러운가! 애매한 고난 뒤에는 하나님의 절대적 신뢰가 있었다. 그러니 욥은 고통 속에서 어찌 기뻐하지 않을 수 있겠는가! 혹자는 '그렇다면 고난을 받지 않으려면 신뢰할만한 사람이 되지 말아야 한단 말인가!'라고 반문할지도 모른다. 그러나 고통 속에서 기뻐할 수 있는 이유는, 하나님이 고통을 허락할 때는 우리가 그것을 감당할 능력 또한 주시기 때문임을 잊어서는 안된다.

> ✦ 그러할지라도 내가 오히려 위로를 받고 그칠 줄 모르는 고통 가운데서도 기뻐하는 것은 내가 거룩하신 이의 말씀을 거역하지 아니하였음이라 (욥 6:10)

요컨대 고통은 하나님의 절대적 주권 하에서만 일어난다. 그것을 인정함으로써 아픔을 극복할 길을 찾을 수 있다. 래리 크랩(Larry Crabb)은 저서『영적 가면을 벗어라』에서 다음과 같이 조언한다. 영혼이 고통을 겪는 것은 영적인 미성숙의 표현이 아니라, 영원한 세상을 갈망하는 영혼의 솔직한 탄식임을 인정해야 한다고 설파한다. 그래서 부인하고 도피하는 것이 아니라, 당당히 직면하고 하나님을 신뢰하는 기회로 삼을 수 있다고 격려한다.

9장

인간의 선의 한계 : 착한 일을 하면 천국에 갈 수 있지 않나요?

대학생 시절 기독교 선교 단체 회원들과 제주도로 전도 여행을 간 적이 있다. 2명씩 한 조를 이루어 가가호호 방문했다. 어느 집에 들어가서 주인 분을 만났다. 반갑게 맞아 주셔서 대화를 하는 도중, 어떻게 하면 천국을 갈 수 있느냐고 질문을 던졌다. 그분께서는 당연히 착한 일을 많이 하면 될 것이라고 대답하셨다. 어쨌든 이 분은 현재의 상태로는 자신이 천국에 갈 자격이 부족하며, 뭔가 좋은 일을 함으로써 죄를 보상해야 한다는 생각을 하신 것 같다. 사람의 기본적인 양심에 부합하는 대답처럼 들린다.

미국의 복음주의 설교자 존 맥아더(John MacArthur)는 본인이 비행기 여행을 하면서 만난 어느 무슬림과의 대화를 소개했다. 그가 무슬림에게 죄를 짓느냐고 물었을 때, 그는 늘 죄를 짓는다고 대답했다. 그래서 죄를 지은 사람은 어떻게 되느냐고 재차 물었을 때, 지옥에 간다는 답변을 들었다. 그러자 다시 "그런데 왜 계속 죄를 지으십니까?"라고 물었는데, 그는 "어쩔 수가 없네요."라는 답변을 들었다. 이 예는 선행보다 죄를 짓기가 얼마나 더 쉬운 지를 단적으로 보여준다(존 맥아더. 『최고의 설교』. 2012.).

"선행을 하면 천국에 가나요?"라는 질문 아래에 깔린 생각은 '천국은 거룩한 곳이지만, 이 세상은 죄 많은 죄인이 살고 있으며 천국은 아니다. 그래서 현재의 상태라면 모두가 죄를 짓고 살고 있기 때문에, 아무도 천국에 들어갈 수 없다'라는 전제이다. 그런 면에서 이 질문을 던진 사람이 기독교인이 아니더라도, 그의 질문 속에 내포되어 있는 전제 자체는 성경적 관점에서 옳은 것이다. 성경에서도 정확히 현재 인간은 모두 죄인이며 이 상태로는 하나님을 만날 수 없다고 말하고 있다.

✦ 의인은 없나니 하나도 없으며......선을 행하는 자는 없나니 하나도 없도다 (롬 3:10)

✦ 모든 사람이 죄를 범하였으매 하나님의 영광에 이르지 못하더니 (롬 3:23)

그러나 이 질문을 던진 사람이 진정으로 말하고 싶은 바는 '예수 믿는다고 천국 가는 게 말이 되느냐, 착한 일을 해야 천국 가지'일 것이다. 과연 착한 일을 하면 천국에 갈 수 있을까?

선행은 천국행 티켓이 아니다

결론부터 말하면, 성경에 따르면, '갈 수 없으며 가서도 안 된다'는 것이다. 첫째는 선행이 천국에 들어가는 기준으로서 공정하거나 객관적이지 않기 때문이며, 둘째는, 천국에 들여보내는 하나님의 기준이란 관점에서 선행은 적절한 기준과는 전혀 상관없다는 것이다.

각각의 이유에 대해 자세히 살펴보도록 하자. 첫째 이유는 기준의 객관성과 공정성의 문제이다. 즉 어떤 사람이 어느 정도의 선행을 얼마나 오랜 기간 실천해야 하는지 객관적으로 정할 수 없다는 것이다.

평생 지은 죄를 다 갚기 위해서, 지은 죄만큼의 선행을 실천해야 한다고 주장하는 종교도 있다. 이 주장의 문제점은 개인이 일생동안 몇 번의 죄를 지었는지 알 수 없다는 것이다. 또한 설령 죄 지은 회수만큼 선행을 베풀었다고 할지라도, 그 이후에 지을 죄는 어떻게 처리할 것인지에 대한 분명한 대책이 없다. 더 난감한 문제는 어떤 행위를 선행이라고 규정지어야 할지에 대한 타당성을 확보할 수 없다는 점이다. 즉 누군가에게 선행은 다른 사람에게는 선행이 아닐 수 있다. 이 문제는 아무리 많은 토론을 해도 쉽사리 결론에 도달할 수 없음은 자명해 보인다. 게다가 선행을 실천한 회수가 1000회가 넘어야 된다고 규정하면, 999회는 어째서 안 되는가 하는 문제가 여전히 남는다. 쉽게 말해서 구원을 받고 천국에 가기 위한 조건으로서 선행은 오히려 불공정하고 타당성이 없으며 누구도 납득하지 못하는 요소라고 볼 수 있다. 물론 이 말이 선행을 실천하지 말아야 한다는 뜻은 아님은 말할 나위도 없다. 우리는 거룩한 천국에 가기 위한 조건으로서 선행의 기준의 적격성에 대해 논의하는 것이지, 선행의 도덕적 가치를 폄하하는 것이 아님을 유념하기 바란다.

둘째, 구원을 받고 천국 시민이 되려면 시민권을 주는 주체가 정한 기준을 충족시켜야 하는데, 선행은 이 기준이 아니라는 것이다. 성경에 따르면, 하나님을 믿으면 하나님의 자녀가 되는 동시에 하나님 나라의 시민이 된다고 선포한다. 그러므로 그리스도인은 세속사회와 하나님 나라에서 두 개의 시민권을 가진 셈이다. 사도 바울은 출생 시점부터 로마시민권을 획득했고, 예수를 믿고 난 후에 천국 시민이 되었다.

✦ 천부장이 와서 바울에게 말하되 네가 로마 시민이냐 내게 말하라 이르되 그러하다(행 22:28)

✦ 우리의 시민권은 하늘에 있는지라 거기로부터 구원하는 자 곧 주 예수 그리스도를 기다리노니 (빌 3:20)

미국 이외의 나라에서 태어나고 자란 사람이 미국 정부에서 주는 미국 시민권을 취득하는 요건과 절차는 까다롭기로 악명 높다. 예를 들어 18세 이상이어야 하고, 영주권자이어야 하며, 영주권 취득 후 5년을 경과해야 하며, 시민권 신청에 필요한 5년 거주 기간 동안 도덕적으로 문제가 되는 행위를 범하지 않아야 하며, 미국의 헌법을 수호하겠다는 서약을 하며, 기초적인 영어 구사 능력을 구비해야 하며 미국의 역사에 관한 소정의 지식이 있어야 한다. 그 외에도 투자 이민, 가족 초청 이민 등 여러 통로가 있긴 하다. 중요한 것은 미국 정부가 정한 요건을 따라야만 미국 시민권을 얻는다는 것이다. 마찬가지로 천국에 가는 것도 하나님 나라의 주인인 하나님이 정한 규칙을 따라야만 하는 것이지, 인간 마음대로 정해서는 안 되는 것이다.

진리는 진리를 얻고자 하는 누구에게나 쉽게 접근 가능해야 한다. 따라서 만약 기독교가 진리라면, 천국, 즉 하나님 나라에 들어가는 길은 가장 쉬운 것이어야 하며 성별, 연령, 인종 등 외부적 조건에 상관없이 가고자 하는 모든 사람에게 열려 있어야 한다. 다행히도 기독교는 이 기준에 부합한다. 하나님 나라에 들어가는 유일한 길은 가장 쉬우면서도 누구에게 열려 있다. 그 길은 선행이 아니라 예수님을 마음 속으로 믿고 하나님께 인생의 주권을 드리는 것이다. 이 길은 행위의 문제가 아니라 마음의 문제이다. 만약에 선행이 하나님 나라에 들어가는 조건이라면, 신체적 및 정신적으로 선행을 실천할 수 없는 상황에 놓인 수많은 사람은 천국 문턱에 갈 기회조차 얻지 못할 것이다. 물론 미국 시민권을 얻으려면 중대한 범죄를 저지르지 않아야 하는 것이 사실이긴 하다. 그러나 선행을 하는 것이 가장 중요한 요건은 아니다. 마찬가지로 하나님 나라인 천국에 들어갈 수 있는 천국 시민권을 얻기 위해서도 선행은 필수 요건이 아니다.

이해를 돕기 위해 또 하나의 예를 들어보자. 미국의 수백 개의 대학들은 입학 요건이 다양하다. 어떤 대학들은 한국의 수학능력시험에 해당하는 SAT 점수를 가장 중요하게 평가하지만, 다른 대학들은 건학 이념에 맞는 창의성을 가장 중요한 기준으로 삼기도 한다. 가장 중요한 사실은, 대학 자체적으로 정한 기준이 입학 허가 여부에 가장 중요하다는 사실이다. 어떤 학생들을 선발해서 어떤 교육 내용을 가지고 어떻게 가르쳐서 어떤 인재를 양성할 것인지는 대학의 설립 목표와 관련된 고유 권한이다. 어떤 학생이 특정 대학에 불합격 통지를 받은 후, SAT 점수가 높은데도 떨어져서 불공정하다고 이의를 제기할 수는 있겠지만 대학교에서는 자체적으로 다양한 기준을 정하기 때문에 이의가 받아들여질 가능성은 적다. 왜냐하면 입학의 기준은 선발권을 지닌 대학의 고유 권한이기 때문이다.

마찬가지로 천국의 주인인 하나님이 천국 시민권을 발부하는 요건은 사람들이 생각하는 선행이 아니다. 그렇다고 천국에 들어가려면 악을 마음껏 행해도 된다는 말은 아니기에 오해가 없기를 바란다. 여기서 비유를 통해 말하고자 하는 바는, 하나님이 보기에 선행은 오히려 불공정하며 객관적이지도 않으며 모든 사람을 구원에 이르게 할 수 없는 요건이라는 것이다.

선행은 천국에 가는 자격과 절대적으로 무관하다. 예를 들어, 어떤 연쇄 살인범이 사형을 언도받았다고 가정해 보자. 그러나 그의 일생의 순간순간을 들여다보면, 매 순간 죄를 짓고 살지는 않았을 것이다. 가끔씩 이웃을 도와주고 선행도 베풀었을 것이다. 흔히 TV같은 데서 흉악범이 잡히고 난 후 사형수가 된 후, 그의 주변 사람들에게 평판을 들어보면 평소에는 착한 사람 같았다는 얘기를 심심찮게 듣는다. 가끔 주변 사람들에게 선행을 베풀었던 것이 분명히 사실일 것이다. 그러나 그렇다고 그가 사형을 피할 수는 없다. 선행을 한 것은 칭찬받아야 할 행동이지만, 사형에 해당하는 그의 죄값을 완전히 갚을 수는 없다 (윌리엄 쉐드의『사망의 잠 깨워 거듭나게 하는 말씀』 2016:142).

예수님은 그리스도인들에게 선행을 통해 하나님께 영광을 돌리라고 분명히 말씀하셨다. 선행을 통해 예수 믿기 전에 일삼던 자기중심적 삶을 버리고 다른 사람을 위한 삶을 살라고 하는 이 명령은 그리스도인들이 지켜야 하는 마땅한 의무이다.

✦ 이같이 너희 빛이 사람 앞에 비치게 하여 그들로 너희 착한 행실을 보고 하늘에 계신 너희 아버지께 영광을 돌리게 하라(마 5:16)

그러나 선행은 신앙인이 과거의 잘못을 회개하고 마음을 돌이킨 이후의 삶의 결과일지언정 하나님 나라에 들어가기 위한 구원의 필요충분 조건은 아니다. 하나님 나라는 우리의 선행을 쌓아 우리의 의로 들어갈 수 없기 때문이다. 윌리엄 쉐드는 우리를 낳아준 부모를 부모로 인정하지 않으면서, 이웃이나 친구들한테 아무리 잘해 주고 선행을 베풀어도 자식으로서의 기본적 도리를 다했다고 말할 수 없는 것과 같은 이치라고 설명했다.

바로 그와 같은 이유 때문에, 죽음의 형벌을 받을 수밖에 없는 인간이 선행을 했다고 그것을 피할 길은 없다는 것이다. 영국의 위대한 설교자이자 목사인 찰스 스펄전(Charles Spurgeon)은 우리가 하나님의 창조 사역 및 구속 사역에 전혀 관여를 하지 않았기 때문에, 우리의 선행은 구원의 근거가 절대 아니라고 강조한다(『예수가 가르친 제자도』. 2011).

인간은 모두 태어나면서부터 죄인이기 때문에 하나님의 영광에 이를 수 없고 천국에 갈 수 없다. 사람마다 기준이 다르고 얼마나 많이 실천했는지 파악조차 할 수 없는 주관적인 선행을 통해 하나님의 심판을 피할 수는 없지 않겠는가! 선행으로 심판을 피할 수 있다는 생각이야말로 하나님의 공의에 철저히 부합하지 않는 것이다. 따라서 착한 일을 한다고 천국갈 수는 없다.

3부

성경의 이해를 향한 갈망

10장

진정한 축복 : 팔복은 영적인 축복인가 물질적인 축복인가?

기독교는 복의 종교이다. 성경에는 복을 받는다는 언급이 많이 나온다. 게다가 복 또는 행복을 추구하는 것은 인간의 본성처럼 보인다. 그렇다면 예수님이 말한 복은 어떤 복을 의미하는가? 구약에서 언급한 현세적이고도 물질적인 복, 가령 자녀를 많이 낳고 장수하고 재물을 쌓고 높은 권세를 누리는 것인가 아니면 내면적인 평안과 만족인가 아니면 둘 다인가?

하나님의 복과 인간의 복

마태복음 5장에 나오는 예수님이 산상수훈을 통해 가르친 여덟 가지 복인 팔복에 대해 살펴보자. 첫째 복은 천국을 소유하게 되는 복이다. 심령이 가난한 자는 천국을 받는 복을 누린다고 했다. 심령이 가난한 자(poor in the spirit)는 진리를 간절히 찾는 자이다. 진리는 곧 예수님이기 때문에 하나님을 찾고자 하는 자는 만날 수 있게 되었다 (요 14:6). 왜냐하면 예수가 바로 그들 눈앞에 있기 때문에, 찾고자 하는 가난한 마음만 있으면 당장에 천국으로 가는 길인 예수를 찾는 복을 누릴 수 있었기 때문이다. 천국을 소유하는 복의 초점은 예수 바로 자신이었다. 다시 말해서 산상수훈의 가르침을 듣는 그들이 이미 천국을 소유한 것이다.

✦ 예수께서 이르시되 내가 곧 길이요 진리요 생명이니 나로 말미암지 않고는 아버지께로 올 자가 없느니라 (요 14:6)

천국의 특징은 로마서 14장 17절에서 언급하듯이 '하나님의 나라는 먹고 마시는 것이 아니라 성령님 안에서 누리는 의의 평화와 기쁨'이다. 천국의 복은 육신적 쾌락이나 안락이 아니라 성령이 주시는 평안과 기쁨이 아니고 무엇이겠는가.

둘째 복은 위로를 받는 복이다. 애통하는 자는 위로를 얻는 복이 있다는 말씀이다. 우리는 무엇 때문에 애통하는가? '애통하다'의 영어 동사는 mourn이다. 이 동사는 주로 '사랑하는 사람을 죽음으로 잃은 슬픔'을 의미한다. 그 정도의 슬픔에 상응하는 상황을 들자면, 사랑하는 사람으로부터 버림받은 고통, 사랑하는 사람이 고통 받을 때 도와주지 못하는 안타까움이 이에 속할 것이다. 사랑하는 사람이 죽었을 때 받을 수 있는 가장 큰 위로는 무엇일까? 가장 큰 위로는 죽은 사람을 다시 살아나게 하는 것이고, 그 다음으로는 애통하는 사람 옆에서 함께 슬픔을 나누는 것이 아닐까? 이 두 가지를 한꺼번에 베푼 사람은 예수님이었다. 요한복음 11장에 보면 죽은 나사로가 부활한 유명한 이야기기 나온다. 마리와와 마르다 자매의 오라버니인 나사로가 죽었다는 소식을 듣고 예수는 그 후 나흘 뒤 그들 집을 방문했다. 마리아가 예수를 영접하면서 슬피 울었다. 이에 예수님은 어떻게 애통하는 마리아 자매를 대하셨는가? 그는 '심령에 비통히 여기시고 불쌍히 여기사...눈물을 흘렸다' (요 11:33-35). 그들의 애통함을 보고 함께 애통해했다. 바로 그 다음에는 죽은 나사로를 다시 살렸다(요11: 41-44).

그는 애통해 하는 마리아 자매와 함께 애통함으로써 위로했고, 그 다음 곧바로 죽은 자를 다시 살려내는 최고의 선물을 선사했다.

예수님이 애통하는 자는 위로를 받는 복을 받을 것이라고 약속했다. 이는 우리가 애통할 때 예수님이 우리와 함께 애통함으로 위로를 해 줄 것이라는 선포이다. 또한 우리가 사랑하는 사람이 그를 믿는다면 천국에서 다시 살아남으로써 완전한 위로를 받을 것이라는 약속이다.

그래서 예수님은 애통하는 자를 위로하는 복의 근원이 기꺼이 된다. 역시 예수님 자신이 복의 통로임을 밝힌 것이 아니고 무엇이겠는가!

✦ 우리에게 있는 대제사장은 우리의 연약함을 동정하지 못하실 이가 아니요 모든 일에 우리와 똑같이 시험을 받으신 이로되 죄는 없으시니라 (히 4: 15)

매튜 미드(Matthew Mead)는 '애통하는 자는 복이 있나니'라는 구절을 '죄에 대한 애통'과 연관짓기도 한다. 즉 자신의 죄성이 하나님의 영광을 얼마나 가리었는지에 대해 철저히 영적으로 자각하는 것이 죄에 대해 애통하는 것이라고 설명한다. 이는 죄의 결과로 받을 형벌이 너무나 끔찍하기 때문에 슬퍼하는 것이 아니라 죄로 인해 자신이 완전히 타락한 사실을 깨닫는 것을 의미한다는 것이다.(『유사 그리스도인』, 장호익 옮김. 지평서원. 2018)

세 번째는, 온유한 자가 땅을 기업으로 받는 복을 누린다는 말씀이다. 이 말씀에서 '온유한 자'는 어떤 사람을 가리키고, '땅을 기업으로 받는다'는 말은 무슨 뜻일까? 예수님이 산상수훈의 가르침의 한 부분인 이 말씀은 시편 37편에서 다윗이 노래한 부분과 일치한다. 시편 37

편에 기록된 의미를 파악한다면 이 부분에서 예수님이 말한 복의 의미를 이해하는데 도움을 얻을 수 있을 것이다. 시편 37편의 핵심 내용은, 악인이 이 땅에서 성공하고 번영하고 잘 나가는 것처럼 보이지만, 공의의 하나님이 그들을 언젠가 심판하실 것이기 때문에 불평하거나 불안해하지 말라는 것이다. 그 결과 악인들은 그들이 누렸던 권세와 권력, 또는 입지를 잃어버리게 된다. 그 대신 온유한 자들은 악인이 없어진 자리에서 하나님이 공의를 실행에 옮긴 것을 체험했기 때문에 평안을 누리게 된다. 시편 37편 9절에서 보듯이, 온유한 자는 여호와를 소망하는 자와 동격이다. 즉 '온유한 자'는 악인의 성공에 대해 불평하고 불안해하고 시기하는 자가 아니라 하나님의 공의가 궁극적으로 실현될 것을 믿음으로 바라고 소망하는 자란 의미이다. 또한 '땅을 차지한다'는 의미는 땅부자가 되거나 건물주가 되거나 임대업자가 된다는 의미가 아니다. 그것은 '악인이 심판을 당해 그들이 누린 권세를 잃어버리고 사라진 땅에서 하나님의 공의를 맛본 자들이 평안과 즐거움을 누린다'는 의미가 아니고 무엇이겠는가! 예수님이 이 말씀을 한 이유는, 예수님 자신이 바로 하나님의 공의를 실천할 당사자이기 때문에, 자신을 믿고 의지하면 하나님의 공의를 맛보고 땅을 기업으로 받고 화평과 즐거움을 누리는 복을 받는다는 것을 가르쳐주기 위해서였다.

✦ 여호와를 소망하는 자들은 땅을 차지하리로다 (시 37:9)

✦ 악인이 없어지리니 네가 그 곳을 자세히 살필지라도 없으리로다 그러나 온유한 자들은 땅을 차지하며 풍성한 화평으로 즐거워하리로다 (시 37:10-11)

산상수훈의 네 번째 복은, 의에 주리고 목마른 자는 배부르게 되는 복을 누린다는 가르침이다. 모든 인간은 의(righteousness)에 굶주려 있다. 불의를 미워하고 공의를 사랑한다. 앞서 우리는 인간이 죽음을 두려워하는 이유는, 자신이 불의를 저질렀고, 의인이 아니라고 생각하며 따라서 심판을 두려워하기 때문임을 살펴 보았다. 우리는 죄책감에 시달리며 자신의 불의를 참지 못한다. 뿐만 아니라 우리가 속한 공동체인 사회의 불의를 참지 못하며, 사회적 의를 이루기 위해 헌신하기도 하며 분노를 발산하기를 주저하지 않는다. 예수님은 이와 같은 사람들은 복이 있다고 말씀했다. 그 이유는 예수님 자신이 의를 배불리 마음껏 채워줄 수 있기 때문이다. 첫째, 죄로 고통받고 죄책감에 시달리며 죄에 대한 형벌의 두려움에 사로잡힌 사람들의 죄의 대가를 예수님이 십자가에서 모두 갚은 결과, 우리가 죄인에서 의인으로 변할 수 있기 때문이다. 로마서 5장 1절에서 보듯이, 우리의 죄는 예수님이 대신 가져가고, 예수님의 의는 우리에게로 전가된다. 예수를 믿는 자에게는 하나님의 의를 누리고 평안과 기쁨을 누리는 복이 약속되어 있다.

✦복음에는 하나님의 의가 나타나서 믿음으로 믿음에 이르게 하나니 (롬 1:17)

✦우리가 믿음으로 의롭다 하심을 받았으니 우리 주 예수 그리스도로 말미암아 하나님과 화평을 누리자 (롬 5:1)

다섯째, 긍휼이 여기는 자는 긍휼이 여김을 받는 복을 받는다. 7장에서 살펴 보았듯이, 긍휼은 상대방이 마땅히 받아야 할 잘못이나 형벌을 감해주는 것을 의미한다. 긍휼이 가장 많은 분은 하나님이다. 남에게 긍휼을 베푸는 자는 하나님의 긍휼을 보여주기 때문에 하나님의 영광을 나타낸다. 그런 사람은 당연히 사람과 하나님으로부터 긍휼을 받을 것이다.

✦ 긍휼에 풍성하신 하나님이 우리를 사랑하신 그 큰 사랑을 인하여 허물로 죽은 우리를 그리스도와 함께 살리셨고 (엡 2:4)

남을 긍휼히 여기는 것이 복인 이유는, 야고보서 2장에서도 나와 있듯이 긍휼을 베풀지 않는 자는 심판을 받기 때문이다. 예수님은 우리가 받아야 할 심판을 대신 받고, 우리의 죄에 대한 심판을 받지 않게 하는 긍휼을 베풀었다. 따라서 진정한 그리스도인이 되면 예수님의 긍휼을 받고 남을 긍휼히 여길 넉넉한 마음을 얻게 된다. 따라서 긍휼히 여기는 자의 복의 근원 역시 예수님 때문이 아니겠는가!

✦ 긍휼을 행하지 아니하는 자에게는 긍휼 없는 심판이 있으리라 긍휼은 심판을 이기고 자랑하느니라 (약 2:13)

여섯째 복은, 마음이 청결한 자가 받는 복으로서 하나님을 볼 수 있는 복이다. 사람들은 하나님이 살아있다면 보여 달라고 계속 외쳐왔다. 하나님을 볼 수 없다는 것이다. 그러나 하나님은 우리 가까이에 계시며, 만물 안에 계신다. 그런데 왜 사람들은 하나님을 못 본다고 불평하는가? 그것은 우리의 영적인 눈이 죄 때문에 어두워졌기 때문이다. 만약 햇볕이 집 밖에는 쨍쨍 내리쬐고 있는데, 창문에 때가 잔뜩 끼여 있다면 집안에 햇빛이 들어오지 않을 것이다. 집 안에 있는 사람들은 해가 없다고 할 것이다. 그러나 해가 없는 것이 아니라, 햇빛이 들어오는 창문이 문제이다.

✦ 우리 하나님 여호와께서 우리가 그에게 기도할 때마다 우리에게 가까이하심과 같이 그 신이 가까이함을 얻은 큰 나라가 어디 있느냐 (신 4:7)

하나님이 없는 것이 아니라 하나님을 볼 수 있는 우리의 마음의 창에 죄라는 먼지가 잔뜩 끼여 있어서 하나님을 볼 수 없고 느낄 수도 없게 된 것이다. 그래서 죄라는 먼지를 깨끗이 닦아내면 밝은 햇빛을 보고 따뜻한 햇살을 느낄 수 있다. 그래서 야고보서는 하나님을 보고 느끼기 위해서, 손과 마음을 깨끗이 하라고 권면한다.

✦ 하나님을 가까이 하라 그리하면 너희를 가까이 하시리라 죄인들아 손을 깨끗이 하라 두 마음을 품은 자들아 마음을 성결하게 하라 (약 4:8)

그러면 어떻게 하면 마음을 청결하게 할 것인가? 그 해답은 예수님한테서 찾을 수 있다. 하나님을 볼 수 있을 정도로 마음의 창을 깨끗하게 하기 위해서는 마음을 뒤덮고 있는 죄를 씻어내는 수밖에 없다. 그 일을 하기 위해 예수님이 천국에서 하나님 아버지와 함께 계시다가 이 땅에 내려왔다. 그 일은 오직 자신의 죽음으로써만 성취할 수 있다. 그래서 예수님이 우리의 죄를 깨끗이 씻어 주었다는 것을 믿고 그를 우리 인생의 주인으로 받아들인다면, 마음이 청결해지고 하나님을 볼 수 있는 복을 누리게 된다.

일곱째 복은 원수지간의 사람들을 화평하게 변화시키는 자(peacemaker)가 얻을 수 있는 복이다. 그 복은 하나님의 아들이라 일컬음을 얻는 것이다. 우리는 모두 철천지 원수는 없을지 모르지만, 사이가 안 좋은 가족, 친척, 선배, 상사, 동료, 후배 등이 있는게 사실이다. 그런 사람들과는 상종을 안 하는게 낫다고 생각하기 때문에 아예 대면조차 꺼린다. 자신도 이런 상태인데 남들을 화평하게 만든다는 것은 어불성설이다. 그렇기 때문에, 예수님은 원수지간인 다른 사람들을 화목하게 하는 일은 그야말로 하나님의 아들만이 할 수 있다고 본다. 어떻게 그렇게 할 수 있는가? 그것은 우리가 먼저 하나님과 화목하게 되지 않고서는 불가능하다. 우리는 아담 이래로 태어날 때부터 하나님과 원수였다. 그분은 거룩하고 우리는 창조주를 부인하는 사단의 종이었기 때문에 서로 원수지간이었다. 그러나 하나님은 우리와 화목하게 되고 무너진 관계를 회복하길 원했다. 그래서 주도적으로 자기 아들 예수를 이 땅에 보내어, 죽음으로써 우리의 죄값을 대신해서 치르게 했다. 이 사실을 마음으로 믿는 사람들만이 의인으로 변하여 거룩한 하나님을 대면할 수 있게 되었다. 에베소서에 기록된 대로, 예수는 하나님과 우리 사이에 화평을 가져왔다.

✦ 그는 우리의 화평이신지라 둘로 하나를 만드사 원수 된 것 곧 중간에 막힌 담을 자기 육체로 허시고 (엡 2:14)

그러므로 이제 우리도 화평케 하는 자가 될 수 있다. 두 가지 관계 측면에서 그 일을 할 수 있는 자격과 은혜를 받았다. 첫째, 하나님을 믿지 않는 사람들에게 복음 즉 예수를 전파함으로써 그들을 하나님과 화평하게 만들 수 있다. 둘째, 주변에서 원수지간으로 지내는 모든 사람들한테 예수를 전파함으로써 그들을 화목한 관계로 다시 회복시킬 수 있다. 이렇게 하는 사람들이야말로 하나님의 아들이라고 부를 수 있지 않겠는가! 이 복을 받아 누릴 수 있는 근본 이유는 예수가 이 땅에 왔기 때문이다.

마지막 여덟 번째 복은, 의를 위하여 박해를 받는 자에게 주어지는 복이다. 그 복은 천국을 소유하게 되는 복이다. 여기서 의(righteousness)는 앞에서 언급했듯이, 예수님이 하나님한테서 받아서 믿는 자들에게 나누어주는 선물이다. 의를 위해서 박해받는다는 것은 예수 믿는 것 때문에 아무런 까닭 없이 미움을 받고 고난을 받는 것을 의미한다. 예수님이 사람들에게 의를 주려고 내려왔지만, 사람들은 그를 거부했다. 죄가 하나도 없는 하나님의 영광의 빛을 보자, 어둠인 세상이 빛을 싫어했기 때문이다. 사람들은 근본적으로 의를 싫어한다. 왜냐하면 예수님을 의로 여기는 순간, 자신이 죄인임을 인정하기 때문이다. 그래서 예수 믿는 자들은 근본적으로 미움과 고난과 핍박과 박해를 받을 운명에 처해 있는 것이다. 그렇기 때문에 예수님은 자기 때문에 욕하고 박해받는 것을 이상하게 여기지 말고 당연하게 여기라고 말했다. 세상은 예수를 믿는다고 박해하지만, 하나님은 그것을 기특하게 여겨 하늘에서 상을 준비하고 천국의 시민이 되는 권세를 준다. 고로 예수를 믿는 믿음 자체는 의를 위해 박해를 받는 것이요, 동시에 천국을 소유하게 되는 복을 얻는 길이다.

위에서 살펴보았듯이, 예수님이 산상수훈을 통해 가르쳐준 팔복은 바로 예수님을 간절히 찾고 예수님을 믿는 삶에서 얻는 영적인 축복에 다름 아니고 무엇이랴!

11장

하나님 나라의 의 : 먼저 하나님의 나라를 구하라는 말은 무슨 말이죠?

성경에서 예수님이 한 가장 유명한 설교이자 가르침 중의 하나가 산상수훈이다. 산상수훈에서 예수님이 사람들에게 기본적인 의식주에 대해 걱정하지 말라고 하시면서, 먼저 하나님 나라를 구하라고 말씀하셨다. 2000년 전 고대 근동지방의 경제가 오늘날과 비교해 볼 때 어떠했으리라고는 가히 짐작할 수 있을 것이다. 오늘날과 비교할 수 없을 정도로 먹을 것이 부족하고 입을 것도 없고 주거 환경도 열악했을 것임은 두말할 나위가 없다. 당시에 사람들이 던진 질문인 "무엇을 먹을까 무엇을 마실까 무엇을 입을까?"는 기호에 관한 질문이 아니라, 기본적인 의식주 문제를 고민하는 필수품에 관한 것이었다. 풍족한 삶을 누리는 현대인들이 무엇을 먹고 무엇을 입고 어디서 살지 선택의 기로에서 던지는 질문이 아니다. 그날 하루 벌어 하루 먹고 살기도 벅찬 굶주린 사람들이 "오늘은 또 무엇을 먹나? 내일은 또 무엇을 입지? 어디서 잠을 자나?"라고 질문하는 것은 기본적인 생계에 대한 걱정이요 염려인 것이다. 상황이 이렇다면 당시 사람들이 던진 질문은 어느 정도 타당하기까지 한 것이 아닐까?

그럼에도 불구하고 예수님은 그런 염려는 하나님께 다 맡기고, '먼저 그의 나라와 그의 의를 구하라'(마 6:33)고 말씀하셨다. 그렇다면 하나님의 나라는 우리의 기본적인 생계와 생명보다 더 중요한 것이 아니겠는가?

하나님 나라

하나님 나라가 무엇이냐에 관한 논의는 첫째, 나라 혹은 국가의 개념에 기초한다. 국가의 3대 요소가 "국민, 영토, 주권"이듯이, 하나님 나라 역시 이 세 가지가 핵심 요소라고 알려져 있다. 하나님 나라는 '그리스도를 믿는 하나님의 자녀들이 하나님 나라의 백성이 되고, 하나님의 주권이 통치하는 영적 및 물질적 모든 세계'라고 정의한다. 다음의 시편과 이사야서 및 예레미야서 말씀이 복음전파를 통해 하나님이 통치하시는 하나님 나라가 어떤 것인지를 보여준다.

✦ 시온아 여호와는 영원히 다스리시고 네 하나님은 대대로 통치하시리로다 (시 146:10)

✦ 좋은 소식을 전하며 평화를 공포하며 복된 좋은 소식을 가져오며 구원을 공포하며 시온을 향하여 이르기를 네 하나님이 통치하신다 하는 자의 산을 넘는 발이 어찌 그리 아름다운지요 (사 52:7)

✦ 보라 한 왕이 공의로 통치할 것이요 방백들이 정의로 다스릴 것이며 (사 32:1)

✦ 보라 주 여호와께서 장차 강한 자로 임하실 것이요 친히 그의 팔로 다스리실 것이라 보라 상급이 그에게 있고 보응이 그의 앞에 있으며 (사 40:10)

✦ 보라 때가 이르리니 내가 다윗에게 한 의로운 가지를 일으킬 것이라 그가 왕이 되어 지혜롭게 다스리며 세상에서 정의와 공의를 행할 것이며 그의 날에 유다는 구원을 받겠고 (렘 23:5-6)

구약의 선지자들이 예언한 바에 의하면, 예수님이 이 땅에 오심으로써 하나님 나라가 시작되었고 성취되었다. 예수님은 하나님의 모든 권세를 받았기 때문에(마 28:18), 그분의 통치는 곧 하나님의 통치이며 하나님 나라의 발현인 것이다. 실제로 예수님께서는 귀신 들린 자를 치유하신 후에 다음과 같이 말씀하셨다. 예수님이 이 세상에 내려오신 것은 하나님의 나라를 실현하기 위해서였다.

✦ 내가 하나님의 성령을 힘입어 귀신을 쫓아내는 것이면 하나님의 나라가 이미 너희에게 임하였느니라 (마 12: 28)

하나님 나라는 예수님이 오심으로써 이미 이루어졌지만, 아직 완성되지는 않았다. 예수님이 주기도문에서 제자들에게 "나라이 임하옵시며"라고 가르쳤다(마 6:10). 하나님 나라가 이 땅에 온전히 임하도록 기도하라고 하신 것이다.

둘째, 하나님 나라를 구하라는 말은 하나님의 주권적 통치(sovereignty)에 순종하는 하나님의 백성들이 늘어나도록 복음전파에 힘쓰라는 의미를 담고 있다. 물론 하나님의 백성인 교회의 수적 증가가 곧바로 하나님 나라의 확장을 의미하지는 않는다. 하나님의 통치가 이 땅에 발현되기 위해서는 하나님의 백성의 순종이 절대적으로 요구되기 때문이다. 하나님의 주권을 인정하는 백성들이 순종할 때에만 믿음의 역사가 일어나기 때문에, 그때 하나님의 주권이 실현된다. 즉 하나님 나라의 확장은 단순히 복음 전파 그 이상으로, 하나님의 백성들이 전인격적으로 모든 삶의 영역에서 그 주권에 순종함으로써 실현되고 확장된다고 볼 수 있다. 우리가 살고 있는 가정, 직장, 학교, 사회, 국가라는 현장에서 하나님이 명하신 복음 전파의 사명을 감당하는 인생을 산다면, 하나님 나라가 임하는 것을 볼 것이다.

✦ 그러므로 너희는 가서 모든 민족을 제자로 삼아 아버지와 아들과 성령의 이름으로 세례를 베풀고 내가 너희에게 분부한 모든 것을 가르쳐 지키게 하라 (마 28:19-20)

셋째, 하나님 나라의 특성을 살펴봄으로써, 하나님 나라를 어떻게 추구할 것인지를 알 수 있다. 로마서의 다음 구절을 보자.

✦ 하나님의 나라는 먹는 것과 마시는 것이 아니요 오직 성령 안에 있는 의와 평강과 희락이라 (롬 14:17)

하나님의 나라는 하나님의 기적적인 역사나 개입 뿐만 아니라, 의와 평강과 희락이 넘치는 곳이다. 의와 평강과 희락은 이 세상이 줄 수 없는 것이다(요 14:27). 의(righteousness)와 평강(peace)과 희락(joy)은 예수님을 믿을 때, 하나님이 우리에게 거저 주시는 선물이다. 예수님을 믿은 후에도, 믿음으로 살 때만 하나님께서 주시는 것이다. 우리가 하나님의 말씀에 순종할 때, 의와 평강과 희락을 얻는다면 그 때 하나님의 나라가 이 땅에서 임한 것이다. 즉 하나님 나라를 구하라는 것은 "의와 평강과 희락"을 구하라는 말이다.

요컨대, 예수님이 이 땅에 오심으로써 하나님의 나라가 시작되고 성취되었으며, 예수님의 말씀대로 살고 복음을 전함으로써 하나님의 나라를 확장시키며, 성령이 주시는 의와 평강과 희락을 맛봄으로써 하나님의 나라의 본질을 체험하는 것이다.

12장

기도의 필요성 : 하나님이 우리가 필요한 걸 다 아는데 꼭 기도해야 하는가?

하나님이 다 아는데 굳이 애써 기도할 필요가 있느냐는 생각을 안 해본 사람은 없을 것이다. 예수님도 산상수훈에서 '무엇을 마시고 무엇을 입을까'를 걱정하지 말라고 하면서 '천부께서 이 모든 것이 우리에게 있어야 할 줄을 다 아신다'고 하셨다(마 6:31-32). 대신 '먼저 그의 나라와 그의 의를 구하라 그리하면 이 모든 것을 더하시리라'(마 6:33)고 말씀하셨다. 우리가 이 세상에서 생존하기 위해 "있어야 할" 필수품은 의식주이다. 하나님이 우리에게 이 땅에서 생명을 주신 이상 기본적인 의식주는 다 아시고 채워주신다는 것이다. 그러므로 우리는 걱정과 염려할 필요가 없다는 것이다. 즉 하나님이 우리의 모든 필요를 이미 알기 때문에 그렇다고 기도하지 말라는 것이 아니라, 하나님이 주시지 않을까 염려하지 말라는 것이다. 우리는 단지 먹고 마시며 사는 존재가 아니라, 하나님의 영광을 비추기 위해 창조되었기 때문이다.

기도의 필연성

고로 하나님이 우리에게 필요한 것이 무엇인지 다 알지만, 우리는 기도해야 한다. 왜냐하면 기도는 하나님의 명령이요 기도를 통해 하나님의 공급하심을 체험하며 기도를 통해 하나님의 뜻을 이루는 동역을 할 수 있기 때문이다. 마태복음 6장 8절을 보면 하나님께서 우리가 구하기 전에 우리가 필요한 것이 무엇인지 다 아신다고 하셨다. 그 다음에 9절에 보면 그 유명한 주기도문이 나온다. 예수님은 우리가 무엇을 기도하고, 어떻게 기도해야할 지에 대해 자세히 말씀해 주셨다.

첫째, 하나님은 우리의 필요를 다 아시지만 우리는 기도해야 한다. 대개 기도는 우리의 필요를 중심으로 하기 때문에, 기도를 함으로써 하나님께서 우리의 간곡함을 아실 것이라고 생각한다. 우리가 기도하는 것은 하나님이 모르시기 때문에 알려 드리는 것이 아니다. 예수님은 '우리에게 일용할 양식을 주옵시고'라고 기도하라고 가르쳤다. 동시에 '무엇을 입을까 무엇을 먹을까' 염려하지 말라고 하신 것이다. 염려하는 것은 하나님의 사랑과 신뢰를 의심하는 것이기 때문에 하나님을 '믿음'으로 기도하라는 것이다. 하나님이 우리에게 원하는 것은 '하나님이 모르는 우리의 사정'이 아니라 '그 분에 대한 신뢰와 믿음'인 것이다.

둘째, 기도는 하나님과의 은밀한 대화이다. 마태복음 6장 6절에 보면 하나님과 단 둘이 은밀하게 시간을 보낼 장소가 있어야 한다고 예수님이 말씀하셨다. 은밀한 공간은 서재, 거실, 교회, 직장 사무실, 휴게실, 산책로 등등 각자가 확보할 수 있는 장소라면 어디든지 될 수 있다. 은밀한 시간은 개인에 따라 다르다. 어떤 사람은 새벽, 어떤 사람은 아침, 어떤 사람은 오후, 어떤 사람은 밤이 될 수도 있다. 하나님은 우리와 단 둘만의 장소에서 오붓한 시간을 갖기 원하신다. 기도의 사람 다니엘은 바벨론에 포로로 끌려갔을 때 매일 예루살렘을 향해 열린 창에서 하루에 세 번 무릎을 꿇고 기도했다 (단 6:10). 다니엘은 하나님과의 은밀한 기도를 통해 '오직 은밀한 것을 나타내실 자는 하늘에 계신 하나님이시라' (단 2:28)는 사실을 깨달았다.

셋째, 하나님이 이루실 것을 미리 알고 있지만 그것을 이루시도록 기도해야 한다. 하나님이 몰라서도 아니고, 이루어지지 않을까봐 염려해서도 아니고, 다만 하나님이 정한 약속대로 이루어지도록 기도하는 것이다. BC 538년 경, 다니엘이 바벨론 포로 시절에 살았을 때, 예루살렘이 70년동안 황폐하고 이스라엘이 바벨론 포로 생활을 할 것이라는 것을 깨달았다. 70년의 수치스런 포로 생활이 끝나리라는 것을 깨달았을 때, 다니엘은 어떻게 했을까? 하나님이 때가 되면 당연히 이스라엘을 본국으로 귀환시키고 포로 생활에서 해방할 터인데, 굳이 기도할 필요가 있겠는가라고 생각할 수도 있었을 것이다. 하나님이 알아서 하시는데 내가 기도한다고 바뀔 리가 있겠는가라고 생각할 수 있었을 터이다. 그러나 다니엘은 금식하고 베옷을 입고 간절히 기도하기로 결심했다 (단 9:3-4). 다니엘이 기도한 것은 하나님의 예언의 약속이 이루어지지 않을까봐 의심해서도 아니고, 하나님께서 더 빨리 이스라엘을 회복시키라고 떼를 쓰기 위해서가 아니었다. 다니엘은 하나님이 약속대로 언약을 지키시는 분이고 이스라엘을 사랑하시는 분임을 알았기 때문에, 이스라엘의 죄를 용서해달라고 기도하고 하나님께 신실하심과 긍휼을 베풀어 달라고 기도했던 것이다.

넷째. 기도는 먼저 하나님의 뜻과 나라가 이루어지도록 하는 것이고, 그 다음에 우리의 기본적 필요를 위해 하는 것이다 (마 6:33-34, 마 6:11). 즉 우선순위가 있다. 이 우선순위는 하나님이 우리를 창조한 목적과 관계가 있다. 하나님이 우리를 창조한 목적은 1장에서 살펴본 바와 같이 하나님의 영광을 드러내기 위해서이다. 따라서 기도해야 할 가장 중요한 것은 우리의 삶 속에서 하나님의 영광과 의가 드러나도록 해야 한다는 것이다. 둘째, 이것을 위해 부차적으로 우리의 필요를 위해 기도해야 한다.

요컨대 하나님이 우리의 필요를 다 아시지만 우리는 기도해야 한다. 그 이유는 우리의 필요가 채워지고 이를 통해 하나님의 영광과 나라가 임하도록 하기 위해서이다.

13장

영적 제사 : 네 몸을 하나님이 기뻐하시는 거룩한 산 제사로 드린다는 말은 무슨 뜻인가?

사도 바울은 로마에 있는 그리스도인들한테 쓴 편지에서, 우리 몸을 하나님께 거룩한 산 제사로 드리라고 권면했다. 로마서 12장 1절에서 바울이 설명하듯이, 이렇게 하는 것이 영적 예배라는 것이다. '몸을 제물로 드리는 것'이 '영적 예배'라는 말은 무슨 의미인가? 몸을 드리는 것은 육체적 헌신인데, 이것을 영적 예배라고 바라보는 것은 얼핏 모순처럼 들린다.

> ✦ 그러므로 형제들아 내가 하나님의 모든 자비하심으로 너희를 권하노니 너희 몸을 하나님이 기뻐하시는 거룩한 산 제물로 드리라 이는 너희의 드릴 영적 예배니라 (롬 12:1)

예배는 죽음이다

사도 바울은 고린도전서 15장 31절에선 '나는 날마다 죽노라'고 고백했다. 거룩한 산 제물로 드린다는 말은 곧 죽음을 의미한다. 그리스도인은 죄에 대하여 이미 죽은 자요 그리스도에 대하여는 산 자이다. 따라서 날마다 죽는다는 말은 우리의 생각, 뜻, 행동을 하나님의 말씀에 완전히 굴복시키고 철저하게 그분의 뜻에 따라 사는 것이다.

제물로 드린다는 비유적 의미를 정확히 알려면, 구약성경에 나오는 제사의 의미를 파악하는 것이 중요하다. 구약의 율법, 특히 레위기 1장에서 5장에 나오는 다섯 가지 희생 제사의 의미를 짚어봄으로써 오늘날 우리가 어떻게 몸을 가지고 영적 예배를 드려야할지를 살펴보자. 레위기에는 번제, 소제, 화목제, 속죄제, 속건제의 5가지 제사가 나오고, 예수님이 십자가에 죽음으로써 이 모든 제사를 단번에 드리셨다. 우리는 그리스도를 따르는 사람으로서, 바울처럼 날마다 죽음의 제사를 드림으로 영적 예배를 드려야 한다.

첫째, 우리 몸을 번제(燔祭, burnt offering)로 드려야 한다. 번제는 일반적인 죄사함을 받기 위해 드리는 제사이다. 흠 없는 수소, 양, 비둘기, 염소를 제물로 선택한 후, 이 동물의 머리에 안수를 함으로써 인간의 죄를 동물들에게 전가시킨다. 그 다음에 제단 위에 올려 놓고 모든 것을 불태워 살랐다. 번제는 예수님이 자신의 몸을 완전히 하나님께 드리는 온전한 헌신을 의미한다. 마찬가지로 그리스도인은 세상을 사랑하지 않고 온 몸과 마음을 다해 하나님을 사랑하는 일에 헌신해야한다. 흠 없는 동물을 제물로 드렸듯이, 그리스도를 믿음으로 죄사함을 받고 의롭게 된 그리스도인이 하나님께 자신의 전부를 드릴 수 있다. 따라서 날마다 의도적이었건 그렇지 않았든지 간에 말과 행동으로 죄를 지었는지를 돌아보고 깨끗한 양심으로 하나님께 나아가야한다.

✦ 우리 하나님 여호와는 오직 유일한 여호와이시니 너는 마음을 다하고 뜻을 다하고 힘을 다하여 네 하나님 여호와를 사랑하라 (신 6:4-5)

둘째, 우리 몸을 소제(素祭, grain offering, cereal offering, meal offering)와 같이 드려야 한다. 소제는 첫 수확에 대한 감사의 의미로 드리는 제물이다. 곡식을 찧어 부드럽게 만든 고운 가루에 기름을 넣어 만든 무교병(누룩을 넣지 않고 만든 빵)을 제물로 바친다. 제사장은 소제의 일부를 제단에서 불사르고, 남은 것은 제사장들이 먹는다. 소제는 번제와 마찬가지로, 흠 없이 고운 가루를 사용하며, 불로 태워야 하며, 향기로운 제물이어야 한다. 하지만 번제와 달리 피를 뿌리지 않고, 곡식의 가루를 사용한다는 점에서 죄사함과 관련이 없고, 이미 죄사함을 받은 그리스도인이 감사의 헌신을 하는 의미를 지닌다. 즉 그리스도인은 마음을 부드럽게 하고 온유함과 감사함으로 매 순간 하나님께 예배를 드려야만 함을 의미한다.

셋째, 우리 몸을 화목제(和睦祭, fellowship offering)로 드려야 한다. 흠이 없는 수컷 또는 암컷 양, 또는 염소를 제물로 사용한다. 제물의 머리에 안수한 후에 피를 뿌리고 기름을 번제단 위에서 태운다. 화목제로 바친 제물은 제사장과 그것을 바친 자가 함께 교제하면서 먹는다. 화목제는 다시 말해서 거룩해진 하나님의 백성들이 날마다 하나님께 감사하며 하나님과 교제(fellowship)를 나누는 것을 의미한다. 번제, 소제 및 화목제는 죄사함보다는 하나님께 대한 온전한 헌신과 교제를 뜻한다. 그러나 신약성경에서 묘사하는 바, 예수님이 우리의 화목제물이 되었다는 것은 보다 근본적인 교제의 회복을 의미한다. 즉 우리는 죄 때문에 하나님과 본질상 원수지간이었지만, 예수님께서 우리와 하나님 사이를 화목하게(reconciliate) 하기 위해, 우리의 죄값을 대신 지불하고 하나님의 진노를 해결하신 것이다.

고로 우리 몸을 화목제물로 드린다는 것은 날마다 하나님께 기도하고 말과 행동에 있어서 하나님의 뜻이 무엇인지를 묻고 적극적으로 교제하는 삶을 산다는 것을 뜻한다.

넷째, 우리 몸을 속죄제(贖罪祭, sin offering)로 드려야 한다. 속죄제는 하나님의 율법을 어긴 죄를 범했을 경우 용서를 받기 위해 드리는 제사이다. 제사장 또는 회중이 죄를 범한 경우 수송아지를, 족장이나 지도자의 경우 숫염소를, 일반 평민의 경우 암염소를 제물로 드린다. 제물의 머리에 안수한 후 피를 뿌리고, 제물의 기름을 번제단 위에 불사른다. 예수님이 우리의 죄를 갚기 위해 죽으시고 물과 피를 모두 흘리심으로써 하나님께 자신을 속죄제물로 드렸다. 마찬가지로 우리는 믿지 않는 자들이 그들의 죄를 용서함 받도록 도와주기 위해 예수님이 속죄제물이 되었다는 복음을 전하는 삶을 살아야만 한다.

다섯째, 우리 몸을 속건제(贖愆祭, guilt offering)로 드려야 한다. 속건제는 하나님의 거룩한 물건에 대해 죄를 지었을 경우 흠 없는 숫양을 잡아 피를 뿌리고 그 기름을 번제단 위에 불사르는 것이다. 즉 하나님의 거룩한 물건을 가볍게 여기는 죄는 하나님의 이름을 모욕한 죄와도 같기 때문에 용서함을 받아야 하는 것이다. 이와 같이 우리는 하나님이 거룩하게 여기는 모든 것을 무시하거나 모독하지 않고 하나님의 이름을 존중하는 삶을 살아야 한다.

구약의 희생제사(레 1-5장)

명칭	소각 대상	제물	목적
번제	전부	흠없는 수소, 양, 염소, 비둘기	헌신, 죄사함(레 1)
소제	일부	무교병, 곡식	첫 열매에 대한 감사(레 2)
화목제	기름	흠없는 수컷, 암컷	축복에 대한 감사, 서원 이행, 일반 감사(레 3)
속죄제	기름	황소(제사장,회중), 숫염소(왕), 암염소(일반인)	속죄(레 4)
속건제	기름	흠없는 숫양	신성모독죄에 대한 속죄(레 5)

요컨대 예수님께서 이 땅에 오신 이유는 자신을 하나님께 거룩한 제물로 드리기 위해서였다. 그가 한 모든 생각과 말과 행동은 하나님께로부터 받은 것이었다. 그래서 그는 자신의 모든 인생을 하나님께 드렸다. 그리스도인 역시 모든 말, 생각, 행동을 하나님의 뜻대로 함으로써 거룩한 산 제사로 하나님께 영적 예배를 드릴 수 있다.

✦ 내가 내 자의로 말한 것이 아니요 나를 보내신 아버지께서 내가 말할 것과 이를 것을 친히 명령하여 주셨으니 (요 12:49)

✦ 그가 아들이시면서도 받으신 고난으로 순종함을 배워서 온전하게 되셨은즉 자기에게 순종하는 모든 자에게 영원한 구원의 근원이 되시고 (히 5:8-9)

번제

소제

화목제

속죄제

속건제

14장

영생의 본질 : 영생이란 죽어야만 얻는 것인가?

예수를 믿고 영생을 얻었다고 기뻐하는 사람들 중에는 마치 이 세상을 자기 마음대로 살다가 지옥갈 것 같아서 무서워했는데, 운 좋게 천국행 기차표를 예매한 심정이라고 고백하는 경우가 많은 것 같다. 이들에게 영생이란 죽고 난 다음에, 천국에 들어가는 것을 의미한다. 그렇다면 성경에서 말하는 영생이란 무엇이며, 영생을 얻은 그리스도인의 신앙생활은 어떤 것인가?

영생: 영이냐 생이냐?

먼저 영생은 단지 죽고 난 후에야 얻을 수 있다는 생각은 성경을 오해한 데서 비롯됨을 살펴보겠다. 다음의 성경에서 보듯이 모든 사람은 일차적으로 육체적 죽음을 맞이한다. 그 후 하나님의 심판을 받고 난 후, 영원히 하나님과 같이 살 천국으로 가거나 영원히 고통 속에서 살 지옥으로 가게 된다. 따라서 천국이든 지옥이든 둘 중 한 곳에서 영원히 살게 된다. 그런 의미에서 영생은 영원히 사는 것을 의미한다.

✦ 우리가 다 하나님의 심판대 앞에 서리라 (롬 14:10)

✦ 선한 일을 행한 자는 생명의 부활로, 악한 일을 행한 자는 심판의 부활로 나오리라 (요 5:29)

✦ 또 그들을 미혹하는 마귀가 불과 유황 못에 던져지니 거기는 그 짐승과 거짓 선지자도 있어 세세토록 밤낮 괴로움을 받으리라 (계 20:10)

그러나 지옥에서 영생을 살고 싶은 사람은 아무도 없을 것이다. 또한 성경에서 말하는 영생은 당연히 단지 영원히 사는 것을 의미하지 않는다. 영생의 의미에서 중요한 것은 '영원히'가 아니라 '누구와 어디에서 영원히' 사는가이다. 왜냐하면 지옥에서 영원히 사는 것은 사는 것이 아니라 죽음이나 마찬가지이기 때문에, 보통 '영생'을 의미를 천국에 가는 것으로 한정시킨다고 해도 틀린 것은 아니다. 그래서 예수님도 다음과 같이 말했다.

✦ 내가 진실로 진실로 너희에게 이르노니 내 말을 듣고 또 나 보내신 이를 믿는 자는 영생을 얻었고 심판에 이르지 아니하나니 사망에서 생명으로 옮겼느니라 (요 5:24)

✦ 나는 하늘에서 내려온 살아 있는 떡이니 사람이 이 떡을 먹으면 영생하리라 내가 줄 떡은 곧 세상의 생명을 위한 내 살이니라...내 살을 먹고 내 피를 마시는 자는 영생을 가졌고 마지막 날에 내가 그를 다시 살리리니 (요 6:51-54)

영생: 절대자와의 인격적 만남

그렇다면 영생이란 무엇인가? 예수님은 하나님과 예수님을 아는 것이 영생이라고 분명히 정의를 내렸다. 이 땅에서 살면서 예수님과 하나님을 믿게 되는 순간, 우리는 이미 영생을 가진 것이다. 영생은 예수님을 통해 끊어졌던 하나님과의 관계를 회복하고 그 안에서 아버지와 아들로서 친밀한 관계를 누리는 것이다.

✦ 너희가 성경에서 영생을 얻는 줄 생각하고 성경을 연구하거니와 이 성경이 곧 내게 대하여 증언하는 것이니라 (요 5:39-40)

✦ 영생은 곧 유일하신 참 하나님과 그가 보내신 자 예수 그리스도를 아는 것이니이다 (요 17:3)

영생을 얻은 참된 그리스도인은 예수님을 믿은 순간부터 하나님 아버지와의 친밀한 교제 속에서 겸손하게 하나님의 뜻에 순종하는 사람이다. 이 땅에서 죄를 마음껏 지으며 마음대로 살다가 천국행 열차표를 사서 죽은 후에 얻는 것이 아니다. 영생을 또 하나의 장식품 정도로 여긴다면, 하나님과 아무런 상관이 없고 하나님의 자녀로서 올바른 삶을 살 수도 없다. 그런 사람은 하나님을 사랑하고 하나님의 뜻에 따라 사는 사람이 아니라, 자기의 목적을 위해 하나님을 이용해 먹는다. 그러다가 자기 뜻대로 인생이 풀리지 않는다는 생각이 들면, 천국 기차표를 언제든지 집어 던질 것이다.

반면 예수님을 믿고 하나님을 아는 사람 안에는 영생이 있다. 죽기 전부터 이미 천국 시민으로 살아간다. 이 땅에서 이미 그리스도와 함께 부활을 체험하고 하나님의 자녀로서 기뻐하며 자녀로서의 삶을 살아간다.

✦ 그러므로 너희가 그리스도와 함께 다시 살리심을 받았으면 위의 것을 찾으라 거기는 그리스도께서 하나님 우편에 앉아 계시느니라 (골 3:1)

영생을 얻은 사람은 이 세상에서의 시민권과 천국 시민권, 즉 두 개의 시민권을 가지고 있다. 예수님을 믿기 전에는 영적으로 죽은 자였지만 믿고 난 후에는 영"생"을 가지게 되었다. 이전에는 죄를 마음껏 지으며 죄 가운데서 살았지만 영적인 생명을 얻고 난 후에는 죄를 깨닫게 되고 죄를 싫어하고 이길 수 있는 생명으로 다시 태어난 것이다. 따라서 영생을 얻은 사람은 이 땅에서 마음대로 살지 않으며, 하나님처럼 거룩하고 의롭고 참된 일을 함으로써 하나님 나라의 시민답게 인생을 살게 된다.

15장

하나님의 목적과 인간의 뜻 : 하나님을 사랑하는 자에게 모든 것이 합력하여 선을 이룬다는 말은 무슨 뜻인가?

진정한 부모는 자녀의 유익을 위해서 모든 것을 한다. 자녀에게 좋은 교육을 시키기 위해 우수한 교육환경을 제공하는 지역으로 이사도 가고, 범죄율이 낮은 안전한 장소로 주거지를 옮기기도 한다. 또한 자녀에게 좋은 친구들을 사귀라고 조언하며 잘못된 길로 간다고 판단할때는 심한 질책을 하기도 한다.

성경에 따르면, 예수님을 믿으면 하나님의 자녀가 되는 권세를 받는다(요 1:12). 하나님과 성도들은 아버지와 자녀의 관계를 맺는다. 그렇다면 그리스도인들에게 일어나는 모든 일은 하나님께서 자녀의 유익을 위해서 하는 것일까? 사도 바울은 그렇다고 말한다.

✦ 우리가 알거니와 하나님을 사랑하는 자 곧 그의 뜻대로 부르심을 입은 자들에게는 모든 것이 합력하여 선을 이루느니라 (롬 8:28)

이 말씀을 접할 때 그리스도인들이 보이는 반응은 다양하다. 첫째 부류는, 하나님이 나를 위해 모든 것을 선하게 하신다면, 왜 나는 좋은 대학교에 못가고, 원하는 직장에 못가고, 사랑하는 사람과 결혼도 못하고 인생이 이렇게 힘들게 꼬이느냐고 원망 섞인 질문을 던진다.

이런 부류의 사람들은 인생이 자기 뜻대로 풀리지 않기 때문에 하나님에 대한 믿음을 잃어버린다.

둘째 부류는, 지금은 내가 원하는 대로 일이 잘 안 풀려 현실에 만족하지 않지만, 하나님이 나를 위해 모든 일을 하시기 때문에 언젠가는 잘 되리라는 일종의 희망 섞인 믿음을 가지고 현실의 고통을 억지로 참는다.

셋째 부류는, 현재의 상태가 내 마음에는 안 들고 고통스럽지만 하나님이 나의 유익을 위해 최선의 것을 허락하셨기 때문에 이해는 안 되지만, 만족하고 감사한다. 물론 미래에도 동일하게 선하게 내 인생을 인도하실 것을 알기 때문에 믿음으로 하나님께 감사한다.

먼저, 첫 번째 부류의 그리스도인들의 반응은 이 말씀에 대한 오해로부터 비롯된 것이다. 우리가 생각하는 선(goodness)과 하나님이 생각하는 선은 다를 수 있다. 우리의 생각은 죄로 인해서 철저하게 타락했기 때문에 하나님의 뜻보다는 이기적인 생각에 사로잡히는 경우가 많다. 내가 좀 더 편하고 좋은 집에서 더 멋있는 사람과 더 많은 물질적인 편의를 누리고 사는 것을 좋아하기 때문에, 하나님이 우리를 사랑한다면 우리가 원하는 대로 해 주는 것이 당연하다고 생각하는 것이다. 그러나 구약의 이사야서 말씀에 나타나 있듯이, 이 생각은 하나님의 뜻과 다르다.

✦ 이는 내 생각이 너희의 생각과 다르며 내 길은 너희의 길과 다름이니라 여호와의 말씀이니라 이는 하늘이 땅보다 높음같이 내 길은 너희의 길보다 높으며 내 생각은 너희의 생각보다 높음이니라 (사 55:8-9)

하나님이 생각하는 선(goodness)은 하나님의 영광을 우리를 통해 드러내는 것이다. 하나님의 영광을 드러내기 위해, 우리가 원치 않는 일이 얼마든지 일어날 수 있다. 그것은 욥이 경험한 것을 보면 쉽게 알 수 있다. 가령 자식과 재산을 다 잃어버릴 수도 있고, 아내한테 모욕을 당할 수도 있으며 병으로 고생할 수 있다. 그런 일이 일어남으로써 우리의 몸과 마음은 힘들지만, 하나님 앞에서 겸손해지고 마음이 깨끗하게 된다면, 하나님이 보시기에 모든 것이 합력하여 선을 이룬 것이다. 우리가 겪는 고통, 심지어 죽음조차도 우리에게 가장 적합한 선(goodness)이 되는 것이다.

두 번째 반응은, 지금은 힘들지만 하나님이 우리에게 좋은 것을 주시기 원하시기 때문에, 결국에는 우리가 원하는 대로 더 좋은 집, 더 멋진 자동차, 더 편한 직장, 이상적인 배우자를 주신다는 믿음이 있다는 것이다. 얼핏 보면 올바른 믿음의 소유자 같지만, 이 역시 하나님의 뜻과는 거리가 멀다. 하나님이 우리에게 주신 현실 상황은 우리에게 최선의 것이다. 현재의 상황에 만족하지 않는다면 하나님의 선하심을 인정하지 않는 것이다. 이런 사람들은 자기가 원하는 삶을 위해 어느 정도의 고통은 참을 수 있겠지만 곧 지쳐서 하나님을 원망할 것이다. 자기 뜻대로 되지 않는다면, 하나님이 자기를 희망 고문한다고 불평하다가 결국에는 믿음을 저버릴 것이다.

마지막 부류는 자신이 처한 현재의 상황과 자기의 모습에 완전히 만족한다. 비록 사랑하는 사람과 이별하고, 원하는 직장을 얻지 못하고, 꿈의 저택과 자동차가 없고 가고 싶은 호화로운 세계여행을 못할지라도 말이다. 현재의 상태가 '모든 것이 합력하여 이룬 선(goodness)'이라고 기꺼이 받아들이고 감사한다. 이는 자기 맘에 안 들어서 포기하는 체념과는 다르다. 현재의 삶에 만족하지만, 하나님께서 장래에 더 많은 은혜를 부어주실 것을 믿음으로 받아들이기 때문에 미래에 대한 기대 또한 크다. 하나님이 기뻐하는 인생은 바로 이와 같다. 하나님이 우리에게 모든 것이 합력하여 선을 이룬다는 것은 바로 이와 같이 현재의 상황 자체가 아니라, 현재의 우리의 삶을 허락하신 하나님의 사랑과 은혜를 바라보는 것이다.

이와 같은 신앙의 태도를 지닐 때, 우리는 우리의 믿음이 부족한 것에 대해 실망할지언정, 하나님에 대해서는 실망하지 않으며 우리의 욕심을 채우기 위해 하나님의 선하심을 우리의 기준대로 해석하지 않을 것이다.

16장

겸손한 하나님 : 하나님은 남을 낫게 여기라고 하면서, 왜 우리에게는 자신을 섬기라고 하나요?

이 질문은 매우 흥미로운 질문인 동시에 중요한 질문이다. 흥미로운 까닭은 이 질문 밑에 깔려 있는 전제를 생각해보면, 하나님은 겸손하지 않다는 생각이 깔려 있기 때문이다. 중요한 질문인 까닭은 '섬긴다'는 의미에 대해 다시 한 번 생각할 기회를 주기 때문이다.

하나님은 겸손한가?

먼저, 하나님은 겸손한 분인가 아니면 섬김을 받으려고만 하는 분인가에 대해 생각해 보자. 예수님은 하나님의 아들이자 하나님의 완전한 형상이다(마 3:17, 히 1:2-3). 그러므로 예수님의 모습을 살펴봄으로써, 하나님이 겸손한 분인지 아닌지를 알 수 있다. 마태복음과 마가복음에 기록되었듯이, 예수님은 스스로를 겸손하다고 칭했다. 그 이유는 자기 목숨을 사람들의 죄를 갚기 위한 제물로서 기꺼이 주기 위해, 하나님 보좌 우편의 자리를 버리고 이 세상에 내려왔기 때문이다.

✦ 나는 마음이 온유하고 겸손하니(humble) 나의 멍에를 메고 내게 배우라 (마 11:29)

✦ 인자가 온 것은 섬김을 받으려 함이 아니라 도리어 섬기려 하고 자기 목숨을 많은 사람의 대속물로 주려 함이니라 (막 10:45)

겸손(humility)이란 원래의 자기 지위보다 스스로 낮아져서 자기보다 낮은 지위의 사람들을 섬기는 행동이자 태도이다. 단지 마음만 아니라, 실제 삶을 통해 다른 사람을 섬길 때 진정한 겸손이라고 할 수 있다. 예수님은 과연 그렇게 하셨는가? 예수님은 실제로 그렇게 했다. 빌립보서 2장에서 보듯이, 예수님은 하나님이자 모든 만물의 창조주이다. 그러나 하나님으로서 마땅히 누려야할 특권을 과감히 던져 버리고 피조물인 종의 형상을 갖춰 사람들과 똑같이 여김을 받았을 뿐만 아니라, 피조물인 인간으로부터 존경과 찬양만을 받아야 마땅했지만 오히려 그들을 위해 자기 목숨을 버렸다. 이보다 더 겸손한 분이 있을 수 있겠는가! 예수님은 하나님이며 하나님으로서의 지위를 누릴 수 있었음에도 불구하고 가장 겸손한 모습을 우리에게 몸소 보여주었다.

✦ 그는 근본 하나님의 본체시나 하나님과 동등됨을 취할 것으로 여기지 아니하시고 오히려 자기를 비워 종의 형체를 가지사 사람들과 같이 되셨고 사람의 모양으로 나타나사 자기를 낮추시고 죽기까지 복종하셨으니 곧 십자가에 죽으심이라 (빌 2:6-8)

하나님을 어떻게 섬기는가?

둘째, 그렇다면 가장 겸손한 예수님이 왜 자기를 섬기라고 했는가? 과연 자기를 섬기라고 했는가? 요한복음 12장에 보면, 분명히 예수님이 제자들에게 자기를 섬기라고 했다.

✦ 사람이 나를 섬기려면 나를 따르라 나 있는 곳에 나를 섬기는 자도 거기 있으리니 사람이 나를 섬기면 내 아버지께서 그를 귀히 여기시리라 (요 12:26)

예수님은 분명 본인이 우리를 섬기기 위해 자기 목숨을 버리겠다고 했는데, 자기를 섬기라는 말은 또 무슨 뜻인가? 여기서 예수님을 섬긴다는 말과, 사람들이 다른 사람을 섬긴다는 말은 다름에 유의할 필요가 있다. 흔히들 다른 사람을 섬긴다는 말에 거부감을 갖는 태도 아래에는 포악한 주인이 종을 무시하고 인격을 모독하고 자기 마음대로 부린다는 편견이 깔려 있다. 그러나 예수를 섬긴다는 것은 분명히 다르다.

예수를 섬긴다는 것은 예수의 명령에 따라 산다는 것을 의미한다. 그렇다면 예수님의 명령은 무엇이었는가? 요한복음 13장에서 보듯이, 예수님이 우리에게 준 새로운 계명은 우리가 서로 사랑하는 것이었다. 다시 말해, 예수님을 섬긴다는 것은 우리가 서로 사랑하며 사는 것을 의미한다.

✦ 새 계명을 너희에게 주노니 서로 사랑하라 내가 너희를 사랑한 것같이 너희도 서로 사랑하라 (요 13:34)

그렇다면 예수님을 섬기는 것을 나쁘다고 할 사람이 과연 있을까?

예수님은 겸손의 모델이다. 그러므로 그가 우리에게 섬기라고 명령하는 것은 하나님의 권세를 마음껏 누리고 싶어 해서가 아니라, 우리가 겸손해서 서로 사랑하라는 의미 그 이상도 그 이하도 아니다. 왜 그런가? 우리가 예수님을 섬기고 서로 사랑할 때 하나님의 영광이 나타나기 때문이다.

4부

신앙생활을 향한 갈망

17장

감사와 축복 : 감사만 하면 모든 일이 잘 풀리는가?

대학에 입학해서 예수님을 믿게 된 나는 대학 시절 소위 하나님을 향한 첫 사랑에 빠져 감격하며 살았다. 어느 날 밤 집에 돌아오던 중 집 근처에 위치한 동네 교회에 들러 잠시 기도하고 있었는데, 교회당 앞쪽에서 어떤 여집사님이 기도하는 듯한 소리가 어렴풋이 들려 왔다. 소곤소곤한 목소리였기 때문에 분명치는 않았지만 '감사 감사 감사…'란 말을 반복적으로 하는 것 같았다. 다른 기도는 하지 않는 듯했고 감사란 단어만 들렸다. 마치 주문 외우듯 감사를 반복했다.

아마도 감사하는 마음이 생기도록 믿음으로 하는 것 같았다.

왜 감사해야 하는가

하나님은 분명히 우리에게 감사하라고 명령하셨다. 그것은 우리에게 감사하고 싶은 마음이 생길 때만 하라는 말이 아니다. 또는 감사할 만한 환경에 있을 때만 하라는 것도 아니다. 성경은 우리에게 범사에 즉 모든 상황과 환경에서 감사하라고 말한다.

- 항상 기뻐하라 쉬지 말고 기도하라 범사에 감사하라 이것이 그리스도 예수 안에서 너희를 향하신 하나님의 뜻이니라 (살전 5:16-18).

- 감사로 제사드리는 자가 나를 영화롭게 하나니 (시 50:23)
- 그 날에 너희가 또 말하기를 여호와께 감사하라 그의 이름을 부르며 그의 행하심을 만국 중에 선포하며 그의 이름이 높다 하라 (사 12:4)
- 아침과 저녁마다 서서 여호와께 감사하고 찬송하며 (대상 23:3)

하나님께 감사해야 하는 이유는 하나님의 명령이기 때문인데, 그 결과는 하나님의 이름이 영화롭게 되기 때문이다.

바로 이 점이다. 우리가 감사하는 이유는 과거에 하나님이 우리에게 행하신 일을 잊지 않고 되새겨 볼 때 우리가 한 것은 아무 것도 없음을 깨닫게 되고 하나님이 모든 것을 행하셨다는 것을 알게 되기 때문이다.

무엇을 감사하는가?

존 파이퍼는 『장래의 은혜』(2007)에서 감사와 믿음을 혼동하지 말아야할 것에 대해 명확히 말하고 있다. 즉 감사는 장래에 하나님께서 우리에게 행하실 일을 성취하기 위한 수단이 아니라는 것이다. 성경에는 '감사하면 하나님의 약속이 이루어진다'는 말씀이 없다는 것이다. 오히려 장래에 하나님이 약속을 이루신다는 것을 믿음으로써 그 축복을 누리는 것이다. 감사하지 않으면 받을 수 없다는 생각은 하나님이 값없이 주시는 은혜의 가치를 떨어뜨리는 것이 된다. 과거의 은혜는 진정한 감사를 드림으로써 하나님이 받으시고, 미래의 은혜는 믿음으로써 누리는 것이다.

18장

하나님과 기도응답 : 하나님이라면 우리가 하는 모든 기도를 들어주셔야 하지 않나요?

어린 시절 읽은 책 중에서, '천일야화'에 등장하는 알라딘의 요술램프 이야기는 모든 아이들의 마음을 사로잡는다. 각자가 원하는 소원을 말하고 램프를 문지르면, '지니(Genie)'가 등장해서 즉각 소원을 들어주는 장면은 생각만 해도 설레이기 때문일 것이다. 많은 사람들이 하나님을 '지니'정도로 기대하는 순간, 자신이 원한 하나님이 아니라고 생각하고 진실한 신앙에 들어설 기회를 놓치고 만다. 하나님은 '지니'인가?

흔히들 기도했는데 왜 이루어지지 않는가 혹은 하나님이 살아계시면 왜 내 기도를 들어주시지 않는가라는 질문을 종종 한다. 이러한 질문 뒤에는 하나님과 우리의 정체성 또는 관계에 대한 오해가 깔려 있다. 하나님은 누구신데 우리의 기도대로 다 해주셔야 하는가? 우리는 누군데 하나님이 없다고 말하면서 왜 기도를 다 들어주기를 바라는가?

우리가 원하는 대로 들어주지 않아야 하나님이다.

단도직입적으로 말해 모든 기도를 다 들어주신다면 그분은 하나님이 아니다. 하나님이 존재하기 때문에 우리의 모든 기도대로 되지 않는 것이다. 자식이 해 달라는 대로 해 주는 부모는 이 세상에 없을 것이다. 그런 부모가 있다면 우리는 아마 자식을 버릇없고 나약하게 키우는 나쁜 부모라고 비난할 것이다. 집에 장난감이 잔뜩 쌓여있는데 사 달라고 응석을 부리는 아이를 망칠 생각이 없는 최소한의 양식이 있는 부모라면 떼를 쓸 때 잘 타이르거나 아니면 혼을 낼 것이다. 칼을 쓸 줄 모르는 아기가 칼을 달라고 조른다고 줄 무식한 부모는 없으며, 마약에 흥미가 있는 자녀에게 한 번 써보라고 허락할 정신나간 부모는 없을 것이다. 아이의 응석을 받아주지 않는 부모는 달라는 게 없어서가 아니라, 아이가 가지고 놀면 위험하거나 아직 적절한 통제력을 갖추지 못하고 있음을 알기 때문이다.

현명한 부모는 자녀가 무작정 던지는 요구를 들을 때, 설득을 시키고 '때가 되면' 줄 것이라고 약속할 것이다. 우리의 기도에 무조건 당장 응답해야지만 하나님의 존재를 인정하겠는다는 것은 두 가지 잘못된 인식 때문이다. 첫째, 우리가 요구하는 것은 무조건 옳다는 그릇된 가정때문이다. 인간은 합리적이기도 하지만 때로는 아니 많은 경우 감정적이며 올바른 절제력을 행사하지 못할 때가 많다. 우리가 드리는 기도가 다 응답받지 않을 수도 있다는 태도는 우리 자신의 내적 동기가 불완전하고 때로는 위험하다는 것을 인정하는 겸손함에서 나온다. 둘째, 하나님이 우리가 원하는 대로 다 들어주어야 한다는 생각은 아무런 근거가 없다. 오히려 만일 하나님이 계시다면 그 분은 우리를 사랑하며 우리의 마음을 훤히 알고 있기 때문에 우리의 무분별하거나 시의부적절한 요구에 현명하게 대처할 것이다. 불필요한 요구는 거절할 것이며, 때 이른 요구는 시의적절한 때에 응답할 것이며, 그분의 영광에 합당치 않은 기도는 들어주지 않을 것이다.

그러므로 역설적으로 들리겠지만, 우리가 기도한대로 다 이루어지지 않는다는 것은 하나님이 없다는 증거가 아니라 오히려 살아계시다는 반증이다.

그래서 성경은 우리의 기도응답에 반드시 '조건'을 덧붙이고 있는 것이다.

- 내 이름으로 무엇이든지 내게 구하면 내가 행하리라 (요 14:14)
- 너희가 온 마음으로 나를 구하면 나를 찾을 것이요 나를 만나리라 (예 29:13)
- 너희가 내 안에 거하고 내 말이 너희 안에 거하면 무엇이든지 원하는 대로 구하라 그리하면 이루리라 (요 15:7)
- 다만 너희는 그의 나라를 구하라 그리하면 이런 것들을 너희에게 더 하시리라 (눅 12:31)
- 그를 향하여 우리가 가진 바 담대함이 이것이니 그의 뜻대로 무엇을 구하면 들으심이라 (요일 5:14)
- 그런즉 너희는 먼저 그의 나라와 그의 의를 구하라 그리하면 이 모든 것을 너희에게 더하시리라 (마 6:33)
- 너희 중에 누구든지 지혜가 부족하거든 모든 사람에게 후히 주시고 꾸짖지 아니하시는 하나님께 구하라 그리하면 주시리라 (약 1:5)
- 그러므로 내가 너희에게 말하노니 무엇이든지 기도하고 구하는 것은 받은 줄로 믿으라 그리하면 너희에게 그대로 되리라 (막 11:24)

우리의 자녀가 불쌍한 학급 친구를 도와주기 위해 용돈을 선불해 달라고 구하면 기특한 마음에 돈을 줄 것이다. 또한 부모의 영광을 위하여 부탁하는 일이라면 선뜻 들어줄 것이다. 마찬가지로 우리가 예수님의 이름으로 구할 때 하나님은 기도에 응답하신다. 예수님의 이름으로 구한다는 것은 예수님의 뜻에 합당한 기도를 드리는 것을 뜻한다. 또한 예수님을 사랑하고 이웃을 사랑할 때 기도에 응답하시겠다고 말씀하신다. 이러한 조건을 지킬 때 기도에 응답해야지만 하나님이 아니겠는가!

19장

준비와 믿음의 조화 : 준비하는 사람은 믿음이 없는 것인가?

교회에서 흔히 듣는 간증 유형이 있다. 어떤 집회가 1주일 앞으로 다가왔는데 준비를 전혀 하지 못했다. 그래서 기도했더니 하나님이 예상치도 못하게 채워 주셔서 간신히 끝냈다는 것이다. 물론 하나님은 우리의 부족함을 채워주는 은혜의 하나님이기 때문에 우리가 하는 기도와 준비 그 이상으로 채워주신다.

그런데 그 외에도 이 예는 믿음이 연약한 사람이나 믿지 않는 자에게 어떤 시사점을 던져줄까? 하나님의 은혜를 보여주는 놀라운 간증인가? 아니면 우리가 미리 준비할 수 있는데 하지 않고 게으름을 피웠는데도 막판에 기도하니 하나님이 알아서 해줬으니 우리는 대충 해도 된다는 것은 아닐까?

하나님은 준비하는 하나님이다

하나님은 우리의 부족함을 아시고 우리가 구하거나 생각하는 것 이상으로 채워주실 수 있는 분이다 (엡 3:20). 하나님께서는 창세 전에 모든 것을 계획하시고 그 계획에 따라 우주를 움직이시고 이 세상을 다스리는 분이다. 그렇다면 우리는 어떻게 해야 할 것인가?

예수님은 안식일에 베데스다 연못에서 38년간 고통을 겪었던 병자를 고치신 후, '내 아버지께서 일하시니 나도 일한다'고 말씀하셨다

(요 5:1-18). 하나님이 잠시라도 일하지 않으면 이 세상은 존재할 수 없다. 안식일에 하나님이 피곤하다고 쉬신다면 만물은 호흡할 수 없다(시 121:4). 피조물은 안식일이 필요하지만 하나님은 자신의 영광을 위해 쉴 수 없으며 쉬지 않으신다. 예수님이 안식일에 적극적으로 활동하신 것은 자신이 바로 하나님이라는 것을 암시한다.

마찬가지로 하나님은 항상 준비하시는 분이다. 막상 준비하고 계획하고 실행에 옮겼는데 도중에 갑자기 실수가 생각나서 추가로 계획해서 일어나는 일은 하나님의 사전에 존재하지 않는다. 실수와 수정과 보충 계획은 사람들의 몫이다.

하나님이 준비하신다면 우리도 마땅히 준비해야만 하는 것이다. 하나님은 자신의 영광을 온 세상에 전파하시기 위해 선지자들을 이 땅에 보내셔서 미리 준비하시고, 세례 요한을 보내 예수님의 길을 준비하셨다. 하나님인 예수님 또한 십자가에서의 죽음을 미리 준비하시고 예비한 시간에 최후의 순간을 십자가에서 맞이하심으로써 하나님의 영광의 절정을 보여주셨다.

우리의 인생의 목적이 하나님의 영광을 최대한으로 드러내는 것이라면 하나님 아버지와 성자 하나님 예수님께서 준비하셨듯이 마땅히 우리도 준비해야만 하는 것이다. 믿음이 있는자는 준비한다. 믿음이 없는 자는 준비하지 않는다.

하나님은 우리의 준비부족과 게으름을 장려하시지 않으신다. 우리가 믿음으로 준비했을 때 그 이상으로 넘치게 준비해 두시고 축복해 주시는 분이다.

하나님이 아브라함의 믿음을 시험하기 위해, 약속의 자녀 이삭을 제물로 바치라고 명하셨을 때, 아브라함은 이삭을 준비했다. 그 때 하나님은 이삭 대신 다른 제물을 미리 준비해 두었다. 하나님이 준비하시기 때문에 우리는 아무 것도 하지 않아도 된다는 생각이나 게으름을 피워도 된다는 변명은 올바른 믿음이 아니다. 그 분이 준비하시기 때문에 자녀인 우리도 철저히 준비해야 한다.

하나님은 준비시키는 하나님이다

하나님께서는 이스라엘 민족을 애굽에서 이끌어낼 지도자로 키우기 위해 모세를 40년간 광야에서 훈련시키시고 준비시킨 후에야 80세 때 그를 부르셨다. 모세는 준비된 지도자였다. 다윗은 사자와 늑대로부터 양들을 지키기 위해 막대기와 지팡이와 돌팔매질에 능숙한 양치기였다. 그는 이스라엘을 블레셋으로부터 구하기 위한 영적 훈련 과정을 거친 후에 기름부음을 받았다.

다윗은 골리앗 앞에서 기가 죽은 사울과 이스라엘 군대를 향해 이렇게 외쳤다 (삼상 17:34-35). "주의 종이 아비의 양을 지킬 때에 사자나 곰이 와서 양떼에게 새끼를 움키면 내가 따라가서 그것을 치고 그 입에서 새끼를 건져내었고 그것이 일어나 나를 해하고자 하면 내가 그 수염을 잡고 그것을 쳐 죽였었나이다." 그 말을 들은 사울이 자기의 군복을 다윗에게 건네 주어 놋투구와 갑옷을 입혔을 때, 다윗은 이 복장과 무장이 몸에 익숙하지 않다는 것을 알았다. 그래서 군복을 벗고 다시 양치기의 차림으로 막대기와 돌을 가지고 골리앗 앞에 나아갔다. 왕의 무거운 갑옷과 투구와 무기가 익숙지 않았기 때문에 사용할 수가 없었다. 그러나 평소에 쓰던 막대기와 돌은 치명적인 무기가 될 수 있었다. 다윗이 돌을 들고 골리앗 앞에 선 다음, 눈을 감고 아무렇게나 던졌는데 하나님이 은혜로 골리앗의 머리를 맞추었다고 생각하는가? 다윗은 하나님이 주신 양치기 업무에 평소 충실했기 때문에 이제는 곰과 사자를 향해 돌을 던지면 백발백중 명중할 실력과 용기를 갖춘 준비된 용사였다. 그가 이렇게 준비된 용사가 될 수 있었던 것은 믿음때문이었다. 하나님이 주신 작은 일에 충성하는 것이 하나님을 섬기고 그의 이름을 높이는 길이라는 믿음이 없고서야 준비했겠는가? (마 25:21) 믿음과 준비는 반대가 아니다. 믿음이 있는 자는 준비할 것이다. 다윗이 만일 형들과 자신의 처지를 비교해서, 형들은 전쟁터에 나가 멋있게 싸우는데 자신은 초라하게 양이나 친다고 불평과 불만으로 가득차서 양치기 업무를 제대로 하지 않았다면 어떻게 되었을까? 돌팔매의 역사는 일어나지 않았을 것이다. 하나님이 이 때를 위해 다윗을 준비시킨 것처럼, 다윗의 믿음도 이 때를 위해 준비한 것이다. 하나님이 준비하시기 때문에, 우리는 대충 놀고 먹어도 되는 것이 아니라 우리도 준비해야 한다. 자신의 게으름과 나태를 믿음으로 포장하거나 합리화해서는 안 된다.

믿음이 있으면 준비한다

자신의 준비부족을 회개하고 마지막 순간에 하나님께 간절히 기도하는 것은 올바른 신앙인의 자세이다. 그러나 기도로써 미리 준비하면 하나님의 영광을 더 많이 드러낼 수 있음에도 불구하고 게으름과 나태함으로 일관한 후, 마치 하나님이 자신의 준비 없음을 사용하셨다는 핑계는 하나님이 기뻐하시지 않는 믿음이다.

준비하는 사람을 마치 믿음이 없는 것으로 여기는 것은 잘못된 신앙이다. 오히려 준비하는 자는 아무리 자신이 준비해도 부족하다는 것을 알기에 최선을 다하고 마지막에 하나님의 채워주심을 바라는 자이기 때문에 믿음이 있는 사람으로 귀히 여김을 받아 마땅하지 않을까?

20장

축복 개념 : 구약의 축복과 신약의 복은 다른가?

구약성경과 신약성경을 읽어보면 한 가지 흥미로운 차이점이 발견된다. 신약의 인물 중에 하나님께로부터 복을 받아 부자가 되었다는 기술이 하나도 없다는 것이다. 구약에는 하나님이 복을 내리셔서 재물과 자녀를 많이 얻었다는 이야기가 많이 나온다.

먼저 구약시대에 활동한 인물 중에서 복을 받은 사람들의 예를 살펴보자. 가령 아브라함, 이삭, 야곱은 하나님이 복을 주셔서 자녀를 많이 낳고 재물과 가축과 소유가 넘쳤음을 익히 알고 있다. 요셉이 보디발의 집에 팔려갔을 때 하나님께서 함께 하셔서 보디발의 모든 재산과 소유가 복을 받았음을 알 수 있다. 하나님이 요셉에게 꿈을 보여주셨고 그 꿈 때문에 요셉은 형들로부터 미움과 시기를 받아 노예로 팔려가는 고난의 길에 들어섰다. 그러나 하나님은 요셉에게 보여준 꿈을 성취하기 위해 보디발의 집에 복을 내리신 것이다. 요셉이 받은 축복은 단지 물질적인 것이라기보다 하나님이 함께 하신다는 증거였다. 보디발의 집에 임한 복은 하나님이 요셉이 꾼 꿈, 그리고 아브라함에게 주신 약속을 이루기 위한 수단이었다. 즉 하나님이 택한 자 요셉은 복의 근원이었고, 그를 통해 복, 특히 물질적 축복을 받은 사람은 믿지 않은 불신자인 보디발이었다. 요셉은 억울하게 고난을 받는 가운데서도 하나님이 함께 하심을 체험한 영적인 복을 누린 것이다.

성경 인물 중에서 가장 극심한 고난과 고통을 받았던 욥은 어떤가? 하나님은 그의 온전함과 신실함을 믿었기 때문에 그에게 고난을 허락하셨다. 욥은 하나님과 거침없는 논쟁을 벌인 후에 이전보다 더욱 많은 물질적 부와 자녀를 얻는 축복을 받았다.

이스라엘 백성은 하나님이 아브라함과 맺은 언약 그대로 가나안 땅을 차지하고 자손들이 복을 받았다. 그러나 그들이 누렸던 물질적 축복은 그들의 왕이신 하나님과의 관계의 부산물에 불과했다. 가나안 땅에 정착한 후, 그들을 인도하신 하나님의 능력과 은혜를 망각하고 이방신과 우상을 섬기고 악을 행했을 때 하나님은 주변의 강대국인 앗시리아, 바벨론, 페르시아 제국을 통해 그들이 누린 모든 물질적, 사회적, 국가적, 관계적 축복을 박탈했다.

요컨대 구약에서 물질적 축복은 하나님이 이스라엘 백성과의 언약 관계를 맺음으로써 주신 부수적인 선물이다. 이스라엘이 언약관계에 대해 불충성하고 불성실할 경우 하나님은 이 관계를 회복하기 위해 그 외 모든 물질적, 사회적 축복을 제한하거나 박탈하셨다.

그러므로 하나님의 백성 또는 자녀들이 물질적 축복만을 바라는 것은 최대의 오판이다. 또한 구약에서 축복이 물질적인 것만을 의미했다는 것 역시 오해이다. 하나님은 많은 민족 가운데서 은혜로 이스라엘을 선택한 후 자신의 영광과 능력을 강력하게 드러낼 필요가 있었기 때문에, 당신의 임재와 통치를 보여줄 수 있는 가시적 축복을 십분 활용했던 것이다. 즉 주변 민족들이 이스라엘에게 임한 물질적 축복 또는 가나안 땅의 확고한 점령을 통해 하나님이 그들과 함께 하심을 알게 하고, 그들로 하나님을 두려워하게 하신 것이다. 그럼에도 불구하고 이스라엘이 교만하여 물질적 축복에 안주한 채, 하나님의 뜻대로 거룩한 삶을 살기를 거부했을 때, 하나님은 당신의 영광이 예루살렘을 떠났다는 조롱을 받는 것을 감수하면서까지 자신이 내린 물질적 축복과 영광을 송두리째 박탈하셨다. 이로 보건대 물질적 축복 자체는 이차적인 것이며, 중요한 축복은 바로 하나님의 자녀와 백성된 삶을 삶으로써 하나님의 영광을 드러내는 것이었다.

구약시대에 활동했던 수많은 선지자들과 예언자들 그리고 왕들을 통해서 예언된 메시야가 드디어 이스라엘 역사 가운데 성육신했다. 예수님이 오신 이후 모든 것은 달라졌다. 예수님의 열두 제자들과 사도들, 그리고 그리스도의 제자들이 구약에서 언급되었던 물질적 축복을 언급한 예가 하나도 없다는 사실은 놀랄만하다. 하나님의 말씀 안에 거하면 그의 제자가 된다는 약속과 하나님을 사랑하고 이웃을 사랑하라는 대계명만 남았다. 전 세계로 나아가서 모든 민족으로 제자를 삼고 하나님의 말씀을 가르치라는 명령이 주어졌다. 그러나 그 대가는 물질적 축복이 아니라 고난이라는 것이다.

✦ 자녀이면 또한 상속자 곧 하나님의 상속자요 그리스도와 함께 한 상속자니 우리가 그와 함께 영광을 받기 위하여 고난도 함께 받아야 할 것이니라 (롬 8:17)

예수님이 이 땅에 오신 이후에 등장하는 믿음의 사람들에 대한 묘사에서 외모, 학력, 물질적 축복은 더 이상 설 자리를 잃었다. 왜 그런가?

에베소서 1장 3절을 보면, 그 이유를 분명하게 알 수 있다. 예수님 안에서 하나님께서 우리에게 주시고자 하는 모든 신령한 은사와 복들이 이미 주어졌다고 기록되어 있다. 하나님이 우리에게 주실 수 있는 지상 최대의 복은 바로 예수님 자신이었던 것이다.

✦ 우리 주 예수 그리스도의 아버지께서 그리스도 안에서 하늘에 속한 모든 신령한 복을 우리에게 주시되 (엡 1:3)

예수님을 믿은 하나님의 백성에게 남은 과업은 예수 안에 있는 모든 신령한 축복을 누리고 신령한 은사를 활용하여 교회와 세상을 섬기고 사랑하는 것 뿐이다. 18세기의 독실한 신앙인이었던 프랑스의 잔느 귀용 역시 은사보다 은사를 주신 분을 더 사랑하라고 권면했다(『잔느 귀용의 순전한 사랑』 2015). 사도 바울은 모든 그리스도인이 이런 사실을 깨달을 수 있도록 기도했다.

✦ 너희 마음의 눈을 밝히사 그의 부르심의 소망이 무엇이며 성도 안에서 그 기업의 영광의 풍성함이 무엇이며 그의 힘의 위력으로 역사하심을 따라 믿는 우리에게 베푸신 능력의 지극히 크심이 어떠한 것을 너희로 알게 하시기를 구하노라(엡 1:18-19)

그러므로 예수님 이후, 물질적 축복이 그리스도인의 삶에서 차지할 자리는 더 이상 없다. 하나님이 주신 가장 고귀하고 가치있는 복인 독생자 예수의 생명을 지닌 자들이 무엇이 더 필요하겠는가?

따라서 예수님 믿으면 이 세상에서 명예, 부, 권력을 축복으로 얻는다는 소위 번영 신학(prosperity theology)이라고 일컫는 분파는 성경적 가르침과는 거리가 멀며 복음이 아니다. 예수님은 자신을 따르는 삶은 고난이 뒤따르며 물질적 축복과는 거리가 먼 삶이라는 것을 누누이 밝혔다. 그리스도인이 예수와 함께 영광을 받기 위해서는 반드시 고난을 받아야 한다. 이 영광은 이 세상의 믿지 않는 자들이 추구하는 권력, 부, 명예, 섹스가 아니다. 현재의 삶에 최상으로 만족하며 기뻐하고 장래에 부어주실 영광을 믿음으로 고대하며 기뻐할 때만, 하나님의 영광에 참여하는 것이다(롬 8:17).

그렇다면 육체적 건강을 위해서는 기도하지 말아야 하는가라고 질문을 할 수 있을 것이다. 영(spirit)과 혼(soul)과 육(body)는 분리할 수 없으며 하나님이 창조하신 것이다. 하나님은 우리의 영혼과 육체가 건강하며(well-being), 건강하게 생을 마감하길(well-dying) 원하신다. 우리의 육체는 거룩한 하나님의 성령이 거하는 곳이기 때문에 육체를 건강하게 지키고 성적인 죄를 짓지 않는 것은 그리스도의 의무이다. 구약시대에서 건강과 장수는 축복의 상징이었다.

✦ 내가 장수함으로 저를 만족케 하며 나의 구원으로 보이리라(시 91:16)

✦ 늙어도 결실하며 진액이 풍족하고 빛이 청청하여(시 92:14)

예수님도 수많은 병자를 고치셨고 심지어 죽은 나사로를 살렸고, 바울도 복음을 전하면서 죽은 청년도 살리고 치유의 역사를 일으켰다(행 19:12, 20:9). 기본적으로 질병 없이 건강하게 사는 것은 하나님이 원하는 바이고, 우리가 기도로 구해야 하는 축복이다. 앤드루 머리는 '하나님이 우리가 건강한 몸으로 자신을 섬기길 바란다'(『하나님의 치유』 2002:82)고 주장했다. 우리가 건강해야 하는 이유는 하나님을 잘 섬기고 그 분이 맡기신 사역을 잘 감당함으로써 하나님을 영화롭게 하기 위한 것이다. 사도 바울은 에베소서 6장 1절-3절에서, 부모에게 순종하고 공경함으로써 장수할 수 있는 축복을 누린다고 말했다. 즉 건강과 장수 자체가 예수님을 믿으면 보장되는 것이 아니라, 하나님의 말씀인 부모를 사랑하고 공경함으로써 받는 부수적 축복이라는 것이다.

- ✦ 큰 무리가 따르거늘 예수께서 거기서 그들의 병을 고치시더라 (마 19:2)
- ✦ 이로써 네가 잘되고 땅에서 장수하리라 (엡 6:3)
- ✦ 그러므로 너희 죄를 서로 고백하며 병이 낫기를 위하여 서로 기도하라 (약 5:16)

따라서 건강과 장수는 우리가 하나님의 영광을 위해 기도해야 할 제목인 동시에, 하나님의 뜻에 따라 누리는 부수적 축복은 될 수 있을지언정, 그것을 얻기 위한 수단으로 예수님을 믿어서는 안 되는 것이다.

21장

신앙의 목적 : 어떻게 하면 하나님께 영광을 돌릴 수 있나요?

연말 연예대상, 가요대상, 영화대상을 수여하는 시상식을 TV로 보면 수상자들의 수상 소감이 늘 주목을 받는다. 보통 수상자들은 부모님과 작가, 스태프진 또는 동료들에게 영광을 돌린다고 말한다. 간혹 하나님께 영광을 돌린다고 용감하게 수상 소감을 말하는 이들도 있다. 그렇다면 모든 인간의 목적이 하나님께 영광을 돌리는 것이라고 배웠고 알고 있는데, 하나님께 영광을 어떻게 돌린다는 것이며, 언제 하나님께서는 당신의 자녀들에게 영광을 받으실까?

기쁨과 영광

그리스도인들은 하나님의 자녀이고, 하나님은 그리스도인들의 아버지이다. 부모와 자녀의 관계에서 부모가 언제 자녀로부터 가장 큰 만족을 얻고 가장 큰 영광을 받을까? 자녀가 돈, 권력, 명예를 얻어 소위 출세하는 것이 부모에게 가장 큰 영광일까? 그런 사람들도 소수 있겠지만 보통의 부모들은 그렇지 않을 것이다. 부모가 자식을 키우면서 가장 큰 보람을 느끼는 경우는, 자녀가 "부모님과 함께 살아 너무 행복해요!"라고 말할 때이다. '학교 보내줘서 고마워요, 선물 사 주셔서 감사해요. 용돈 많이 주셔서 감사해요.'라고 할 때도 기분은 좋지만, 그런 것들이 없을 지라도 부모님과 함께 있다는 것만으로 기뻐하고 현재의 모든 것에 만족할 때 부모님은 가장 큰 만족을 느낄 것이다.

하나님도 마찬가지이다. 존 파이퍼(John Piper)와 조나단 에드워즈(Jonathan Edwards)에 따르면, 당신의 자녀인 그리스도인들로부터 영광을 받는 순간은 바로, 그리스도인이 하나님을 섬기는 것을 기뻐하고 현재의 삶에 만족하는 동시에, 미래에 부어줄 하나님의 은혜를 믿음으로 바라보며 행복해하는 것이다(존 파이퍼 『하나님을 기뻐하라』, 2009). 다시 말해, 하나님을 기뻐할 때만 하나님은 영광을 받으신다는 것이다. 자녀가 행복할 때 부모도 기쁘고 삶의 보람과 영광을 얻는다는 것은 두말할 나위가 없다.

그렇다면 하나님을 기뻐한다는 말은 무슨 말일까? 첫째, 하나님의 하나님되심만으로 기뻐한다는 것이다. 하나님이 우리의 창조주 되시며, 하나님은 거룩하시며, 하나님은 아름다우시며, 하나님은 사랑이시며, 하나님은 긍휼과 자비가 많으시며, 하나님은 공의로운 분이라는 사실을 기뻐하고 만족한다는 것이다.

둘째, 현재 우리의 상태에 전적으로 만족하고 행복해하는 것이다. 현재 우리가 누리고 있는 모든 재정적 상태, 사회적 지위, 경제적 여건, 정치적 입지, 인관관계에 만족하고 기뻐함을 의미한다. 왜냐하면 우리의 모든 것이 하나님께서 주신 것이기 때문에, 이것을 온전히 만족한다는 것은 그것을 주신 하나님의 절대적 권위를 인정하는 것을 의미하기 때문이다. 그 분의 모든 섭리를 기꺼이 인정하는 것은 하나님을 온전히 내 삶의 주인으로 인정하는 것이다.

셋째, 미래에 하나님께서 우리에게 부어주실 더 큰 은혜를 믿음으로써 현재에 기뻐하는 것이다. 지금의 모습에도 절대적으로 감사하지만, 하나님은 우리에게 더 많은 은혜와 긍휼을 베풀어주시는 사랑의 하나님인 것을 믿기에 소망으로 기뻐할 수 있다. 따라서 하나님을 기뻐하는 길이야말로, 하나님께 영광을 돌리는 길이며 우리가 행복해지는 유일한 방법이다. 그렇기 때문에 하나님을 기뻐하라는 격려가 성경 전체에 나와 있는 것이 아닐까?

✦ 또 여호와를 기뻐하라 그가 네 마음의 소원을 네게 이루어 주시리로다 (시 37:4)

✦ 여호와로 인하여 기뻐하는 것이 너희의 힘이니라 (느 8:10)

✦ 항상 기뻐하라 쉬지 말고 기도하라 범사에 감사하라 이것이 그리스도 예수 안에서 너희를 향하신 하나님의 뜻이니라 (살전 5:16-18)

✦ 주 안에서 항상 기뻐하라 내가 다시 말하노니 기뻐하라 (빌 4:4)

✦ 이스라엘아 기쁘게 부를지어다 예루살렘 딸아 전심으로 기뻐하며 즐거워할지어다 (습 3:14)

선지자들과 사도들은 실제로 하나님 한 분만으로 기뻐하고 즐거워했다.

✦ 비록 무화과나무가 무성하지 못하며 포도 나무에 열매가 없으며 감람나무에 소출이 없으며 밭에 먹을 것이 없으며 우리에 양이 없으며 외양간에 소가 없을지라도 나는 여호와로 말미암아 즐거워하며 나의 구원의 하나님으로 말미암아 기뻐하리로다 (합 3:17-18)

✦ 전파되는 것은 그리스도니 이로써 나는 기뻐하고 또한 기뻐하리라 (빌 1:18)

✦ 만일 너희 믿음의 제물과 섬김 위에 내가 나를 전제로 드릴지라도 나는 기뻐하고 너희 무리와 함께 기뻐하리니 이와 같이 너희도 기뻐하고 나와 함께 기뻐하라 (빌 2:17-18)

왜 하나님을 기뻐해야 하는가

그렇다면 하나님은 왜 우리에게 이토록 기뻐하라고 명하실까? 가장 중요한 이유는 하나님 자신이 우리를 무엇보다도 기뻐하시기 때문이다. 스바냐 3장 17절을 보자. “너희 하나님 여호와가 너의 가운데에 계시니 그는 구원을 베푸실 전능자이시리 그가 너로 말미암아 기쁨을 이기지 못하시며 너를 잠잠히 사랑하시며 너로 말미암아 즐거이 부르며 기뻐하시시리라.” 하나님이 우리를 향한 기쁨을 주체하지 못한다는 것을 안다면 어찌 우리가 하나님을 기뻐하지 않을 수 있겠는가?

사랑하는 연인은 상대에게 늘 이렇게 질문한다. “너 나 사랑해?” 이 말은 상대의 사랑을 의심해서 하는 말이 아니다. ‘나는 너를 사랑하는데, 너는 나를 그만큼 사랑하니?’라고 되묻는 것이다. 하나님이 우리를 기뻐하고 사랑하시기 때문에 그 기쁨과 사랑을 같이 나누기 위해, 우리한테 당신을 기뻐하고 사랑하라고 하는 것이다.

흔히들 교회에서 찬양하거나 찬송가를 부르는 것을 하나님께 영광을 돌리는 방법이라고 한다. 또는 집사, 장로, 권사와 같은 교회 직분을 얻는 것을 하나님께 영광 돌리는 길이라고 믿는 사람도 있다. 또 성가대, 찬양단, 주일학교 교사, 스탭, 식당봉사, 주차봉사, 수헌위원 등 교회 유지에 필요한 모든 봉사를 해야지만 하나님께 영광을 돌릴 수 있다고 생각하는 사람도 있다. 그런 외형적인 봉사와 직분도 물론 하나님 앞에서 소중하고 교회를 섬기는데 없어서는 안 될 요소이기도 하다. 그러나 성경에서는 직분을 맡아서 봉사를 할 때만 하나님께 영광이 된다고 하지 않는다. 하나님이 보시는 것은 우리의 마음이다. 우리의 마음이 하나님을 기뻐하지 않고, 항상 불평과 불만, 시기, 질투로 가득한 채 교회 봉사를 한다면 하나님께서 영광을 받지 않으신다. 우리가 현재의 삶에서 행복하지 않은 채, 외형적인 봉사와 직분만 감당한다면 그것은 우리의 의를 쌓거나 스스로에게 위안을 주는 것밖에 되지 않는다. 이 모든 일을 하기에 앞서, 우리의 마음을 돌아보고 진정으로 하나님을 기뻐하고 하나님이 주신 모든 것에 만족하고 하나님을 믿음으로 기대하고 있는지를 확인해야 한다. 우리가 하나님을 기뻐하지 않는다면 하나님은 슬퍼하시며 우리 주변의 모든 사람도 우리 안에 있는 하나님을 보지 못할 것이다.

22장

불신자의 고뇌의 표현 : 술 마시고 담배 피우면 구원 못 받나요?

종종 비신자들이 그리스도인 친구에게 술자리에서 이렇게 말하는 모습을 본다. "성경에 술취하지 말라고 했지 술 마시지 말라고는 하지 않았다. 취하지 않을 정도로 마시면 괜찮아. 술 마신다고 구원 못 받는 건 아니잖아." 술 마신다고 구원 못 받는 건 아니니까 취하지만 않으면 되는 것일까?

먼저 술에 관한 성경 말씀 다섯 구절을 일단 살펴 보자.

✦ 술을 즐겨하는 자들과(those who drink too much wine) 고기를 탐하는 자들과도 더불어 사귀지 말라 술 취하고(drunkards) 음식을 탐하는 자는 가난하여질 것이요 잠 자기를 즐겨 하는 자는 헤어진 옷을 입을 것임이니라 (잠 23:20-21)

✦ 그러므로 어리석은 자가 되지 말고 오직 주의 뜻이 무엇인가 이해하라 술 취하지 말라(Do not get drunk on wine) 이는 방탕한 것이니 오직 성령으로 충만함을 받으라 (엡 5:17-18)

✦ 그러므로 우리가 어둠의 일을 벗고 빛의 갑옷을 입자...단정히 행하고 방탕하거나 술 취하지 말며(behave not in drunkenness) 음란하거나 호색하지 말며 다투거나 시기하지 말고 (롬 13:12-13)

✦ 그러므로 감독은....술을 즐기지 아니하며(not given to drunkenness) 구타하지 아니하며 오직 관용하며 다투지 아니하며 돈을 사랑하지 아니하며...집사들도 술에 인박이지 아니하고(not indulging in much wine) (딤전 3:1-8)

✦ 불의한 자가 하나님의 나라를 유업으로 받지 못할 줄을 알지 못하느냐.....도적이나 탐욕을 부리는 자나 술 취하는 자나(drunkards) 모욕하는 자나 속여 빼앗는 자들은 하나님의 나라를 유업으로 받지 못하리라 (고전 5:9-10)

왜 술 취하면 안 되는가?

성경에서는 술을 즐겨하거나 술 취하지 말라는 경고를 하는데, 크게 세 가지 이유를 들고 있다. 첫째, 위의 구절 중에서 잠언 23장 말씀은 그리스도인 또는 비그리스도인 모두에게 해당된다고 보이는데, 술을 즐겨하지 말아야 할 이유는 가난해질 가능성이 많기 때문이다. 이는 설명이 필요 없는 당연한 권고이다. 알콜 중독으로 인한 폐해는 경제적 파탄, 정서적 불안, 우울증, 사회적 단절 등 이루 헤아릴 수 없다. 성경은 술을 즐겨한다고 말하지만 이는 단순한 즐김이 아니라 알콜 중독에 이르게 하는 완곡한 표현에 다름 아니다.

둘째, 그리스도인으로서 마땅히 해야 할 처신은 술 취하지 않는 것이다. 위의 구절 중에서 에베소서 말씀에 따르면, 술 취하는 것은 예수님이 다시 오실 날을 준비하는 그리스도인으로서 세월을 허비하는 어리석은 행동이다. 로마서 말씀에는 술 취하는 것이 예수님을 믿기 전에 하던 어둠의 일이라고 지적한다. 즉 예수님을 믿은 후에는 빛의 자녀답게 술을 즐기거나 취해서는 안 된다는 것이다. 그리스도인의 단정한 생활은 하나님의 영광을 드러내기 때문이다.

셋째, 디모데 전서 말씀에 나오듯이, 교회의 직분 가령 감독, 장로, 집사를 맡은 사람들은 술을 즐겨서는 안 된다. 성도들에게 모범이 되고 하나님 나라를 위해 섬기는 사람들이 술을 즐겨하거나 술 취한다면 자격이 없는 것이다.

넷째, 고린도전서 말씀에는 술 취하는 자들이 하나님 나라를 유업으로 받지 못한다는 더 강력한 경고를 한다. 이 구절은 성경 말씀 중에서 가장 급진적으로 보이는데, 올바로 이해하려면 전후 문맥을 살펴보아야 한다. 술취한 자와 더불어 하나님 나라에 들어갈 수 없는 자의 특징으로 '불의한 자, 도적, 탐욕을 부리는 자, 모욕하는 자, 속여 빼앗는 자'가 함께 언급되고 있다. 다시 말해 술에 취한 모습은 하나님을 믿지 않는 불신자의 전형적인 모습이다. 물론 스스로를 그리스도인이라고 생각하면서도 행동으로는 이와 같은 일을 거리낌없이 하는 사람들도 있는데, 이들은 진정한 신앙인의 범주에서 제외하는 것이 좋을 것이다. 여기서 술 취한 자는 일회성으로 술을 한 두잔 마신 사람을 가리키지 않는다는 것은 말할 나위도 없다. 하나님을 믿는 자는 말씀 읽기와 기도를 즐겨하고 찬송과 찬양을 기뻐하며 전도하고자 하는 마음이 넘치는 법이다. 반면 하나님을 믿지 않는 자들은 불의를 맘대로 행하고 속이고 탐욕에 가득 차 있고 술을 즐긴다. 그러므로 술을 즐기는 자는 하나님의 생명이 없는 것으로 보아야 한다는 것이 이 말씀의 전제로 깔려 있는 듯이 보인다. 술을 즐기는 것은 하나님을 모르는 사람들이 보이는 여러 가지 특징 중의 하나인 셈이다.

이스라엘 사람들은 술을 마셨는가?

술을 마시는 행위 자체에 대해 죄라고 단정한 구절은 없다. 성경을 보면, 예수님과 제자들, 그리고 사도들도 제한적이긴 하지만 경우에 따라서 포도주를 마셨으며 때로는 권하기까지 했다. 예수님이 행하신 최초의 기적은 가나의 혼인 잔치에서 포도주가 부족하게 된 상황에서, 물을 포도주로 만드신 것이다. 당시 결혼을 축하하고 지인과 친적들의 혼인의 즐거움을 누리기 위해 필수적인 포도주를 직접 만드신 것이다. 물론 이 사역은 예수님이 자신이 무에서 유를 창조하는 하나님임을 보여 주기 위해 일으킨 표적(miraculous sign)이지만, 만약 포도주를 마시는 행위 자체가 죄라면 예수님이 물을 포도주로 만드시진 않았을 것이다. 또한 십자가에 달리기 전에 제자들과 함께 기념한 최후의 만찬에서 예수님은 포도주가 자신의 피의 언약이라고 말씀하시면서 다시 오실 때까지 떡과 잔을 나누면서 자신을 기념하라고 말씀하셨다(고전 11:25-27). 사도 바울도 디모데에게 위장병에 도움이 되도록 포도주를 조금씩 사용하라고 권했다(딤전 5: 23).

✦ 인자는 와서 먹고 마시매 말하기를 보라 먹기를 탐하고 포도주를 즐기는 사람이요 세리와 죄인의 친구로다 하니 (마 11:19)

✦ 말하되 사람마다 먼저 좋은 포도주를 내고 취한 후에 낮은 것을 내거늘 그대는 지금까지 좋은 포도주를 두었도다 하니라 예수께서 이 첫 표적을 갈릴리 가나에서 행하여 그의 영광을 나타내시매 (요 2:10)

✦ 너희가 이 떡을 먹으며 이 잔을 마실 때마다 주의 죽으심을 그가 오실 때까지 전하는 것이니라 (고전 11:26)

✦ 이제부터는 물만 마시지 말고 네 위장과 자주 나는 병을 위하여는 포도주를 조금씩 쓰라 (딤전 5:23)

예수님은 죄인들과 교류하기 위해 식사 초대를 받을 때 포도주를 마셨지만 즐기거나 취하지는 않으셨다(마 11:19). 포도주를 마시라고 권한 경우는 대략 두 가지이다. 첫째, 예수님의 죽으심을 기리기 위한 교회의 공식 행사인 성만찬에서는 떡과 포도주가 허용되었다. 둘째, 바울은 위장병을 치료하기 위해 포도주를 조금씩 사용하라고 권했다. 이와 같은 예외적인 경우를 제외하고는 그리스도인은 술을 절제하라고 권면을 받는다. 술을 마시는 것이 죄이기 때문이 아니라 여러 가지 합리적인 이유가 있다.

첫째, 하나님의 자녀로서 합당하기 때문이다. 하나님의 자녀는 하나님을 가장 기뻐하고 즐거워한다. 하나님 이외에 즐기거나 취하는 것이 있다면, 그것이 술이건 스포츠이건 권력이건 마약이건 컴퓨터 게임이건 섹스이건 모두 죄이기 때문이다. 둘째, 믿음이 약한 자를 배려하기 위함이다.

23장

신앙인의 거룩함과 죄 : 예수님을 믿어도 죄를 짓나요?

교회에 가서 예배를 드릴 때 마음에 감동이 오거나 수련회 때 은혜로운 설교 말씀을 들으면 다시는 죄를 짓지 않겠다는 결심이 생긴다. 그래서 금세라도 거룩한 삶을 살 수 있을 것 같은 기분이 들기도 한다. 그러나 며칠 살다보면 끊으려고 마음먹었던 나쁜 습관적 행동을 또 하게 되고, 싫어하는 죄를 반복적으로 저지르는 자신을 보게 되어 이내 자신에게 실망하고 자책하는 악순환을 되풀이하는 모습을 본다. 이런 경우에 자연스럽게 떠오르는 생각이 있다. '나는 안 되는 것인가? 결심도 자주 하는데 왜 자꾸 죄를 짓는 것일까? 내가 과연 진정한 그리스도인인가?'

이 경험과 실망감은 사실 내가 대학교 때 신앙생활을 하면서 겪었던 것이다. 그 때는 힘든 나머지 이중인격자가 된 듯한 모습에 거의 자포자기에 이른 적도 있었다. 나의 정체성에 대한 질문을 계속 던질수록 더 초라해지는 것 같았다. 그러나 이런 순간도 지나가 버리고 그 때의 생각들에 대해 다시 한 번 돌아보게 되었다.

존 파이퍼(John Piper)는 이와 같이 그리스도인들이 기쁨을 잃어버리는 이유가 칭의(justification)와 성화(sanctification)를 혼동하기 때문이라고 말한다(『영적 침체를 극복하라』. 2006. IVP). 믿음으로 하나님의 의를 덧입듯이, 믿은 이후에 성화하는 과정도 하나님의 선물임을 알아야 한다고 그는 설파한다. 구원은 선물로 받아놓은 상태에서, 그 이후에는 거룩한 행동을 하기 위해 발버둥친다고 거룩해지지 않는다는 것이다. 물론 우리가 구원받고 난 이후에도 죄의 뿌리와 치열하게 싸우지 않았을 수도 있다. 앤드류 머레이는 '습관적인 죄'를 저지르는 이유는 죄에 대하여 끝까지 대항하지 않았기 때문이라고 말한다(『내가 죽어야 성령이 산다』. 2018. 브니엘).

성도의 거룩함은 은혜의 결과이다

먼저 본 장에서 다루는 질문에 깔려있는 전제의 오류부터 지적하는 것이 좋을 것 같다. 이 질문에는 '예수님을 믿는 순간 갑자기 성인군자같은 사람이 되기 때문에 죄를 안 지어야 하는게 아니냐?'와 같은 전제가 담겨져 있는데, 이 전제는 잘못된 것이다. 그러기에 예수님을 믿게 되었다는 것이 무엇인지를 먼저 명확히 이해할 필요가 있다.

첫째, 예수님을 믿는 순간 하나님의 영을 받게 되고 그 결과 하나님의 자녀가 된다. 이전에는 마귀의 자녀였지만, 하나님의 자녀가 되는 것이다. 즉 영적 변화가 먼저 일어난 것이다. 그러나 그리스도인이 되었다고 이전에 짓던 죄의 습성 또는 죄의 욕구가 완전히 사라진 것은 아니다. 그리스도의 자녀로 갓 태어난 영적 갓난 아기에 불과하기 때문에 신자가 되기 전의 죄를 짓던 습관이 여전히 남아 있을 가능성이 많다. 영적 거장인 사도 바울도 예수님을 만나 그리스도인이 되었지만 내면에 여전히 존재하는 죄에 대한 갈등때문에 괴로워했다. "곧 선을 행하기 원하는 나에게 악이 함께 있는 것이로다 내 속사람으로는 하나님의 법을 즐거워하되 내 지체 속에서 한 다른 법이 내 마음의 법과 싸워 내 지체 속에 있는 죄의 법으로 나를 사로잡는 것을 보는도다"(롬 7:20-23).

둘째, 예수님을 믿음으로써 하나님의 의(righteousness of God)가 우리에게 전가되었다. 그 결과 예수님을 믿는 순간 법적인 의미에서 죄인에서 의인으로 지위가 바뀌었다. 따라서 죽음 후에 죄인이 받게 될 영원한 형벌, 곧 지옥에 가는 대가를 지불하지 않게 되었다.

셋째, 예수님을 믿는 순간 하나님의 자녀가 되었다. 그 이후 아버지 하나님이 아들을 거룩한 자신의 형상으로 닮아가도록 양육하신다.

왕의 아들로 태어나는 순간, 즉각적으로 그는 왕족이 되며 왕자로서 신분을 얻게 된다. 미래의 왕의 계승자가 될 자격을 확보했지만, 그렇다고 왕으로서 나라를 통치하는데 필요한 지도력을 완전히 구비한 것은 아니다. 미래의 왕이 되기에 걸맞는 자질과 능력을 키우려면 왕이 왕자를 양육하는데 필요한 교육과 시간이 필요하고, 왕자 자신의 의지와 노력 또한 필요할 것이다. 마찬가지로 구원에는 두 가지 성격, 즉 즉각성(instantaneity)과 점진성(progressivenss)이 있다. 예수님을 처음 믿는 순간 법적인 의미에서 즉각적으로 구원을 받고 하나님의 자녀가 된다. 그러나 예수님의 형상을 닮는 온전한 구원에 이르기까지에는 하나님의 은혜와 구원받은 자의 믿음이 요구된다. 즉, 믿는 순간 구원은 이미 받았지만, 아직 완전하지는 않다(already but not yet).

팀 켈러(Tim Keller) 목사는 어느 설교에서, 그리스도인의 변화에는 세 가지 특징이 있다고 주장했다. 즉 그리스도의 변화는 점진적이고, 필연적이며, 영원하다는 것이다. 인격의 변화와 신앙의 성장은 마치 꽃과 같은 식물의 성장과 유사하다는 비유를 든다. 신앙도 마찬가지로 현재에는 성장하고 있는 것처럼 보이지 않을 정도로 성장 속도가 느리게 서서히 성장한다고 설파했다. 꽃에 생명이 있을 때는 줄기가 자라고 결국 열매를 맺듯이, 그리스도의 영이 있는 사람들은 종국에는 반드시 성령의 열매를 맺게 된다는 것이다. 갈라디아서 5장 22절에 나와 있듯이, 성령의 열매인 사랑과 희락과 화평과 오래 참음과 자비와 양선과 충성과 온유와 절제를 영원히 소유하게 된다는 것이다. 이와 같이 그리스도인은 영적인 생명을 소유한 사람이므로 켈러 목사가 제시한 바대로 그 특성을 먼저 이해하는 것이 중요할 것이다.

갈라디아서 2장 20절에서 사도 바울은 '내가 그리스도와 함께 십자가에 못박혔나니(I have been crucified) 그런즉 이제는 내가 사는 것이 아니요 오직 내 안에 그리스도께서 사시는 것이라'고 선포했다. 구원을 받은 순간 이전의 나는 죽었다는 것이다. 하지만 바울은 고린도전서 15장 31절에서 '...단언하노니 나는 날마다 죽노라(I die every day)'라고 선언한다. 구원받는 순간 그리스도와 함께 죽었지만, 날마다 죽는 과정을 겪는다는 것이다.

또한 예수님은 요한복음 5장 24절에서 "내 말을 듣고 또 나 보내신 이를 믿는 자는 영생을 얻었고 심판에 이르지 아니하나니 사망에서 생명으로 옮겼느니라(whoever hears my word and believes him who sent me has eternal life and will not be condemned; he has crossed over from death to life).고 말씀하셨다. 동시에 사도 바울은 빌립보서 2장 12절에서 "항상 복종하여 두렵고 떨림으로 너희 구원을 이루라(Continue to work out your salvation with fear and trembling)'고 빌립보 교인들에게 강력히 권면했다. 예수님을 믿는 순간, 이미 구원을 받았지만 그 이후에 예수님의 완전한 형상에 이르기까지 계속 온전한 구원에 이르도록 자라가야만 하는 것이다.

요컨대 구원은 즉각적인 동시에 점진적인 것이다. 사도 바울이 로마서 8장 29절-30절에서 밝히듯이, 구원의 목적은 모든 사람이 예수님의 형상을 본받게 하기 위함이다. 하나님은 이를 이루기 위해, 당신의 자녀들로 하여금 칭의(justification), 성화(sanctification), 영화(glorification)의 단계를 밟게 하신다. 예수님을 믿는 순간 즉각적으로 의롭게 되는 칭의, 예수님을 믿은 후 이 땅에 살면서 하나님의 훈련과 징계를 받으며 성숙해가는 과정인 성화, 그리고 죽은 후에 하나님의 보좌 앞에 나갈 때 얻는 온전한 구원인 영화의 단계를 거치게 된다.

그러므로 예수님을 믿어도 하나님 보좌 앞에 가기 전까지는 예수님의 형상에 온전히 이르지 못한다. 아무리 신앙이 좋아도 죄를 지을 수밖에 없다. 죄를 계속 짓는다면 예수를 믿는 자와 믿지 않는 자의 차이가 무엇인가?

먼저 예수님을 믿기 전에 지었던 죄와 믿고 난 후에 지은 죄는 근본적으로 다르다. 첫째, 죄에 대한 결과와 대가의 측면이 다르다. 예수님을 믿기 전에는 하나님의 자녀가 아니라, 마귀의 자녀였다. 마귀는 하나님을 대적하는 자이며 마귀의 자녀는 영원한 심판을 받는다. 그러나 예수님을 믿으면 하나님의 자녀가 되고, 예수님이 대신 모든 죄의 대가를 지불하셨기 때문에, 영원한 심판을 받지 않는다. 우리가 부모님께 잘못을 저지른다고 부모 자식 사이의 관계가 즉시 끊어지지 않는다. 부모는 자식에게 죄에 대해 훈계와 징계를 내리지만 이는 자식의 죄와 잘못을 바로 잡기 위한 것이다. 그러므로 예수님을 믿는 자와 믿지 않는 자가 겉으로 보기에 똑같은 죄를 저지른다고 하더라도 그 성격은 완전히 다른 것이다.

그렇다면 예수님을 믿은 후에 마음대로 죄를 지어도 된다는 말인가? 사도 바울은 절대 그렇게 해서는 안 된다고 단호히 말한다. "은혜를 더하게 하려고 죄에 거하겠느냐 그럴 수 없느니라 죄에 대하여 죽은 우리가 어찌 그 가운데 더 살리요" (롬 6: 1-2). 예수님을 믿으면 의인이 된다는 것은 하나님이 우리를 의인으로 바라보시기 때문이지,

우리가 더 이상 죄를 짓지 않는다는 말은 아니다. 예수님을 믿어도 실수로 혹은 고의로 죄를 지을 수도 있다. 그러나 근본적으로 달라진 점은, 예수님을 믿으면 성령님께서 우리 안에 들어오시고, 죄를 미워하고 선을 행하려는 거룩한 마음이 생긴다는 것이다. 이 마음은 한 때 죄인이었던 시절에 가졌던 죄의 습성과 끊임없이 갈등을 하지만, 성령의 음성에 순종할 때마다 죄를 짓지 않게 되고 죄에 대해 승리하게 된다. 이것이 예수님을 진정으로 믿은 자들이 점진적으로 성화되면서 누리는 진정한 기쁨이다.

24장

의심과 확신 : 구원의 확신에 대해 간혹 의심이 생긴다면 구원받지 못한 건가요?

필자는 대학교 1학년 때 교정을 거닐다가 전도자를 만났다. 복음을 듣고 같이 성경을 읽으면서 성경 공부를 했다. 하나님이 우리를 사랑해서 독생자 예수를 이 땅에 보냈고, 예수가 우리의 죄를 위해 대신해서 죽으셨다는 것을 듣고 감격했다. 우리를 위해 대신해서 자기 목숨을 내주기까지 사랑한다는 얘기는 듣도 보도 못한 얘기였다. 성경을 읽다보니 우리가 먼저 하나님을 찾은 것이 아니라, 하나님이 먼저 우리를 찾아오셨다는 말씀이 있었다. 신기하게도 그 말씀이 그대로 믿어지고 성경의 말씀이 마음속에 그대로 와 박히는 게 아닌가!

내가 내 죄를 스스로 처리할 수 없다는 것을 하나님이 아시고, 나를 위해 예수님을 보내 주셨다는 말씀이 의심 없이 그대로 믿어졌다. 돌이켜 보면, 하나님이 나의 마음을 겸손케 하시고 예수를 영접하도록 준비시켰던 것이다.

믿음의 성장과 의심의 역습

내가 이 이야기를 간증하면 주변 사람들이 놀란다. 예수님이 우리를 위해 죽었고, 하나님이 우리를 사랑하시고, 이 세상을 창조했다는 말이 어떻게 믿어지냐고 의아해한다. 그러나 그 복음의 핵심 내용이 나에게는 그대로 믿어졌다. 그래서 하나님의 은혜와 예수님의 사랑에 정말로 감격해서, 소위 말하는 첫 사랑에 빠져 대학 생활의 대부분을 보냈다. 영적인 눈이 뜨였고 새로운 세상에 사는 것 같았다.

대학교 3학년 쯤 되니까 첫 사랑의 감격과 감동이 약간 식고 사그라지는 것 같았다. 혹시 내가 광신자처럼 무턱 대고 종교 생활에 빠진 것이 아닌가 하는 느낌이 들었다. 영화나 TV에 나오는 마약을 한 사람처럼 감정적 흥분에 휩싸인 나머지 종교적 이상에 빠져 현실 인식을 제대로 하지 못하는 상태로 접어든 것 같은 일말의 불안감도 엄습했다.

게리 하버마스는 전적으로 주관적 느낌에 기반을 두고 있는 이와 같은 의심을 '정서적 의심'이라고 부르는데, 지적인 사람들 사이에서도 흔히 나타난다고 한다. 가령 다음과 같은 질문이다(『의심: 믿음의 또 다른 얼굴』. 2002).

> '기독교가 진리가 아니라면 어떻게 하나?'
> '나는 그리스도인이 되기 위해 나름 최선을 다했는데 사실은 아니라면 어떻게 되지?'
> '가끔 내가 구원받지 못한 게 아닌가 하는 느낌이 들어요'
> '내가 용서받지 못할 죄를 저지른 건 아닐까요?'
> '구원 받았는 것 같은데 지옥가면 어떻게 하죠?'

이상과 같은 주관적 느낌에 의존한 의심을 하는 사람들한테는 아무리 성경의 객관적 역사성, 부활의 증거, 절대적 진리성에 관한 합리적 논리나 증거를 제시해도 별 효과가 없다는 것이다. A. W. 토저

(Tozer)는 사실 위와 같은 의심과 염려를 하는 사람들은 구원받은 게 확실하다고 주장한다. 구원받지 않은 사람들은 자신이 저지른 죄가 심각하다는 것조차 깨닫지 못한다는 것이다(『하나님은 굶주린 영혼을 먹이신다』 2010). 게리 하버마스는 정서적 의심을 해결하는 방안으로 네 가지 단계를 제시했다.

✦ 간구의 기도 → 감사와 찬양 → 건전한 사고 → 그리스도인의 삶의 모범을 따르기

즉 의심이 들 때, 오히려 기본적인 경건의 훈련에 돌입해서 기도, 말씀읽기, 묵상 등을 습관으로 만들면, 정서적 의심이 자연스럽게 사라진다는 것이다.

감정적 의심은 구원의 장애물인가

필자도 이러한 정서적 의심에 휩싸인 적이 있었다. 나의 경우에 있어서, 그 때 받은 유익한 영적 조언은 구원에 있어서 나의 일시적 감정보다 하나님의 말씀이 더 중요하다는 것이었다. 구원은 시시때때로 변하는 감정에 의해 좌우되는 것이 아니라, 변하지 않는 하나님의 말씀으로 된 것이기 때문에 나의 감정과 상관없다는 뜻이다. 그래서 그런 순간적 의심이 들 때마다 그런 감정을 억누르려고 몸부림쳤던 기억이 난다.

구원의 견고성에 대한 대해 성경은 다음과 같이 말한다.

✦ 너희가 거듭난 것은 썩어질 씨로 된 것이 아니요 썩지 아니할 씨로 된 것이니 살아있고 항상 있는 하나님의 말씀으로 되었느니라 (벧전 1:23)

✦ 내가 진실로 진실로 너희에게 이르노니 내 말을 듣고 또 나 보내신 이를 믿는 자는 영생을 얻었고 심판에 이르지 아니하나니 사망에서 생명으로 옮겼느니라 (요 5:24)

✦ 능력이나 높음이나 깊음이나 다른 어떤 피조물이라도 우리를 우리 주 그리스도 예수 안에 있는 하나님의 사랑에서 끊을 수 없으리라 (롬 8:39)

✦ 내가 그들에게 영생을 주노니 영원히 멸망하지 아니할 것이요 또 그들을 내 손에서 빼앗을 자가 없느니라 (요 10:28)

전도할 때도 가끔 기분이 우울하거나 슬프거나 기운이 빠져서 복음을 전할 마음이 싹 사라지는 때도 있다. 그 때 어느 형제가 다음과 같은 비유를 들려준 적이 있다. 우리는 하나님의 사랑의 복음의 편지를 전달하는 우편 배달 기사와 같다. 만약에 아버지가 아들을 사랑한다는 고백이 담겨 있는 편지를 전달하는 우편 배달 기사가 아무리 기분이 안 좋고 울적해도, 그 편지를 전달받은 아들은 그 편지를 받으면 십중팔구 기뻐할 것이다라는 것이었다. 구원의 능력과 확신은 전달자의 감정에 달려 있는 것이 아니라, 구원을 선포하는 하나님의 능력의 말씀에 달려 있기 때문에 전하는 자는 개인적 감정에 낙담하거나 걱정할 필요가 없다는 것이다.

그러나 이 지점에서 흔히 잘못 생각할 수 있는 오류 중의 하나는, 감정은 억눌러야 하는 대상이고 믿음과 의지만 신앙에서 중요하다는 인식이다. 즉 감정은 무시한 상태에서, 성경 말씀만 의지적으로 믿으면 감정은 저절로 따라온다는 것이다. 감정을 지나치게 소홀히 하는 태도는 감정을 지나치게 과장하는 태도만큼이나 잘못된 것이라고 조나단 에드워즈는 지적한다(『영적감정을 분별하라』. 2010).

한국 교회는 국가적 산업화 및 근대화 시기와 맞물려, 1970년대와 1980년대 영적 부흥과 더불어 기독교인의 수의 비약적 성장을 목격했다. 이 당시 여러 가지 요인이 있었지만, 교단과 지역 교회에서 주최하는 부흥회 역시 한 몫을 담당했다. 부흥사는 복음을 선포하기도 했지만 성도들의 감정을 북돋우는 설교를 수반하여 강렬한 감동을 불러일으킨 것도 사실이다. 설교를 듣고 감격하여 눈물을 흘린 것이 은혜를 체험했다는 징표같은 역할을 했다. 극단적인 경우에는, 가슴이 찡하거나 울지 않으면 은혜를 받지 못한 것이라는 생각에 낙담한 그리스도인들도 심심찮게 보았다. 그러나 감정에 호소한 설교를 아무리 많이 들어도 진정한 그리스도인의 삶의 변화를 수반하지 못했다는 비판과 함께, 감정을 일으키는 집회에 대한 거부감 역시 생긴 게 사실이다. 그래서 이번에는 신앙생활을 할 때, 감정을 아예 무시하거나 배제하는 극단적 감정 배제 경향까지 등장했다.

진실된 영적 감정은 믿음의 디딤돌이다

조나단 에드워즈는 '진정한 믿음은 거룩한 영적 감정을 포함한다'고 주장한다. 그는 다음과 같은 성경 말씀을 인용하면서, 진정한 믿음은 강력한 힘을 발휘하기 때문에 우리의 마음 속에 거룩한 감정, 즉 사랑과 기쁨을 반드시 수반하게 된다고 말한다.

✦ 예수를 너희가 보지 못하였으나 사랑하는도다 이제도 보지 못하나 믿고 말할 수 없는 영광스러운 즐거움으로 기뻐하니 (벧전 1:8)

✦ 네 하나님 여호와께서...너로 마음을 다하며 성품을 다하여 네 하나님 여호와를 사랑하게 하사 (신 30:6)

한 발 더 나아가, 사람의 감정을 불러 일으키지 않는 어떤 영적 행위도 우리의 삶을 변화시킬 수 없다고 주장한다. 그가 말하는 영적인 감정은 '하나님을 경외함, 소망, 사랑, 사모함, 애통함, 감사, 긍휼' 등이다. 이런 감정이 메마른 사람은 오히려 완악한 마음이 되어 죄를 저지를 수밖에 없다는 것이다. 그와 더불어 진정한 영적 감정과 거짓된 영적 감정을 구분해야 한다. 설교를 듣거나 찬양을 할 때 생기는 종교적인 흥분은 진정한 구원에 대한 체험없이도 가능하다는 것이다. 갑자기 성경 구절이 마음에 와 닿았다고 구원받은 것이 아닌 것처럼 말이다.

에드워즈는 구원과 감정에 대해 성경적으로 균형 잡힌 시각을 제공한다. 진정한 영적 체험을 통해 우리는 거룩한 감정을 맛볼 수 있다. 그러나 거룩한 감정 역시 구원의 증거가 될 수 없다. 우리의 구원은 오직 예수 그리스도를 믿는 믿음 밖에 없다는 것이다.

그러므로 하버마스가 말했듯이, 정서적 의심을 가진 사람은 역설적으로 이미 신앙을 가졌다는 것을 보여준다고 할 수 있다. 이는 정서적 체험이 구원의 확실한 증거가 될 수 없다는 에드워즈의 생각과 일맥상통한다. 그러나 진정한 믿음을 가진다면 반드시 하나님을 경외하고 사랑하고 감사하고 소망하고 이웃을 긍휼히 여기는 거룩한 감정이 생기는 영적 체험 또한 필수적으로 경험하게 될 것이다.

25장

진정한 자유 : 예수 믿으면 금기 사항이 너무 많아 얽매이는 삶을 살지 않나요?

예수 믿으면 금욕적인 삶을 살아야 하는게 아닌지 물어보는 사람들이 많다. 또한 기독교인이 되면 교회 생활에 얽매이는 것 같아서 자유로운 삶을 살지 못할 거라고 걱정하는 사람들도 왕왕 있다. 지인 중에 컴퓨터 다루는 것을 좋아하는 친구가 있었는데, 천국에 가더라도 컴퓨터가 있으면 좋겠다고까지 했다.

예수 믿고 싶어도 구속받는 것이 싫기 때문에 믿고 싶지 않다고 핑계 아닌 핑계를 대는 사람들이 많은 것 같다. 예수를 믿으면 정말 하고 싶은 것도 제대로 못하고 자유롭지 못하고 구속받는 삶을 살아야 하는 걸까? 전도할 때 이와 같은 질문을 받으면 기독교인은 그렇지 않다고 자신있게 답할 수 있을까?

완전한 자유가 있는가?

예수님은 당신의 말씀대로 살면 진실한 제자가 되고 진리를 알게 되고 자유로운 인생을 살 것이라고 말했다.

✦ 그러므로 예수께서 자기를 믿은 유대인들에게 이르시되 너희가 내 말

> 에 거하면 참으로 내 제자가 되고 진리를 알지니 진리가 너희를 자유롭게 하리라 (요 8:31-32)

예수님은 그리스도인이 자유를 누린다고 했는데, 비기독교인들은 예수 믿으면 왜 자유를 구속받는다고 생각할까? 올바른 논의를 위해, 자유에 대해 잠시 생각해보자. 사실 신앙 생활을 하든 안 하든, 모든 사람들은 관습, 규칙, 종교, 규율에 얽매이는 것을 싫어한다.

인간은 자유를 누리고 싶어하는데, 과연 절대적 자유란 가능할까? 우리가 살고 있는 세상 및 추구하는 가치에 따라 다양한 유형의 자유가 있다. 물리적 자유, 예술적 자유, 사회적 자유, 영적 자유 등.

우선 물리적 자유에 대해 생각해 보자. 인간은 물리적 세계에 살고 있는데, 물리적으로 절대적 자유를 누리는 것은 불가능하다. 하늘을 자유롭게 날 수도 없고, 물속에서 자유롭게 살 수도 없고, 자유롭게 우주여행을 할 수 도 없다. 우리가 물리적 세계에 작동하는 법칙을 위반하고 자유롭게 행동하면 죽음밖에 없다. 물속에서 자유롭게 살고 싶다고 30분 이상 자유롭게 잠수한다면 자유를 박탈당하고 만다. 우리가 누리고 싶어하는 자유는 생명을 유지하는 한 의미가 있는 것이지, 죽음을 담보로 하지는 않는다. 따라서 물리적 법칙을 준수하는 한, 상대적 자유밖에 누릴 수 없다.

둘째, 사회적 자유를 절대적으로 누릴 수 있는가? 우리는 혼자 살 수 없으며 사회적 관계를 맺으며 사는 사회적 동물이다. 물리 세계에도 적용되는 법칙이 있듯이, 우리가 사는 사회에도 지켜야 하는 법칙이 있다. 가령 우리가 말하고 싶은 대로 자유롭게 말한다면 우리는 거짓말쟁이가 되어 인간관계에 문제가 생기고 극단적인 경우 사회적으로 매장당할 수 있다. 가정, 학교, 직장, 국가라는 사회에서 정해 놓은 규칙도 우리의 절대적 자유를 보장하지 않는다. 가령 운전자가 자유롭게 운전하고 싶다고 교통 신호를 무시하고 자유롭게 운전한다면 자유를 누리기 전에 죽음을 맛볼 것이다. 학교, 직장, 국가, 사회가 정한 규칙은 우리의 절대적 자유를 제한하기는 하지만 타인과 함께 살아가기 위한 공동체적 규칙이기 때문에 사회를 유지하고 개인을 안전하게 지켜주는 역할을 한다.

셋째, 예술적 자유에 대해 잠깐 살펴보자. 어윈 맥마너스는 예술적 자유에 대해 흥미로운 예를 제시했다(『영혼의 혁명』2002). 가령 피아노를 못 치는 사람에게 마음대로 자유롭게 피아노를 쳐 보라고 하면 어떻게 되겠느냐는 질문을 던졌다. 그에게 자유가 주어졌지만 그가 할 수 있는 일은 불협화음을 내는 것 뿐일 것이다. 무작정 자유만 주어진다고 진정한 예술적 자유를 누릴 수 없다는 것이다. 피아노를 자유롭게 예술적으로 연주하려면, 우선 자유를 제한해야 한다. 악보 읽기, 건반 구조 이해, 손가락 번호 지정, 박자 맞추기 등 초보적인 기술 뿐만 아니라 음악적 표현 기법을 몸에 익히기 위해 엄청난 시간과 에너지를 쏟아 붓는 연습이 필요할 것이다. 다시 말해서 자기 마음대로 하고 싶은 유혹을 뿌리치고, 교본에 나온 규칙에 자신을 얽매이기 위한 험난한 과정을 거쳐야만 진정한 예술적 자유를 만끽할 수 있을 것이다.

요컨대 인간이 물리적 세계, 사회적 세계, 및 예술적 세계에서 절대적 자유를 누리는 것은 근본적으로 불가능하다. 각각의 영역에 작동하고 있는 법칙을 지키기를 거부하고, 자유롭게 행한다면 물리적 죽음, 사회적 죽음 또는 예술적 외톨이가 될 뿐이다. 오히려 실상은 진정한 자유를 누리려면 일정정도 자유를 억제하고 각 영역에서 요구하는 법칙, 규칙 및 규율에 우리를 구속해야만 한다는 것을 보여준다. 앞에서 잠깐 언급했듯이, 팀 켈러(Tim Keller)는 자유란 단순히 제약이 없는 상태가 아니라, 적절한 제약에 구속되어야 제대로 누리는 것이라는 점을 분명히 했다.

마지막으로, 영적 자유에 대해 살펴보자. 이는 성경에서 말하고 예수님이 말씀하신 내용과 관계가 있다. 예수님은 '누구든지 죄를 범하는 자마다 죄의 종이다'라고 말했다(요 8:34). 사람은 누구나 자기만의 가치를 추구하면서 인생을 살고 있는데, 그런 의미에서 모든 사람은 무언가 또는 누군가의 종이라고 할 수 있다. 술에 얽매여 있는 사람은 술의 노예이며, 도박에 빠져 있는 사람은 도박의 노예이다. 돈만 밝히며 사는 인생은 돈의 노예이다. 자유연애만 하는 인생은 성의 노예이다. 출세만을 위해 동료를 배신하고 아첨하며 온갖 술수를 마다하지 않는 인생은 성공과 출세의 종이다. 혹자는 내가 가진 시간을 내 맘대로 자유롭게 사용해서 자발적으로 돈의 노예, 성의 노예, 성공의 노예가 되기로 선택했기 때문에, 그것도 간섭하지 말라고 한다.

A. W. 토저(Tozer)는 1950년대 후반과 1960년대 초반 기성 사회와 현대 문명을 거부하고 자유롭게 행동과 복장을 가진 사람들의 예를 들었다. 그들은 어떤 구속에도 얽매이지 않고 살아간다는 철학을 고수하고 살지만, 결국 그들도 그들만의 철학의 노예일 뿐이라고 판단했다.

그러나 문제는 그렇게 간단치 않음을 본다. 절대적 자유 자체가 인생의 목표가 아니기 때문이다. 자유를 누리고 싶어하는 이유는 행복한 인생을 살기 원하기 때문이다. 그러나 자기 자유로 선택한 술의 노예, 도박의 노예, 돈의 노예, 성의 노예, 출세의 노예가 되면, 개인이 행복하지 않을뿐더러 주변 사람들도 불행하게 만들며 공동체에 해악을 끼치기까지 한다. 이럴 경우 자유를 적절히 제약하는 것이 인생을 행복하게 만들고 진정한 자유를 누리게 할 기회를 줄 것이다.

진정한 자유: 죄에서의 해방

예수님은 인생이 죄의 노예임을 간파하셨다. 그래서 예수를 믿으면 예수의 제자 즉 그리스도인이 되고 진리를 깨달으며, 진리가 우리를 '죄로부터 자유롭게' 한다고 약속했다. 죄의 구속으로부터 자유롭게 된다는 것은 크게 세 가지를 의미한다(『율법과 복음:제자양육교재』, 최승호. 1995).

첫째, 죄책감으로부터의 자유이다 (롬 5:10-11). 어떤 의미에서 죄책감은 하나님께로 나아가게 만드는 의미있는 고통이라고 볼 수 있다. 윌리엄 쉐드는 '죄책감'이라고 하는 것은 죄를 지을 때마다 저절로 생기는 것이 아니라, 자신의 행동과 내면을 진지하게 들여다 볼 때 생긴다는 점을 지적했다(『사망의 잠 깨워 거듭나게 하는 말씀』.2016). 감옥에 수시로 들락날락하는 죄수는 다른 사람들도 똑같은 범죄를 저질렀는데 자기만 재수 없이 걸려서 대가를 지불한다고 생각하면서 오히려 억울하다고 주장한다. 그러나 늘 자신의 죄에 대해 민감하고 거룩하게 살려고 몸부림치면서 내면을 성찰하는 성직자들이 죄인임을 더 철저히 자각하는 것이 아니겠는가! 쉐드는 그리스도인이건 불신자건 누구나 내면 안에 내재된 죄책감이 있다고 말한다. 단지 세상에서 누리는 물질적 풍요와 안락감 속에 죄책감을 숨기거나 잠재되어 있을 뿐이라는 것이다. 어쨌든 자신의 모습을 진지하게 돌아봄으로써 자신이 죄인임을 철저하게 깨닫는 사람들한테는 예수님이 그들의 죄를 위해 십자가에서 영원한 화목 제물이 되었다. 그렇기 때문에, 우리는 하나님과 화목하게 되었고 기쁨과 즐거움을 다시 누릴 수 있게 되었다.

둘째, 죄의 대가로부터의 자유이다 (롬 5:17-21). 예수님이 우리의 죄를 대신 지시고 우리가 받아야 할 죄의 대가인 죽음을 당했기 때문에,

예수를 믿는 사람은 사망의 형벌을 받지 않게 되었다. 그래서 사망에서 생명으로 옮겨졌다.

셋째, 죄의 권세로부터의 자유이다(롬 8:1-2). 예수를 믿기 전에는 죄를 마음껏 지은 죄의 노예였지만, 예수를 믿으면 우리는 예수의 피로 구속받고 하나님의 종이 되었다. 하나님의 거룩한 생명인 성령이 우리 안에 내주한다. 게다가 이제는 죄를 짓고 싶어 하는 마음보다 거룩한 삶을 살고 싶어하는 소망과 권세가 주어졌기 때문에 죄를 이길 수 있게 되었다.

자유의 길은 섬기는 삶이다

그러므로 예수님을 믿으면 성령이 우리의 마음 속에 오셔서 회개하고 만들고 죄의 구속에서 벗어나서 진정한 자유를 누릴 수 있게 된다. 다시 말해서 진정한 자유를 누리는 길은 예수님의 종이 되는 것이다. 예수님의 종은 예수님의 말씀대로 사는 인생이다. 예수님은 우리에게 인생에서 가장 중요한 계명을 주셨다.

✦ 새 계명을 너희에게 주노니 서로 사랑하라 내가 너희를 사랑한 것 같이 너희도 서로 사랑하라 (요 13:34)

✦ 하나님을 사랑하는 것은 이것이니 우리가 그의 계명들을 지키는 것이라 그의 계명들은 무거운 것이 아니로다 (요일 5:3)

하나님을 사랑하고 사람을 사랑하는 인생이 예수님이 우리에게 주신 계명이다. 예수님의 종이 되는 것은 사랑의 종이 되는 것이다. 예수님은 이 계명이 무겁지 않다고 단언했다(마 11:30).

예수님을 믿고 신앙생활을 하는 것은 자유를 억압하는 것이 아니라, 사랑의 종이 됨으로써 진정한 자유를 누리는 삶이다. 돈의 노예, 성공의 노예, 성의 노예, 권력의 노예가 될 것인가 예수님의 종이 될 것인가! 어떤 것을 선택하느냐에 따라 진정한 자유를 맛볼 것인지가 결정될 것이다. 예수님의 계명을 지키는 것은 무겁거나 자유를 구속하는 것이 아니라, 기쁨과 사랑이 넘치는 자유로운 인생임을 기억하자.

술을 자유롭게 못 마신다면 술 마실 자유가 제한받겠지만 대신 나와 가족의 건강의 자유를 얻을 것이다. 돈을 맘대로 못쓰면 돈 쓸 자유는 제한받겠지만 대신 미래에 나와 가족의 재정적 자유가 신장될 것이다. 불륜과 자유연애를 하지 않으면 생물학적 성적 욕구를 발산할 자유는 제한되겠지만 가정과 사회에서 존경받는 자유를 맛볼 것이다. 상사에게 아첨하거나 뇌물을 주지 않는다면 권력과 출세를 지향할 자유에는 제약이 따르겠지만, 신뢰와 인정이라는 찬사를 자유롭게 받을 기회는 늘어날 것이다.

진정한 그리스도인은 하나님을 사랑하고 사람을 사랑하기 때문에 주어진 자유를 마음껏 사용하기를 포기한 사람이다. 죄를 짓고 싶은 자유는 제약을 받지만, 양심에 거리낌없이 선을 자유롭게 행하는 기쁨이 얼마나 큰지 알기 때문이다.

✦ 모든 것이 내게 가하나 다 유익한 것이 아니요 모든 것이 내게 가하나 내가 무엇에든지 얽매이지 아니하리라 (고전 6:12)

✦ 형제들아 너희가 자유를 위하여 부르심을 입었으나 그러나 그 자유로 육체의 기회를 삼지 말고 오직 사랑으로 서로 종노릇하라 (갈 5:13)

✦ 그리스도께서 우리를 자유롭게 하려고 자유를 주셨으니 그러므로 굳건하게 서서 다시는 종의 멍에를 메지 말라 (갈 5:1)

✦ 주 안에서 부르심을 받은 자는 종이라도 주께 속한 자유인이요 또 그와 같이 자유인으로 있을 때에 부르심을 받은 자는 그리스도의 종이니라 (고전 7:22)

5부

인문학적 의문에 대한 갈망

26장

양심과 신앙 : 이순신 장군은 복음을 듣지도 못했는데 지옥 갔나요?

예수님이 오시기 전에 살았던 사람들은 복음을 전혀 들은 적이 없는데 어떻게 천국을 가나요? 복음에 대한 지식이 없어서 하나님을 알 기회가 거의 없어서 무지하게 살았던 사람들한테 영원한 지옥에 가라는 말은 부당하지 않나요? 그런 사람들도 나름대로 착하게 살기도 하고 훌륭한 업적도 많이 쌓았는데 모두 지옥에 가나요? 이 질문들 아래에 깔린 생각은 이스라엘 민족이 아닌 민족들은 율법을 듣지도 못했고 하나님에 대해 제대로 알지도 못했기 때문에 악을 행해도 어쩔 수 없으니 너그러이 봐주고 하나님의 심판대 앞에 세우지 않아야 한다는 논리에 다름 아니다.

당연히 믿는 자나 불신자나 할 것 없이 모두 한 번쯤 들어보거나 고민해본 질문일 것이다. 그러나 성경은 이 문제에 대해 분명히 설파하고 있다. 성경의 몇몇 구절을 통해 예수님에 대해 들어본 적이 있든지 없든 지간에, 모든 인류가 어떻게 하나님 앞에서 자신의 불신앙에 대한 책임을 질 수 있는지에 대해 살펴보도록 하자.

하나님이 어떻게 자신을 인간에게 계시하는가?

하나님은 크게 두 가지 계시를 통해 자신과 자신의 섭리를 인간에게 보여주신다. 즉 일반계시와 특별계시를 통해 하나님은 누구이며 하나님의 뜻은 무엇이며 인간은 어떤 존재인지를 가르쳐주신다.

첫째, 일반계시는 피조물 즉 인간과 자연을 통한 계시이다. 로마서 1장 19-20절을 보자.

✦ 하나님을 알 만한 것이 그들 속에 보임이라 하나님께서 이를 그들에게 보이셨느니라 창세로부터 그의 보이지 아니하는 것들 곧 그의 영원하신 능력과 신성이 그가 만드신 만물에 분명히 보여 알려졌나니 (롬 1:19-20)

하나님이 만든 피조세계인 자연을 보라. 사실 성경적인 의미에서 '자연(自然, nature)'이란 용어는 적절치 않다. '자연'은 저절로 그렇게 현재의 상태로 존재하는 무엇을 의미하는 단어이다. 그러나 자연은 스스로 존재하는 것이 아니라, 하나님이 만드시고 생명과 질서를 부여함으로써 만들어진 피조물이기 때문이다. 근대 과학의 위대한 창시자들인 코페르니쿠스, 데카르트, 갈릴레이, 뉴튼은 모두 하나님을 믿은 그리스도인이었고 그들이 과학과 철학을 공부한 이유는 하나님의 피조세계를 움직이는 법칙을 탐구하려는 동기가 출발점이었다. 만유인력의 법칙을 발견한 뉴튼은 '과학자는 하나님의 피조물을 관찰하는 사람에 지나지 않는다'라고 했다. 로마서의 말씀대로 하나님의 영원하신 능력과 신성이 그의 피조물에 분명히 담겨져 있다는 것을 믿었기 때문에, 과학을 통해 그것을 발견하고자 애쓴 것이다. 1977년 미국의 해리엇 주커만(Harriet Juckerman) 교수가 쓴 책 '엘리트 과학자: 미국의 노벨상 수상자'에 의하면, 미국의 과학 분야 노벨상 수상자 286명 중에서 73%가 기독교 신자였다. 이는 과학의 태동 동기 및 발전 동력이 모두 하나님이 만든 피조 세계의 탐구를 통해 하나님의 능력을 아는 것이었음을 시사한다.

필자는 2015년 미국에서 가족과 함께 서부여행을 하면서 유타 주에 위치한 브라이스 캐년을 방문한 적이 있다. 유타주의 주도인 솔트레이크 시티에서 자동차로 수시간을 달려 국립공원에 도착해서 처음 본 브라이스 캐년의 정교함과 기묘함은 가히 형언할 수 없을 정도이다. 그 캐년 계곡을 본 순간, 마치 하나님이 우리 인간에게 선물하기 위해서 위대한 작품을 만들어 놓으시고 초대했다는 느낌이 순간적으로 들 정도였다.

대학교 시절의 한 은사 교수님이 수업 시간에 한 말씀을 아직도 잊지 못한다. 그 분은 자신이 기독교인이 아니었지만, 언젠가 나이아가라 폭포를 구경하고는 하나님이 아니고서는 이것을 만들 수 없다는 생각이 들 정도로 경외함에 휩싸였다고 고백하셨다.

윌리엄 쉐드는 저서『사망의 잠깨워 거듭나게 하는 말씀』에서 불신자들은 믿음의 세계를 보지 못하는 피해자들이 아니라고 단호하게 주장한다. 하나님이 양심을 주시고 인생의 여정에서 가끔 영혼을 깨우는 깨달음을 주는데 어떻게 하나님의 거룩함을 모른다고 할 수 있겠는가라고 반문한다. 양심과 영혼의 각성 이 두 가지만 있으면 이미 충분한 은혜를 받은 것이라고 역설한다. 다시 말해서 하나님이 기회를 주지 않았다고 핑계를 댈 수 없는 처지이며 억울한 것이 아니라는 것이다. 그들이 하나님을 모르는 것은 세상을 사랑하는 마음이 너무

강해서 하나님을 의식적으로 거부했기 때문이라는 것이다.

인간의 자신의 불신에 대해 핑계댈 수 있는가?

그래서 로마서에서는 자연 만물을 통해 하나님의 능력과 신성을 보여주셨고, 그것을 깨달을만한 지각을 인간의 내면에 심어 놓으셨다고 기록되어 있다. 하나님은 피조물인 자연 뿐만 아니라 인간에게도 영원하신 하나님을 찾고자 하는 열망을 심어 놓으셨다. 전도서 3장 11절에 보면 '하나님이 모든 것을 지으시되 때를 따라 아름답게 하셨고 또 사람들에게는 영원을 사모하는 마음을 주셨느니라'고 기록되어 있다. 즉 피조물인 자연세계에 영원하신 하나님의 능력과 신성, 과학적 질서와 미적 조화를 심어 놓았을 뿐만 아니라, 또 하나의 피조물인 인간의 영혼 속에도 영원한 절대자를 추구하고 깨달을 수 있는 마음과 열망도 더불어 불어넣으신 것이다. 그러므로 로마서 1장 18절-20절에는 다음과 같이 기록되어 있다. 이 성경 구절은 기독교인들 뿐만 아니라 모든 인류를 대상으로 하고 있다고 윌리엄 쉐드는 단언한다.

> '하나님의 진노가 불의로 진리를 막는 사람들의 모든 경건하지 않음과 불의에 대하여 하늘로부터 나타나나니 이는 하나님을 알 만한 것이 그들 속에 보임이라...그러므로 그들이 핑계하지 못할지니라'.

자연세계와 우리의 양심과 기본적인 인지능력을 통해 하나님을 간접적으로 알 수 있기 때문에, 하나님이 없다고 핑계를 댈 수 없다는 것이다. 윌리엄 쉐드는 하나님이 우리에게 지적 능력을 주신 이유는 인간이 하나님의 지적 능력에 도달하도록 요구해서가 아니라, 그 지적 능력을 사용함으로써 우리가 스스로를 돌아보아 우리가 죄인임을 깨닫고 하나님의 거룩함에 이르지 못한다는 것을 알게 함이라고 단호히 말했다. 다음의 로마서 말씀에서 보듯이, 율법을 받지 않은 이방인들에게는 양심이 곧 율법이기 때문에, 성경의 계시를 직접 받지 않았다는 것이 하나님께 영광을 돌리지 않아도 되는 면죄부가 결코 될 수 없다는 것이다.

✦ 무릇 율법 없이 범죄한 자는 또한 율법 없이 망하고 무릇 율법이 있고 범죄한 자는 율법으로 말미암아 심판을 받으리라 (롬 2:21)

둘째, 특별계시, 즉 하나님의 아들 예수님을 통해 하나님은 자신에 대해 알려주신다. 하나님은 일반계시 즉 피조물인 자연과 인간을 통해서 뿐만 아니라, 자신의 아들인 예수님을 통해 자신을 계시하셨다. 구약성경에는 선지자들 및 믿음의 위인들을 통해 하나님의 본체이신 예수님이 오실 것에 관한 예언이 담겨 있고, 신약성경에는 하나님이 마지막 때에 자신의 본체를 완전히 보여 주시기 위해 아들 예수님을 이 땅에 보내신 예언의 성취가 담겨져 있다.

✦ 옛적에 선지자들을 통하여 여러 부분과 여러 모양으로 우리 조상들에게 말씀하신 하나님이 이 모든 날 마지막에는 아들을 통하여 우리에게 말씀하셨으니....이는 하나님의 영광의 광채시오 그 본체의 형상이시라 (히 1:1-3)

✦ 나(예수님)와 아버지(하나님)는 하나이니라 (요 10:30)

✦ 이 성경이 곧 내게 대하여 증언하는 것이니라 (요 6:39)

✦ 예수께서 외쳐 이르시되 나를 믿는 자는 나를 믿는 것이 아니요 나를

> 보내신 이를 믿는 것이며 나를 보는 자는 나를 보내신 이를 보는 것이니라 (요 12:44-45)

요컨대 예수님이 오시기 전에 살았던 사람들은 일반계시 즉 피조물인 자연 세계와 인간의 기본적인 '양심'과 '지적 능력'을 통해 하나님의 신성과 능력을 어느 정도 알 수 있었고 자신이 죄인임을 인정할 수 있다는 것이 성경이 말하고 있는 바이다. 하나님께서는 모든 인류에게 보편적인 도덕적 기준을 주셨기 때문에 누구도 핑계댈 수 없지 않겠는가!

미국 유타주의 브라이스 캐년

27장

기독교의 과학성 : 기독교의 창조론은 비과학적이지 않나요?

'성경에는 비과학적 요소가 너무 많아서 믿기가 부담스러워요'. '창조과학은 유사과학 아닌가요?' '진화론은 절대적 진리 아닌가요?' 많은 비기독교인들이 과학의 개념에 대한 오해에서 이런 질문을 던진 다음에 스스로 결론을 내리는 경우가 많다. 그래서 진정한 신앙에 들어서지 못하는 현실이 참으로 안타깝다. 이런 사람들은 과학에 대해 자신이 알고 있는 협소한 정의와 선입견에 사로잡혀, 진리에 다가갈 기회를 스스로 제한하거나 차단하고 있다고 판단된다.

낸시 피어시(Nancy Pearcey)는 '과학은 사실을 다루고 종교는 가치를 다룬다'는 이분법적 사고와 진술이 정확하지 않음을 날카롭게 지적한다. 그리스도인들이 이 이분법을 그대로 받아들이고 종교를 비인지적, 비과학적으로 받아들이면 이미 영적 싸움에서 진 것이라고 주장한다. 정확하게 얘기하건대, 기독교는 물질세계와 사실에 관해 많은 주장을 하고 있다는 것이다. 예를 들어, 예수의 역사적 부활, 우주와 인간의 기원, 자연의 특성, 인간의 본성 등에 대해 명확하게 언급하고 있으며, 성경은 단지 "가치와 의미"라는 주제만 다루는 주관적 범주에 국한되어 있지 않다는 것이다 (『완전한 진리』2006). 성경은 영성과 이성, 그리고 예수와 신성과 인간의 기원 및 본성에 관한 수많은 증거들로 가득 차 있다.

고로 창조론이 비과학적이라는 생각은 근거가 없는 부정확한 것이기 때문에, 본서는 진화론에 대한 진술은 논하지 않고 창조론의 과학성에 대해서만 초점을 맞추고자 한다. 창조론은 과연 유사과학이며 비과학적인가?

과학적 방법론의 다양성

과학에는 크게 두 가지 종류가 있다. 즉 작동과학(science of operation)과 기원과학(science of origin)이 있다 (『세포 속의 시그니처』.스티브 마이어. 2013). 작동과학은 잘 알다시피, 실험실에서 또는 일상 경험적으로 반복되어 일어날 수 있기 때문에 쉽사리 증명가능하다. 그래서 과학적 이론으로 발전된다. 독실한 기독교인이자 17세기 과학혁명의 상징적 인물인 아이작 뉴튼이 발견한 만유인력의 법칙은 대표적인 작동과학의 산물이다. 가령 중력의 법칙을 생각해 보자. 모든 물체는 공중에서 낙하하며, 물은 위에서 아래서 흐르고, 행성들이 태양 주위를 돈다는 여러 가지 사실을 관찰을 통해 발견했다. 이를 토대로 지구 표면의 물체와 지구의 자전에 어떤 힘이 작용한다는 과학적 법칙을 수립한 결과 중력의 법칙이 탄생했다. 일반적으로 과학적 이론은 사물과 현상을 관찰한 후, 가설을 수립하고, 이 가설을 검증하기 위해 반복된 실험 수행과 관찰을 한다. 가설 검증을 통과하면 이론으로 정착하며 이론은 법칙으로 발전한다. 요컨대 과학적 이론이나 법칙은 논리성, 실증적 검증, 재현가능성, 일반성을 갖추고 있다. 근대에서 시작하여 현대에 꽃을 피운 우리가 알고 있는 대부분의 자연 과학이나 사회 과학 모두 이 작동과학의 부류로 볼 수 있다.

그러나 기원과학은 다른 성격을 가지고 있다. 작동과학이 실험실에서 재현가능하거나, 사회 현상으로서 반복적으로 일어나는 것에 비해, 기원과학은 일회성 사건을 다룬다. 예를 들어, 지구가 태어난 현상은 일회성 사건이며, 어떤 사람이 살인한 사건 역시 일회적이다. 이와 같은 현상이나 사건은 실험실에서 반복을 통해 재현할 수 없다. 왜냐하면 일회성 사건이 일어난 환경을 완벽하게 재현하기가 불가능하기 때문이다. 이와 같은 경우에는 그 일회성 사건이 일어남으로써 주변 환경에 미친 단기간 및 장기간의 영향 및 흔적이 증거로 남아있다. 이것을 추적하고 그 증거를 바탕으로 사건에 대한 일부를 추론할 수밖에 없다. 가령 과학수사대를 다룬 드라마에서 종종 보듯이, 살인 사건의 현장에는 범인이 남긴 지문 또는 범행 도구의 흔적이 남아 있기 때문에, 이러한 증거를 수집하고 분석함으로써 간접적으로 살인 사건 및 당시 상황을 추론한다. 하지만 살인 사건은 일회성이며 이미 과거에 완료되었기 때문에 반복해서 재연할 수 없다.

마찬가지로 지구와 우주, 그리고 인간이 어떻게 현재의 상태로 존재하게 되었는가에 대한 질문은 인류 역사의 난제이다. 우주 만물은 시작점이 있기 마련이다. 즉 우주 만물의 시작은 기원과학이 다루어야 할 사건이다. 이것을 설명하는 두 가지 이론이 있을 수 있다. 첫째, 창조주에 의해 순간적으로 창조된 사건일 가능성이다. 둘째, 물질세계의 어떤 작용에 의해 저절로 만들어졌을 가능성이다. 이 논쟁을 자세히 다루는 것은 본서의 논의의 범위를 벗어나는 것이므로 기원 과학의 타당성을 입증하는 핵심 논증과 증거만을 살펴보도록 하겠다.

스티븐 마이어(Stephen Meyer)에 의하면, 찰스 택스턴(Charles Thaxton)과 동료 과학자들은 "기원과학" (혹은 창조과학)의 과학적 탐구 방식은 "작동과학"과 달리, 과학 현상을 설명하기 위해 지성의 행위를 상징하는 것을 허용한다고 주장했다(1984, 1994). 다음의 인용 구절을 보면 쉽게 이들의 주장을 이해할 수 있다.

> "기원과학은 우주의 기원, 그랜드 캐년의 형성... 등 독특한 역사적 사건들과 이런 사건들의 원인을 다룬다...기원과학에서 지적원인을 추론하는 것은 정당한데, 이런 과학은 특별한 사건을 다루는 것이고, 지성을 가진 존재의 행위는 대개 독특한 사건을 나타내기 때문이다. 반면 작동과학에서는 규칙적이고 반복적인 현상만을 다루기 때문에 지적 원인을 언급하는 것은 적절하지 못하다..." (『세포 속의 시그니처』. 2013:43).

따라서 성경에 제시된 지적 존재인 우주의 창조주인 하나님에 관한 존재는 엄격한 규칙이나 과학법칙에 따라 행동하지 않으며, 수학법칙, 물리법칙, 화학법칙과 같은 자연법칙으로 기술되거나 설명될 수 없거니와, 설명해서도 안 된다는 것이다. 요컨대 성경에 대해 (작동)과학적인 증거가 있느냐는 질문 자체가 과학적인 근거가 없는, 비과학적 질문이다. 성경은 기본적으로 역사책이다. 이스라엘 역사의 시작과 발달, 전개에 하나님이 개입한 과정을 기록한 것이다. 구약성경은 율법서(5권), 역사서(12권), 성문서(5권), 예언서(17권) 등 총 39권으로, 신약성경은 역사서(5권), 서신서(21권), 예언서(1권) 등 27권으로 구성되어 총 66권으로 되어 있다. 역사책과 문학서, 예언서에서 과학적 증거를 찾아내라는 요구가 얼마나 비과학적인가? 과학적 증거를 기준으로 책의 진위성과 타당성을 검토할 수 있는 책은 전문 과학서적이 되어야 하지 않겠는가? 성경에 대해 과학적 증거라는 잣대를 들이미는 것이야말로 철저히 비과학적 태도이다.

✦ 하나님이여 주의 생각이 내게 어찌 그리 보배로우신지요 그 수가 어찌 그리 많은지요(시 139:17)

✦ 사람의 일을 사람의 속에 있는 영 외에 누가 알리요 이와 같이 하나님의 일도 하나님의 영 외에는 아무도 알지 못하느니라(고전 2:11)

우주가 창조되었다는 가설, 즉 창조론은 비과학적인 이론이 아니라 기원과학에서 당연히 제기되는 지극히 과학적인 방법론의 일환으로 제기된 것임을 분명히 인식하는 것이 중요하다(『기원과학』,한국창조과학회, 2012).

✦ 주여 태초에 주께서 땅의 기초를 두셨으며 하늘도 주의 손으로 지으신 바라(히 1:10)

✦ 집마다 지은 이가 있으니 만물을 지으신 이는 하나님이시라(히 2:4)

창조과학의 과학성: 우연인가 설계인가

하나님의 창조설을 뒷받침하는 한 가지 예를 들어보자. 변증론을 연구한 하버마스는 가장 단순한 단세포 미생물인 아메바가 가진 DNA 정보는 학자의 서재에 가득찬 책들보다 더 많은 엄청난 양이라고 지적했다. 그런데 DNA는 생명체를 이루는 본질이기 때문에 지구상에 단백질 덩어리의 생명체가 먼저 생기고 그 후에 우연히 복잡하고 체계적인 DNA가 진화되었다는 설명은 상식적으로 이치에 맞지 않는다고 논증한다. 창조자의 의지와 설계, 그리고 설계에 담긴 섭리가 없이는 생명체의 본질을 설명할 수 없다는 것이다.

스티븐 마이어(Stephen Meyer)는 우연히 발생한 것이 아닌, 지성이 설계한 모든 체계는 두 가지 특성, 즉 "복잡성" (complexity)과 "특정성" (specificity)을 가지고 있다는 점을 지적한다. 가령 맑은 하늘에 I love you.란 구름이 떠 있을 경우 누구도 우연히 생겼다고 생각하지 않는다. 이유인즉 보통 바람은 우연히 둥글둥글한 빵모양의 구름 정도는 만들 수 있다. 회오리 바람이나 태풍은 강한 물리력은 생성할 수 있다. 그러나 I love you같은 "복잡한" 정보는 바람이나 공기의 흐름같은 물리적 자연 현상이 우연히 만들 확률이 지극히 낮기 때문이다. 또한 I love you는 특정 정보를 담고 있다. 언어 정보를 포함하기 위해서는 지구상에서 존재하는 6000여 개의 언어 중에서 특정한 언어를 선택해야 한다. 그 다음에 한 개의 영어 문장을 생성하기 위해서는 수만 개의 단어 중에서 특정 단어(I, love, you)를 선택해야 한다. 마지막으로 가능한 단어의 순서 조합 중에서, 특정 순서 (I + love + you)로 문장을 배열해야 한다. 이와 같은 정보의 두 가지 특성은 우연이 아니라, 지성을 가진 존재만이 만들 수 있다.

스티븐 마이어에 의하면, 현대 과학이 밝혀낸 인간의 DNA 구조와 기능을 살펴 볼 때, 생명체의 가장 큰 본질은 바로 정보라는 것이다(『세포 속의 시그니처』2013). 인간의 DNA는 바로 이러한 정보를 저장하고 이동시키고 처리하는 "특정화된 복잡성(complex specificity)을 지닌 정보처리 시스템과 같다는 것이다. 고로 복잡한 DNA 구조와 기능 체계는 물리적 및 화학적 특성이 우연히 만들어 낼 확률이 거의 없다. 또한 DNA가 담고 있는 특정한 정보 역시 지성이 설계했다는 것을 보여주는 움직일 수 없는 증거가 된다는 것이다. 따라서 인간 생명체가 지성이 설계했다고 추론하는 것은 지극히 과학적인 태도이다. 그는 이 지적 설계자가 창조주 하나님이라고 명시하지는 않았지만 이 지적 설계(intelligent design) 이론은 기독교에서 선포하는 창조론을 뒷받침한다.

요컨대 20세기 이후의 현대 과학의 발달은 오히려 하나님이 우주와 생명체를 창조했다는 가설을 뒷받침한다고 마이어는 설득력있게 주장한다. 과학의 분야 중, 세 가지 우주론, 물리학, 그리고 생물학의 발전은 창조 가설을 지지한다는 것이다. 첫째, 우주론(cosmology)을 살펴보자. 천문학자 에드윈 허블(Edwin Hubble)은 우주의 크기를 측정하려는 연구를 시도했는데, 우주가 팽창한다는 사실을 뒷받침했다. 은하수는 광대하며 우주는 팽창하고 있다는 것이다. 이 사실은 팽창의 시작점이 어느 순간에 있었다는 것을 시사하며 우주가 영원하거나 스스로 존재하는 물질이 아님을 암시한다는 것이다. 둘째, 물리학 분야에서 우주의 법칙을 연구한 결과, 우주는 상당히 미세한 매개변인을 중심으로 질서있게 작동함을 발견했다. 이는 초지성(superintellect) 존재가 물리학, 생물학 및 다양한 학문적 원리를 통제함으로써 우주를 유지함을 시사한다. 즉 우주가 미세조율(fine-tuning)을 거쳐 작동하는 것은 실제로 누군가에 의해 설계되었음을 시사한다는 것이다. 셋째, 생물학의 분야이다. DNA의 발견 이후 그 구조와 기능이 밝혀졌다. DNA는 마치 컴퓨터 프로그램과 유사하게 정보를 저장하고 전달하는데, 이 정보라는 것은 지적인 생산의 결과물이라는 것이다.

마지막으로 설계 혹은 창조를 뒷받침하는 또하나의 증거로서, 생화학 분야의 저명한 학자인 마이클 베히(Michael Behe)가 만든 '환원불가능한 복잡성'(irreducible complexity)이란 개념을 살펴보자 (낸시 피어시의 『완전한 진리』). 그는 세포의 구조와 기능에 대한 생화학적 연구 결과, 다윈의 가설에 의문을 제기하게 되었다. 즉 세포가 지극히 작은 공간 속에 굉장히 복잡한 구조를 압축해서 가지고 있다는 점에 주목했다. 세포같은 단순해 보이지만, 사실은 복잡한 시스템(다윈이 미처 관찰하지 못했다)이 작동하려면 필요한 최소한의 복잡성이 필요하다는 것이다. 세포를 구성하는 여러 조직이 한 번에 한 개씩 생겨나고 진화해서는 기능을 향상시키는 것이 불가능할 뿐 아니라, 아예 기능을 못한다. 세포가 기능을 하려면 처음부터 최소한의 복잡성을 지닌 시스템 상태로 있어야 하는 것이다. 이는 다윈의 진화론의 두 가지 핵심 가설을 반박한다. 첫째, 생물은 단세포에서 다세포로, 단순 구조에서 복잡한 구조로 진화한다는 진화론 가설은 성립할 수 없다. 시스템을 갖추지 못한 단순 구조 또는 하나의 구조는 가장 최소한의 생명체로서의 기능을 수행할 수 없기 때문이다. 둘째, 다윈의 자연선택과 진화는 이미 기능이 존재하는 여러 개체를 전제로 해야만 설명할 수 있는데, 세포가 지닌 환원불가능한 최소한의 복잡성은 자연선택 가설이 설명하지 못한다.

덧붙여서 윌리엄 페일리(William Paley)란 성직자가 제시한 흥미롭고도 타당한 비유를 살펴보자. 그는 땅 위에 시계 같은 장치가 있는 것을 본다면, 반드시 시계공이 설계하고 만든 것이라고 판단하는 것이 당연하다고 했다. 마찬가지로 특정 목적을 가진 모든 목적 지향적 구조 또는 기관은 지적 설계자의 손을 거쳤다고 생각하는 것이 논리적이라고 한다. 가령 눈은 보는 것이 목적이고, 귀는 듣는 것이 목적이고, 코는 호흡하는 것이 목적이고 다리는 걷는 것이 목적이다. 모든 신체 기관은 특정 목적을 가지고 있으며, 고로 지적 행위자의 산물임이 분명하다는 것이다.

냄시 피어시(Nancy Pearcey)는 창조나 설계를 가정하지 않는다면 인간이 하는 모든 정상적인 사고활동을 신뢰할 수 없다고 주장한다. 인간의 정신이 우연히 만들어졌고 자연선택에 의해 발전했다면 모든 사고활동을 신뢰할 수 없다는 것이다. 창조주가 우리의 사고 활동이 외부 세계를 적절히 인식하고 그에 기반해서 사고할 수 있도록 설계했기 때문에 우리의 감각과 지성의 활동을 신뢰할 수 있다고 설득력있게 제시한다(『완전한 진리』. 2008: 580)

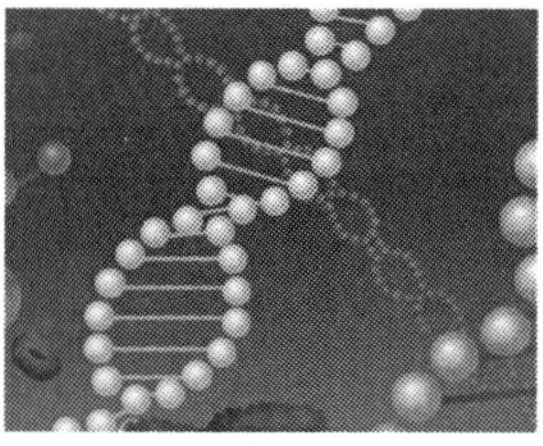

DNA의 이미지

28장

전통의식과 기독교 : 기독교인은 왜 제사를 안 지내죠?

필자의 고향은 한국에서 꽤 큰 불교 사찰 근처에 있었고, 지역의 대부분의 사람들은 전통적인 제사 의식을 나름대로 충실히 이행하는 사람들이었다. 필자의 부모님 역시 그런 분들이었고, 필자가 고향을 떠나 서울에 있는 대학에 입학해서 복음을 받아들이고 그리스도인이 되었을 때 매우 염려를 하셨다. 혹시나 장남으로서 제사를 '모시지' 않는다고 하면 어떻게 하느냐를 걱정하셨는데, 아니나 다를까 예수님을 믿은 후 제사를 안 드리겠다는 폭탄 선언을 접해야만 했다. 그러나 다행히도 그분들은 장남의 신앙을 받아들이고 동생한테 제사를 의지할 길을 택했다. 그 후 20년 동안 가족들은 명절이 되면, 장남 가족과 동생 가족 중 기독교인들은 예배를 드리지만, 아버님과 동생은 이전처럼 제사를 드리는 '이중 예배'를 드렸다. 그러다가 2020년 1월 장남인 필자가 한 집안에서 두 신을 섬기는 것은 안되며 전통 제사를 폐하고 기독교의 추도 예배를 드리는 것이 적절하다고 제안했을 때, 부모님은 흔쾌히 이를 받아들이셨다.

어쨌든 이 질문을 던지는 사람들은 대개 기독교인들이 조상을 섬길 줄 모르고 자기 잘난 줄만 안다는 생각에 사로잡힌 경우가 많다. 이 질문에 답하기에 앞서, 먼저 잘못된 선입관을 바로잡기 위해 두 가지 사실을 확실히 짚고 넘어갈 필요가 있다.

첫째, 기독교인들은 조상을 기억하며 감사한다는 것이다. 둘째, 제사를 안 지내는 사람들은 기독교인만이 아니라 그 외에도 많다는 사실이다.

제사는 조상에 대한 예의가 아닌가요?

성경에 보면 믿음의 위인들은, 조상을 기억하고 하나님과 조상들이 맺은 언약에 충실했다. 성경은 하나님이 인류를 창조했으며, 자기를 계시하기 위해 어떻게 이스라엘 민족을 하나님의 백성으로 선택하고 그들의 역사에 개입했는지를 보여주는 역사책이다. 그렇기 때문에 인류의 기원과 역사, 그리고 이스라엘의 역사상 중요한 인물들, 가령 아담, 노아, 아브라함, 이삭, 야곱, 모세, 다윗, 솔로몬, 예수의 생애가 자세하게 기록되어 있다. 특히 이스라엘 사람들은 자신들이 아브라함의 자손이라는 자부심이 대단했다. 아브라함의 하나님, 이삭의 하나님, 야곱의 하나님을 기억하고, 하나님이 그들과 맺은 언약을 기억하고 그 언약을 기반으로 하나님과의 관계를 유지하고 회복했다. 즉 조상들을 누구보다 기억하고 기념하고 무엇보다도 자기들의 조상들과 언약을 맺은 하나님을 기억한 것이다.

그렇다면 기독교에서는 유교 문화의 전통인 한국적 제사를 왜 거부하는가? 그만한 이유가 있기 때문이다. 전통적인 제사 문화에는 단순히 조상을 기억하고 예를 갖추는 그 이상의 의미가 담겨 있다. 조상에게 절을 하고 제식을 갖춤으로써, 조상신들을 추모하여 그들에게 후손의 번영과 행복을 비는 기복적 및 미신적 의식을 행하기 때문이다. 조상신들에게 음식을 차려놓고 그들의 마음을 움직여 후손들의 인생의 축복을 바라는 것이다. 성경에서는 이를 우상숭배라고 한다.

✦ 너는 나 외에는 다른 신들을 네게 두지 말라 너를 위하여 새긴 우상을 만들지 말고.......그것들에게 절하지 말며 그것들을 섬기지 말라 (출 20:3-5)

✦ 그런즉 너희는 먼저 그의 나라와 그의 의를 구하라 그리하면 이 모든 것을 너희에게 더하시리라 (마 6:33)

전통적 제사는 그리스도인에게 두 가지를 의미한다. 첫째, 하나님 외에 다른 것을 섬기는 우상숭배이다. 둘째, 하나님을 의지하지 않고 다른 것을 추구함으로써 하나님의 신뢰를 저버리고, 하나님의 주권을 의심하는 불신의 행위이다. 따라서 하나님을 섬기는 진실된 그리스도인으로서 이런 의미를 지니는 제사 의식을 거부하는 것은 당연하고 자연스러운 것이다. 사실 많은 비기독교인들 역시 형제들끼리 서로 제사를 미루거나 귀찮아서 지내지 않거나 건너뛰는 예가 갈수록 늘어나고 있는 실정이다. 고로 올바른 신앙의 도리를 다하고 신념에 부합하게 행동하고자 하는 기독교인들에게 제사를 왜 안 지내느냐고 물을 것이 아니라, 조상을 신처럼 모시는 비기독교인들이 자신의 신념에 맞지 않게 제사를 안 지내는 경향이 증가하는지를 묻는 것이 더 타당하다.

기독교인들은 어떻게 조상을 기념하나요?

물론 전통적인 제사에 담긴 의미가 많이 퇴색해졌고, 제사를 단순히 조상들을 기념하는 수준에서 치르는 비기독교인도 많다. 그런 사람들에게 기독교인들은 조상의 은혜도 모르는 배은망덕한 사람들로 비칠지도 모른다. 그러나 이런 생각은 사실에 부합하지 않는다. 기독교인들은 조상을 잊어버리거나 은혜를 무시하지 않는다. 기독교에서도 추석에는 추수 감사 예배, 설날에는 신년 감사 예배를 권장하고 있다. 다만 조상을 신으로서 기념하는 것이 아니라, 조상들을 축복하셔서 조상들을 통해 현재의 우리를 존재하게 하신 하나님의 은혜를 기념하고 기리는 것이다. 우리의 조상들은 신이 아니라, 하나님이 만드신 피조물로서 우리와 마찬가지로 하나님의 은혜와 섭리를 맛본 사람들이기 때문이다. 그런 의미에서 우리의 조상들은 때로는 고통을, 때로는 절망을, 때로는 죽음을 맛보았고 그들의 인생을 통해서 하나님이 주신 은혜와 교훈을 우리 후손들에게 물려 주었다. 그러기 때문에 기독교인 역시 조상을 기념하고 교훈을 배우고 기억하고, 그들의 인생을 주관하신 하나님께 감사 예배를 드린다.

29장

자살과 구원 : 자살하면 어떻게 되나요?

한국은 2003년부터 OECD 회원국 중 자살률 1위를 차지할 만큼 자살은 사회적으로 큰 문제로 대두되었다. 그리스도인 혹은 비그리스도인 구별할 것 없이 자살은 한국 사회가 극복해야할 심각한 문제로 인식되고 있다. 현대 사회에서 에이즈보다 더 급속하게 인류를 위협하고 있는 병으로 우울증이 출현했다. 우울증은 심한 경우 자살에 이르게 한다. 이 외에도 불치병으로 인해 참을 수 없는 고통을 피하기 위해, 가족을 잃은 슬픔을 참지 못해, 경제적 어려움을 견디지 못해 생을 마감하는 사람들의 뉴스가 매일 들려 온다. 이와 같은 이유로 자살하는 사람들을 살펴보면 그리스도인 또한 예외가 아니다.

그렇다면 자살은 용서받을 수 없는 죄인가? 불신자들은 이 질문에 전혀 신경을 안 쓸지 모르지만, 그리스도인들한테는 자살하면 지옥가나요? 라는 물음은 정말로 중요한 질문이 아닐 수 없다.

논의에 앞서 성경에 나오는 자살의 일곱 가지 예를 간략히 살펴보도록 하자.

✦ 아비멜렉 : 데베스 성읍을 치던 도중 여인이 던진 돌에 맞아 죽었다는 말을 듣기 싫어해서 자신의 무기를 맡은 사람에게 칼로 찌르라고 명하여 죽음.(삿 9:53-54)

- ✦ 삼손 : 삼손이 블레셋 사람과 함께 죽을 각오로 블레셋 사람들이 모인 건물을 무너뜨려서 최후를 맞이함.(삿 16:30)
- ✦ 사울 : 블레셋과 싸우다 활에 맞아 중상을 입은 사울이 자기 칼에 스스로 엎드러짐.(삼상 31:3-4)
- ✦ 사울의 부하 : 사울이 죽은 것을 보고 따라서 자기의 칼에 엎드러짐 (삼상 31:5)
- ✦ 아히도벨 : 아히도벨이 자신의 계략이 압살롬에게 받아들여지지 않자 이를 비관하여 목을 맴.(삼하 17:23)
- ✦ 시므리 : 반란을 통해 이스라엘 왕이 된 시므리가 오므리의 공격을 받고 왕궁이 포위된 상황에서 불을 지르고 죽음.(왕상 16:18)
- ✦ 유다: 예수를 판 유다가 양심의 가책을 느낀 후 목을 맴.(마 27:5)

아비멜렉과 사울은 전쟁에서 거의 중상을 입어 죽게 된 상태에서 불명예스러운 죽음이란 오명을 피하기 위해 스스로 최후를 선택했다. 시므리도 반란군에 포위되어 살아날 가망이 없자 스스로 불 속에 뛰어드는 선택을 했다. 삼손은 나라를 구하기 위해서 자신의 목숨을 블레셋 사람들의 목숨과 바꾸는 믿음의 영웅적인 행동을 선택한 결과 죽음을 맞이했다. 아히도벨은 스스로 분을 참지 못해 굴욕감에 휩싸인 나머지 자살을 선택했고, 가룟 유다는 죄책감에 사로잡혀 죽음을 선택한 경우이다. 앞의 네 경우와는 약간 달리, 아히도벨과 유다의 경우가 내적인 갈등으로 말미암아 극단적인 선택을 했다고 볼 수 있다. 그러나 성경은 이들이 천국에 갔느냐 지옥에 갔느냐에 대한 명백한 언급을 하지 않는다.

직접적인 자살 이외에 성경에는 자살에 대한 시도 또는 고민의 예도 나온다. 구약성경에 등장하는 가장 위대한 선지자 엘리야는 이세

벨에게 쫓기어 광야로 도망간 후에 고통을 토로하면서 하나님께 자신의 생명을 거두어 달라고 부르짖기까지 했다(왕상 19:4). 이스라엘을 애굽에서 이끌어내어 광야에서 40년동안 인도한 모세와, 사명을 피해 도망한 요나 역시 괴로운 나머지 하나님께 자신의 생명을 거두어 달라고 부르짖은 것을 볼 수 있다.

자살을 선택하는 이유는 복합적인 동시에 다양하다. 사랑하는 사람들을 잃은 슬픔, 신체적 질병 및 고통에서 해방되고 싶은 마음, 복수, 우울증, 종교적인 신념, 정신 질환 등.

일단 자살을 두 가지 측면에서 살펴볼 수 있다. 첫째, 자살은 죄인가? 둘째, 자살이 죄라면 용서받지 못할 정도의 죄인가?

먼저, 첫째 질문과 관련해서, 성경은 자살이 분명히 죄(sin)라고 단언한다. 십계명 가운데, 살인하지 말라(do not murder)는 명령이 있다. 이는 타인 뿐만 아니라 자신의 생명도 해치지 말라는 명령이다. 모든 사람의 생명을 해치는 것은 분명히 중대한 죄이다. 그리스도인의 생명은 특히, 그리스도께서 값주고 산 것이므로 자신의 것이 아니라 하나님의 것이다(고전 6:19-20). 우리에게 생명을 주시기도 하시고 빼앗을 권리가 있는 분은 오직 하나님 뿐이다. 따라서 타인뿐만 아니라 자신의 생명을 빼앗는 것은 하나님의 권리를 침해하는 것이므로 명백한 죄이다.

그렇다면, 둘째로 자살은 용서받지 못할 죄인가? 토마스 아퀴나스는 자살한 사람은 자신의 죄에 대해 회개할 기회가 없기 때문에, 자살은 가장 치명적인 죄라고 주장했다. 이런 의견에 근거해서 심지어 어떤 교회에서는 자살한 사람의 장례식을 치르는 것을 거부하기도 한다. 그러나 이런 관점은 성경적이지 않다. 왜냐하면 아무리 심각한 죄라 할지라도 하나님이 용서하실 수 없는 죄는 없기 때문이다. 이는 하나님의 무한하신 긍휼과 용서를 부정하는 더 큰 죄이다. 우리가 예수님을 믿는 순간, 과거와 현재 그리고 미래의 모든 죄를 이미 용서받았기 때문에 자살은 용서받을 수 없다는 생각은 그리스도의 죽음의 의미를 제대로 이해하지 못한 데서 비롯된다.

복음주의 설교자인 존 파이퍼(John Piper)는 한 가지 비유적 예를 제시하면서 이 점을 분명히 했다. 가령 어느 신실한 기독교인이 갑작스런 가정 불화를 겪고 난 후 분노에 휩싸여 자동차를 타고 가다가 충돌 사고를 일으켜 자살하는 결과에 이르렀다고 치자. 충분히 의도한 죽음은 아니지만 자살은 자살이기 때문에 용서받지 못할 죄를 저지름으로써 구원이 취소된 것인가? 존 파이퍼에 의하면, 하나님은 한 사람의 인생을 총체적으로 보고 구원받은 믿음이 있는지를 판단하지, 어느 특정한 사건이나 일탈 때문에 구원을 취소하거나 더하지 않는다고 조심스럽게 주장했다.

고로 우리가 던져야 할 더 중요한 질문은, 자살을 고민하거나 주변에 자살한 사람이 있었기 때문에 고통받는 사람을 어떻게 격려하고 생명에 대한 희망을 불어넣을 수 있는가에 초점이 맞춰져야 할 것이다.

30장

감사의 대상 : 하나님께만 감사하면 되고 사람한테는 안 해도 되지 않나요?

지인 중에 교회를 열심히 다니는 사람이 있다. 그는 모든 것이 하나님께로부터 나오기 때문에 하나님한테만 감사하면 된다고 했다. 자기를 직접 도와준 사람들에게는 감사를 표할 필요가 없다는 것이었다. 오직 하나님께 할 일만 제대로 하면 되고, 사람들은 신경쓸 필요가 없다는 것이었다. 얼핏 보면 신앙이 굉장히 좋은 사람처럼 보이지만, 이런 부류의 사람들은 주변 사람들한테는 은혜도 모르는 배은망덕한 사람으로 비칠 가능성이 많다. 이런 태도는 과연 신앙적으로 올바른 태도이며, 믿음이 좋은 그리스도인이라고 할 수 있을까?

하나님께 감사하는 것은 당연하다

우선 성경에는, 그리스도인이 하나님께 감사하는 일은 믿음의 행위이요 하나님이 기뻐하는 일이라는 주장이 곳곳에 나와 있다.

✦ 하늘의 하나님께 감사하라. 그의 사랑은 영원하라 (시 136:26)

✦ 감사함으로 그의 문에 들어가며 (시 100:3-5)

✦ 항상 기뻐하라 쉬지 말고 기도하라 범사에 감사하라 이것이 그리스

도 예수 안에서 너희를 향하신 하나님의 뜻이니라 (살전 5:16-18)

✦ 감사의 제사 (시 69:29-36)

✦ 이는 모든 것이 너희를 위함이니 많은 사람의 감사로 말미암아 은혜가 더하여 넘쳐서 하나님께 영광을 돌리게 하려 함이라 (고후 4:15)

하나님께 모든 것을 감사하는 것은 올바른 그리스도인의 자세라고 할 수 있다. 그러나 동시에 하나님이 우리에게 베푸는 대부분의 은혜는 사람을 통해 이루어진다는 점 역시 사실이다. 그리스도인이 하나님을 사랑한다면 당연히 사람도 사랑해야 한다. 이는 사도 요한이 성경에서 펼치는 논리이다. 눈에 보이는 주변 사람을 사랑하지 않으면서 보이지 않는 하나님을 사랑한다는 것은 어불성설이라는 것이다.

✦ 누구든지 하나님을 사랑하노라 하고 그 형제를 미워하면 이는 거짓말하는 자니 보는바 그 형제를 사랑하지 아니하는 자는 보지 못하는바 하나님을 사랑할 수 없느니라 (요일 4:20)

사람들한테도 감사해야 한다

마찬가지로 보이는 사람에게 감사하지 않는다면 보이지 않는 하나님께 감사할 수 없는 것은 자명하다. 하나님은 사람을 통해 역사하기 때문에, 우리가 그 역사를 체험했을 때 당연히 하나님께 감사하는 것이 마땅하지만 하나님의 역사의 통로인 사람에게도 감사해야 하는 것이다.

그렇다면 성경에 나오는 믿음이 좋은 위인들은 어떠했는가? 먼저, 하나님의 마음에 합한 사람인 다윗을 살펴보자. 그가 사울에게 쫓겨

다니는 시절, 나발에게 도움을 요청했으나 거절당했다. 그래서 그를 해치려고 했지만, 그의 지혜로운 아내인 아비가일의 처신 때문에 복수를 실천에 옮기지 않았다. 후에 하나님이 나발을 심판하자, 하나님을 찬양하고 동시에 자신이 무죄한 피를 흘리지 않게 막아준 아비가일을 잊지 않고 아내로 맞아들였다(삼상 25장). 다윗이 자기가 죄를 짓지 않도록 도와준 아비가일에게 감사하지 않았다면 그녀를 받아들였겠는가?

둘째, 자기 목숨보다 다윗을 사랑했던 친구 요나단이 전쟁터에서 죽었을 때, 다윗은 심히 슬퍼하며 그를 애도했다(삼하 1:26). 다윗은 요나단이 자기에게 베푼 사랑과 은혜를 잊지 않고 감사한 마음을 가지고 있었던 것이다. 뿐만 아니라, 요나단의 아들 므비보셋을 받아들여 자기의 아들인 왕자들과 같이 식사를 할 수 있는 특권을 베풀었다(삼하 10:7). 그는 요나단의 사랑에 늘 감사하고 그것을 기억했다. 또한 다윗이 마하나임에 머물 때 도움을 받았던 길르앗 사람 바르실래에게 은혜를 갚기 위해 예루살렘에서 생계를 꾸리는 것을 도와주겠다고 제안했다.

다음으로 사도 바울을 살펴보자. 그는 동역자들인 브리스가와 아굴라에가 목숨을 아끼지 않고 자기를 도와준 것에 대해 감사를 표했다 (롬 16: 4). 또한 자기가 개척한 교회 동역자들의 이름을 한 명 한 명씩 거론하면서 문안하라고 당부한다. 그는 교회 개척에 도움을 준 사람들의 은혜를 잊지 않고 감사했다 (롬 15장, 골 4장).

✦ 그러므로 내가 첫째로 권하노니 모든 사람을 위하여 간구와 기도와 도고와 감사를 하되(딤전 2:1)

청교도이자 정치가였던 조지 크로멜(George Crommel)의 신앙 격언은 "Think and Thank"였다고 한다. 영어의 두 단어 think와 thank는 어원이 같다. 하나님과 사람들이 베푼 은혜를 잊지 않고 생각할 때 감사할 수 있다는 말이다.

보이는 사람에게 감사하지 않고서는 보이지 않는 하나님께 감사할 수 없다. 하나님께 감사하기 위해서는 그가 베푼 긍휼, 은혜, 역사를 잊지 않고 생각해야 한다. 주변 사람들이 베푼 은혜를 생각하지 않는 사람이 어떻게 하나님이 베푸신 은혜를 생각하고 감사할 수 있겠는가? 그리스도인들이 하나님께 감사할 뿐만 아니라, 주변의 모든 사람들에게 감사할 때 하나님의 영광이 드러나고 믿지 않는 자들이 감동을 받고 하나님께로 향한 마음의 문이 열릴 것이다.

31장

상대주의적 진리관 : 모든 종교는 결국 하나의 진리로 통하지 않나요?

모든 종교는 다 진리이고 각자의 종교에서 추구하는 바를 따라가다 보면 결국에는 하나의 목표에 도달하지 않을까라는 생각을 한 번쯤 안 해 본 사람은 없을 것이다. 다원주의(pluralism)와 포스트모더니즘에 기반을 둔 상대주의적 세계관(relativism)은 절대주의적 기독교적 세계관보다 현대인들에게 더 포용력있고 매력있는 주장처럼 들리는 게 사실이다. 불교에서는 극락에 가기 위해 선을 행하며 욕심을 버리고 남에게 해를 끼치지 말라고 가르친다. 예수님도 남을 사랑하고 돕고 희생하며 살라고 가르치지 않았느냐고 상대주의적 진리관을 소유한 자들은 주장한다. 얼핏 들으면 맞는 말처럼 들리지만 과연 상대주의적 진리를 외치는 사람들이 더 합리적이고 열린 사고를 소유한 것일까? 기독교인들이 더 편협하고 관용을 베풀지 않는 배타적인 사람들인가? 상대주의적 진리관과 절대주의적 진리관(absolutism)이 지닌 두 가지 차이점을 분명히 짚고 넘어감으로써 이 상대주의적 진리를 주장하는 입장의 문제점을 간파할 필요가 있다고 본다.

상대주의적 진리관의 자기 모순

첫째, 여러 종교에서 공통적으로 제시하는 도덕적인 행동 지침과 윤리의 성격에 관한 문제이다. 예수님이 설파한 윤리적 기준과 여타 종교에서 주장하는 윤리적 지침은 유사하게 보이지만, 성격이 완전히 다르다. 불교나 여타 수행 종교들에서 주장하는 바 착하게 살면서 윤리적으로 행동하라는 지침은 그들 종교에서는 나름 '진리'에 도달하기 위한 필수 조건이다. 즉 남에게 해를 끼치고 이기적으로 살면 절대로 극락에 갈 수 없거니와 영생을 얻을 수 없다. 그러나 성경에서 남을 사랑하고 하나님을 위해 자신을 희생하라는 윤리적 가르침은 구원의 선행 조건이나 절대 조건이 아니다. 오히려 구원받고 진리에 이미 도달한 사람들이 진정으로 회개하고 새로운 생명으로 태어났기 때문에, 하나님의 뜻대로 살고자 하는 욕구가 흘러넘쳐서 나오는 자연스런 결과적 행위를 강조한 것이다. 기독교의 윤리는 진리에 이르기 위한 수단이 아니라, 진리에 도달한 결과로서 기독교인의 양심에서 우러나오는 마음에 바탕을 두고 있다. 따라서 다른 종교와 근본적으로 성격이 다르다고 할 수 있다.

둘째, 모든 종교가 다 어느 정도 진리를 포함하고 있다는 사고 또는 생각 자체는 모순이므로 성립 자체가 불가능하다. 절대 진리는 없으며 모든 종교가 다 진리라고 하는 것은 상대주의적 진리관이다 (노먼 가이슬러·라이언 스너퍼, 『기독교 윤리로 세상을 읽다』. 2010). 가이슬러와 스너퍼 (2010)에 따르면, 절대 불변의 진리가 절대로 존재하지 않는다는 이 주장 역시 또 하나의 절대적인 기준을 제시하는 것이므로, 자기 모순적 주장에 다름 아니다. 상대적 진리관만 인정한다고 하면서, 동시에 절대적 진리관을 큰 소리로 인정하는 것이기 때문에 비논리적이며 모순이다. 이 입장을 받아들인다면, "절대 진리는 존재하지 않고 모든 진리는 상대적이다"라는 주장 역시 절대 진리가 아니다. 그러므로 상대주의적 진리관은 자체적으로 논리적 모순에 빠지기 때문에 일단 고려 대상에서 배제해야만 한다. 따라서 상대적 진리관은 잘못된 것이며, 절대주의적 진리관이 옳은 것이다. 이와 같은 상황에서 우리가 생각해야 할 것은, 절대 진리가 존재한다는 입장을 받아들여야만 한다는 것이다. 그 다음에 당연히 해야할 일은 이제 어느 주장이 절대적 진리인지 비교, 분석, 및 탐색하는 것이다. 이 과제야말로 진리를 찾는 사람으로서 수행해야할 지극히 합리적인 태도이다.

상대주의자들이 보기에, 모든 타종교를 믿는 사람들은 하나님을 믿고 구원받아야 한다는 기독교인들의 전도 방식은 '오만'한 것이다. 그래서 상대주의자 자신들은 기독교인들과는 다르게 '겸손'한 것처럼 행세한다. 그러나 존 파이퍼(John Piper)에 의하면 이러한 상대주의자들의 태도야말로 '교만하다'고 지적한다. 자신들은 절대적 진리를 모른다고 주장하면서, 자신이야말로 상대주의적 진리관을 최고로 여기며 진리에 대한 최종 결정권을 가지고 있다고 치켜세우는 욕망을 숨기기 때문에 교만하다는 것이다(『존 파이퍼의 생각하라』. 2010). 포트스모더니즘(postmodernism)에서 주장하는 바의 핵심인 다원주의를 주장하면서 기독교의 진리성의 배타성을 편협함이란 잣대로 비판하는 상대주의야말로 진정한 편협함과 배타성을 보인다는게 아이러니가 아닐까? 요약하건대, 상대주의적 진리관은 두 가지 치명적 결함을 내포하고 있다. 첫째는 논리적으로 자기 모순에 빠진 비논리적 주장이며, 둘째는 도덕적으로 겸손을 교묘히 감추는 교만한 주장에 다름 아니라는 것이다.

진리의 의미

그렇다면 남은 문제는 무엇이 진리인가이다. 기독교에서 말하는 진리와 보통 사람들이 생각하는 진리는 동일한 것인가? 이 개념을 분명히 다루지 않는다면 양쪽은 자기 생각만 허공에 주장할 뿐이고 두 입장 사이의 어떤 대화도 무의미할 것이다.

따라서 무엇이 진리인가를 논하기에 앞서, 먼저 우리가 추구하는 '진리'의 정의를 확실히 정립하는 것이 필요하다. 우리가 일상 생활에서 사용하는 진리란 용어의 의미는 다양하다. 가령, 물리적 세계의 법칙을 의미하는 과학적 진리, 수학적 법칙을 규명하는 수학적 진리, 인간 관계의 기술이나 매뉴얼을 확립하고자 하는 사회적 진리 등등.

그러나 성경과 기독교 또는 종교에서 논하는 바, 인간이 궁극적으로 추구하는 진리는 이상에서 언급한 진리와는 성격과 본질이 근본적으로 다르다. 사실 그 이상의 절대적 진리를 의미한다. 이 진리는 보편적으로 다음과 같은 질문에 답변을 해야 한다.

- ✦ 인간의 기원 – 인간은 어디에서 왔는가?
- ✦ 현재의 인간의 존재와 본질 – 현재 인간은 어떤 존재이고 인생은 무엇인가?
- ✦ 인간이 추구해야 하는 목표 – 인간은 무엇을 추구해야 행복한가?
- ✦ 인간과 절대자의 관계 – 인간은 절대자와 어떤 관계가 있는가?
- ✦ 진리에의 접근성 – 모든 인간이 진리에 쉽게(노력없이) 도달할 수 있는가?

인간의 존재의 기원과 근원, 현재의 인간의 모습, 인간이 추구해야 하는 궁극적 목표나 대상이 무엇인가 등의 질문에 명쾌한 해답을 제공하는 것이 우리가 논의하는 진리이다. 절대적 진리가 있다면, 이와 같은 질문에 해답을 내놓을 것이다.

이런 의미에서, 진리의 절대성을 가늠해볼 수 있는 한 가지 예를 더 들어보자. 가령 부모를 존경하고 극진히 효도를 행하는 한 자식이 있다고 가정해 보자. 그가 자기 부모를 공경하고 섬긴다면 친부모에게는 더할 나위 없는 훌륭한 자식일 것이다. 그런데 이 자식이 친부모뿐만 아니라, 이웃집 어른, 동네 어른, 아니 세상의 모든 사람을 자기 부모라고 생각하고 그들을 부모로 부른다면 어떻게 될까? 그가 모든 사람을 부모로 받아줄 정도로 도량이 넓은 사람인가 아니면 제 정신이 아닌 사람인가? 이 세상에 자기 부모는 한 분밖에 없다. 다른 모든 사람을 부모로 생각하고 받드는 사람은 얼핏 생각하기에는 박애주의자 같지만 사실은 자식이 아니거나, 미친 사람에 다름 아니다.

우리가 생각하는 진리는 바로 이와 같다. 기독교에서 말하는 진리는 하나밖에 없다. 절대자인 하나님이 아버지이고 믿는 자는 그 자녀라는 것이다. 진리의 유일성 측면에서 하나님 외에 아버지는 없다. 물론 생물학적 부모와 가족, 친척들도 있으며 하나님은 우리가 마땅히 육신의 부모를 존경하고 순종하고 사랑하라고 말씀하신다. 우리가 말하는 진리는 절대자와 인간의 관계 속에 있다는 것이 성경이 말하고 있는 바이다. 따라서 기독교에서 진리가 하나밖에 없다고 주장하는 것은 지극히 논리적으로 타당하며, 편협한 것이 아니라 이성적이며 합리적인 것이다.

배타성에 대한 오해

간혹 진리에 대한 배타성을 사람들에 대한 배타성으로 오해하는 경우가 적지 않음을 본다. 진리는 본질적으로 배타적임을 살펴보았다. 그러나 이를 의견이 다른 사람들을 무조건 배척하고 거부하는 태도를 지닌 일부 기독교인들 때문에 기독교가 편협하다고 오해받는 경우가 종종 있다. 기독교인들의 편협함이 진리의 배타성을 바꾸지 않는다는 사실에 유의할 필요가 있다. 성경은 하나님이 모든 사람을 사랑하며 누구도 하나님 앞으로 나아오는 것을 막을 수 없다고 분명히 말한다. 하나님은 모든 사람이 구원받길 원한다.

- ✦ 모든 육체가 하나님의 구원하심을 보리라 (눅 3:6)
- ✦ 그리스도의 사랑이 우리를 강권하시는도다 우리가 생각하건대 한 사람이 모든 사람을 대신하여 죽었은즉 모든 사람이 죽은 것이라 (고후 5:14)
- ✦ 아담 안에서 모든 사람이 죽은 것같이 그리스도 안에서 모든 사람이 삶을 얻으리라 (고전 15:22)
- ✦ 오직 주께서는 너희를 대하여 오래 참으사 아무도 멸망하지 아니하고 (벧후 3:9)
- ✦ 누구든지 주의 이름을 부르는 자는 구원을 받으리라 (롬 10:13)

사람들은 배타적이지만 하나님은 모든 사람이 진리를 알고 깨닫고 구원을 받기를 원한다. 진리가 배타적이라는 말은 상대주의적 진리를 배타한다는 의미이지, 사람들을 배타적으로 대한다는 말은 아니다. 오히려 배타적인 진리는 모든 사람을 진리의 안으로 수용한다. 반면 겉으로 보기에 수용적인 진리관은 오히려 생각이 다른 사람들을 배타적으로 다룬다.

여타 종교의 진리에 대한 개념

이슬람교의 신인 알라는 사랑과 포용의 신이 아니라 심판자에 불과하며, 불교에는 지옥과 윤회 그리고 고통만 있을 뿐 신과 천국은 없다. 힌두교는 인간의 노력으로 진리에 도달하라는 숙명론적 운명관밖에 없으며, 신은 인간을 사랑하는 인격적 존재가 아니라 모든 만물에 존재하는 에너지에 불과하다. 힌두교의 논리를 따른다면, 만물을 신과 동일시하기 때문에 우주 만물이 존재하기 전에는 신이 존재하지 않았다는 추론에 도달한다. 그런 의미에서 신은 스스로 존재하지 않기 때문에 신이라고 할 수 없으며 불완전한 존재이다. 따라서 '모로 가도 서울만 가면 된다'는 상대주의적 진리관을 내포하는 비유는 진리에 대한 오해에서 비롯된 것이며 잘못된 전제를 내포하고 있다. 왜냐하면 이슬람교의 신은 사랑이 없기 때문에 우리가 도달하려는 '서울'이 아니며, 불교에서는 신이란 존재하지 않기 때문에 아예 '서울'이란 곳이 없는 거나 마찬가지이다. 또한 힌두교에는 모든 물체와 장소가 신이고 신이란 단지 에너지에 불과하기 때문에 역시 우리가 찾는 '서울'이 아니다. 따라서 '모로 가도 서울만 가면 된다'는 말은 상대주의적 진리관을 표현하는 적절한 말이 아니기 때문에 상대주의적 진리를 주장하는 사람들이 의지할 수 있는 합리적 변명이 되기에는 부적절하다고 볼 수 있다.

기독교의 진리성

그러나 기독교는 위에서 제기한 모든 질문에 명쾌히 답변한다. 첫째, 절대자 하나님은 인간과 우주 만물의 창조자이다. 둘째, 인간이 고통 속에서 살아가고 스스로 진리에 도달하지 못하는 이유는 하나님을 거부한 죄 때문이다. 셋째, 인생은 하나님의 형상으로 창조되었기 때문에 하나님과의 인격적 교제를 통해서만 행복해질 수 있다. 넷째, 인간은 죽음 이후 모두 공의로운 하나님의 심판대에 설 것이며, 그 이후 천국과 지옥으로 영원히 간다. 마지막으로, 실제로 진리가 존재한다면 그것은 인간의 노력 유무에 상관없이, 성별, 인종, 연령, 지위를 막론하고 모든 인간이 가장 쉽게 도달해야만 하는데, 이 조건을 만족시키는 것은 기독교밖에 없다. 즉 만약 진리라고 하는 실체가 있다면, 그것은 인간이 진리를 찾느라고 수고해서는 안 된다. 오히려 진리가 인간을 찾아와 다가가야 한다는 말이다. 그런 의미에서 아무런 노력과 수고 없이 먼저 인간에게 찾아온 진리는 기독교와 성경에만 있다.

✦ 진리의 배타성(exclusiveness)과 독점권

예수께서 이르시되 내가 곧 길이요 진리요 생명이니 나로 말미암지 않고는 아버지께로 올 자가 없느니라 (요 14:6)

✦ 진리의 주체성(initiative)

사랑은 여기 있으니 우리가 하나님을 사랑한 것이 아니요 하나님이 우리를 사랑하사 (요일 4:10)

✦ 진리의 접근성(approachability)

누구든지 주의 이름을 부르는 자는 구원을 받으리라 (행 2:21)

이는 사람으로 혹 하나님을 더듬어 찾아 발견하게 하려 하심이로되 그는 우리 각 사람에게서 멀리 계시지 아니하도다 (행 17:27)

성경에 따르면, 예수님만이 하나님께로 갈 수 있는 길이요 진리이며 영원한 생명을 줄 수 있는 분이다. 가난한자, 부자, 권력자, 노예, 여자, 남자, 어린이, 노인, 흑인, 백인, 병든자, 건강한자 등 어떤 조건에 상관없이 우리에게 먼저 다가온 진리를 전 인격적으로 받아들이면 절대자 하나님을 만날 수 있다는 것이다.

결론적으로 말해 만약 진리라고 주장하는 종교 또는 존재가 있다면, 그것은 배타적이어야 하며, 최상의 접근성을 가져야 한다. 왜냐하면 그렇게 해야만 모든 인간이 어디서 무엇을 하든지, 원하는 순간 본인의 노력 여하에 상관없이 행복을 쉽게 얻을 수 있기 때문이다. 만약 절대자가 있다면 그렇게 하는 길만이 모든 인간을 사랑하여 구원을 베풀 수 있는 방법이다. 그러므로 진리의 배타성과 독점권, 접근 용이성을 당당히 주장하는 기독교야말로 합리적이며, 논리적이며 진리에 가장 적합한 종교가 아니겠는가! 복음주의 설교자인 폴 워셔(Paul Washer)는 기독교 신앙은 진리의 절대성을 주장하는 배타적인 것이라고 단호히 말한다 (『복음』, 2013: 73).

32장

헌신과 믿음 : 선교사나 목회자가 되어야만 헌신된 삶을 사는 주의 종인가요?

선교단체나 교회에서 열심히 봉사하거나 신앙이 좋다고 알려진 많은 그리스도인들이 졸업을 앞두고 고민하는 모습을 많이 보았다. 졸업 후에 선교단체 간사가 되거나 신학교에 가지 않으면 세상과 타협하는 것 같다고 불안하다는 것이다. 목사나 선교사, 간사가 되지 않으면 과연 믿음을 저버리고 세상과 타협하는 것이며, 다른 길로 가면 헌신하지 않는 삶일까? 필자 역시 대학 졸업을 앞두고 이와 같은 고민에 빠진 적이 있었다.

지인 중에서 신앙이 좋은 그리스도인이 있는데, 십 수 년간 고위 공무원으로 살아왔다. 그런데 아직도 자신은 헌신하지 못했고 세상과 타협했다고 생각하면서 내적 갈등을 겪고 있다고 고백했다. 물론 이 갈등은 성숙하고 끊임없이 자신의 모습을 절대자 하나님 앞에서 돌아보는 겸손한 그리스도인만이 할 수 있는 귀한 태도라고 인정하며 존중하는 바이다. 그렇다면 이는 그저 신앙이 성숙하다는 것을 보여주는 경건의 표시로만 볼 것인가? 다시 말해 과연 사도 바울이 했던 것과 마찬가지로 성숙한 고민으로 볼 것인가? 그런 관점에서 이 질문을 조심스럽게 성경에 비추어 접근하는 것도 의의가 있으리라 생각된다.

이분법적 세계관: 성과 속의 분리

단도직입적으로 말하면, 이 문제를 안고 내적 씨름을 계속하는 태도는 성과 속을 분리하는 잘못된 이분법적 사고방식이 오래 동안 기독교인들의 생각 속에 고착되었기 때문이라고 생각하는 바이다. 그렇다고 이 고민을 하는 태도의 경건함과 성숙함의 가치를 부인하는 것은 아님을 단호히 밝혀둔다. 그런 점에서 그와 같은 고뇌를 충분히 존중하는 바이다.

다만 이 장에서 분명히 논의하고자 하는 바는, 하나님 앞에서 모든 직업은 거룩하다는 점이다. 거룩한 직업 따로 있고, 세상적인 직업 따로 있는 것이 아니다. 사람마다 직업이 다른 이유는, 하나님이 주신 은사(gifts)와 재능(talents)이 다르기 때문이다.

하나님이 부여한 인류 최초의 직업은 무엇일까? 하나님이 아담을 만드신 후에, 주신 명령을 보자(창 2:28). 생존과 자녀 출산, 그리고 세상을 관리하는 임무를 부여하셨다. 좁게 보면, 에덴 동산을 관리하는 '정원 관리사'요, 넓게 보면 자연과 세상을 다스리는 '대리 통치자'였다. 아담의 첫째 아들 가인의 직업은 '양치기'였고, 둘째 아들 아벨은 '농부'였다(창4:2). 노아 역시 농부였으며 홍수 이후에는 포도나무를 재배한 과일 재배까지 손을 대었다 (창 9:20). 믿음의 조상 아브라함은 '목자'였다(창 13:1).

✦ 하나님이 그들에게 복을 주시며 하나님이 그들에게 이르시되 생육하고 번성하여 땅에 충만하라, 땅을 정복하라, 바다의 물고기와 하늘의 새와 땅에 움직이는 모든 생물을 다스리라(창 2:28)

요셉은 애굽에서 '총리'로서 행정가이자 정치가였고, 다윗은 왕이자 선지자였다. 느헤미야는 행정가였다. 한 마디로, 하나님이 만든 이 세상을 올바로 관리하고 다스리기 위해 필요한 모든 직업은 하나님 앞에서 거룩하고 신성한 것이다. 존 스토트(John Stott)는 그리스도인이 세상에 대해 취하는 태도에는 두 가지 있는데, 도피 아니면 참여라고 말했다(『현대사회 문제와 그리스도인의 책임』, 2006). 하나님이 당신의 백성들인 그리스도인들로 하여금 정의를 세우고, 정의롭게 살면서 약자를 돌보라고 명하신다는 것이다. 즉 그리스도인이 다양한 직업을 가지고 사회에 '참여'함으로써 세상을 섬기고, 하나님의 사랑을 전할 수 있다고 존 스토트(John Stott)는 설파한다.

구약시대에는 레위 지파의 후손들이 대제사장과 제사장 직분을 맡아서, 이스라엘 백성들을 대신해서 성전에서 제사를 지냈고, 선지자들이 하나님을 대신해서 이스라엘 백성들에게 말씀하셨다. 신약시대에 예수님의 죽음과 부활 이후에 성령이 임했고, 초대 교회가 탄생했다. 열두 제자들과 사도 바울이 로마 교회와 소아시아에서 개척한 교회에 쓴 편지들을 보면 교회의 직분에 대한 언급이 나온다. 아래의 서신서에서 보듯이, 초대 교회에서는 사도, 선지자, 복음 전하는 자, 목사, 교사 등의 직분이 있었고, 이 직분의 목적은 교회를 온전하게 세우는 것이었다.

✦ 그가 어떤 사람은 사도로, 어떤 사람은 선지자로, 어떤 사람은 복음 전하는 자로, 어떤 사람은 목사와 교사로 삼으셨으니 (엡 4:11)

✦ 은사는 여러 가지나 성령은 같고 직분은 여러 가지나 주는 같으며 또 사역은 여러 가지나 모든 것을 모든 사람 가운데서 이루시는 하나님은 같으니 (고전 12:4-6)

교회에 이와 같은 직분이 있었지만, 이 직분만이 거룩하고 성스러운 것이라는 말은 성경 어디에서도 찾을 수 없다. 오히려 사도 베드로는 모든 그리스도인이 왕같은 제사장들이요 거룩한 나라라고 선포했다. 거룩한 직업과 세상적인 직업이 구분되어 있는 것이 아니라, 하나님의 백성들인 그리스도인 모두가 거룩하다는 것이다. 즉 굳이 얘기하자면, 거룩한 사람들이 하는 모든 직업이 거룩한 것이다.

✦ 너희는 택하신 족속이요 왕 같은 제사장들이요 거룩한 나라요 그의 소유가 된 백성이니 이는 너희를 어두운 데서 불러내어 그의 기이한 빛에 들어가게 하신 이의 아름다운 덕을 선포하게 하려 하심이라 (벧전 2:9)

하나님이 우리를 세상에서 불러내신 이유는 하나님의 아름다운 덕, 거룩함, 진리, 사랑 등 그 분의 형상을 우리를 통해 세상 가운데 선포하게 위한 것이다. 즉 모든 그리스도인은 선교사로서의 임무를 부여받았다. 선교사의 임무를 수행하는 길에는 크게 두 가지가 있다. 첫째는, 전문적으로 신학을 공부한 후에 직업으로 교회의 전임 사역자가 되는 길과, 둘째는, 교회 밖에서의 직업을 가지고 자기가 속한 직업 세계에서 선교의 일을 감당하는 길이다. 성경은 이 두 가지 길 모두가 거룩한 소명이라고 말하고 있다.

하나님이 어떤 사람은 목회자나 전임 교회 사역자와 같은 '전문 선교사'로 부르셨고, 어떤 사람은 세상에서 직업을 가지고 변혁하는 '전문인 선교사'로 부르신 것이다. 어떤 사람은 전업 가정 주부로서 가정을 선교하는 사명이 있고, 어떤 사람은 목사로서 교회에서 선교하는 사명을 맡았고, 어떤 사람은 사회에서 다양한 직업을 가지고 선교하는 사명을 부여받았다.

19세기 영국의 위대한 영적 거장인 찰스 스펄전(Charles Spurgeon)은 모든 그리스도인은 받은 소명대로, 각자 맡은 직책을 통해 사람들에게 선한 영향력을 미치는 것이 그리스도를 따르는 중요한 방법이라고 설파했다(『예수가 가르친 제자도』. 2011). 남들의 비난과 칭찬에 신경쓰지 말고, 현재 하나님이 주신 사역을 굳건히 수행하면서 예수님과 친밀한 관계를 맺으며 순종하는 일에 우선순위를 두라고 강력히 권고했다. 낸시 피어시(Nancy Pearcey) 역시 하나님을 섬기는 방법은 하나님이 부여한 재능과 은사를 사용하여 각자 맡은 바 직업 또는 전문직에서 창조적인 일을 하는 것이라고 단언했다. 그녀는 각자의 직업에 매진하는 삶이야말로, 마치 하나님이 에덴동산에서 아담에게 주신 명령인 "생육하고 번성하여 땅에 충만하라 땅을 정복하라"에 순종하는 길이라고 주장한다. 이는 우리가 구원받은 이후 궁극적으로 걸어 가야 할 사명이라고 주장할 만큼 한 걸음 더 앞서간 입장이다 (『완전한 진리』. 2008).

그러므로 문제는 어떤 직업을 선택하느냐가 중요한 게 아닐 것이다. 오히려 첫째, 하나님이 각자에게 주신 은사와 재능에 맞는 직업을 발견했느냐 그리고 둘째, 맡은 직업세계에서 하나님의 아름다운 덕을 선포하는 거룩한 사명을 감당하고 있느냐가 더 중요한 문제이다.

33장

교회의 성 인식 : 교회는 성소수자들을 거부하나요?

최근에 회자되고 있는 소위 LGBT란 성소수자들을 지칭한다. 즉 레즈비언(Lesbian), 게이(Gay), 양성애자(Bisexuals), 성전환자(Transgender)를 가리킨다. 2015년 6월 미국 50개 전 주에서 동성결혼을 허락해야 한다는 연방 대법원의 판결이 나왔다. 이 판결에 대한 미국 개신교의 입장은 교파마다 다르다 (뉴스엔조이 2018. 1.15 인터넷판). 미국장로교회(PCUSA)와 미국 성공회는 LGBT에게 목회자 안수를 허용하고, 성직자가 성소수자들의 결혼식 주례까지 할 수 있도록 허용했다. 그러나 남부지역의 대표적 보수적 교단인 남침례교와 하나님의 성회에서는 동성결혼은 비성경적이라고 못 박으면서 성소수자를 공식적으로 인정하지 않았다. 특히 존 파이퍼, 존 맥아더, 제임스 패커 등 대표적 복음주의자들은 동성결혼을 부정하고 있다 (2017년 내슈빌 선언(Nashville Statements). 미국의 LGBT 그리스도인들이 만든 단체인 '명확한 교회'(Church Clarity)라는 단체에서 실시한 조사에 따르면, 미국의 대형 교회 100개 중 LGBT에 목사 안수를 허용하거나 성직자들에게 결혼 주례를 받게 하는 행위 등을 긍정적으로 허용하는 곳은 한 군데도 없었다.

교단 또는 교회에 따라 입장이 다르다면, 성소수자들에 대한 성경적인 관점은 무엇일까? 사실 '성소수자'란 용어는 오해의 소지를 불러일으킬만한 용어이다. 만약 이들에 대해 조그마한 문제점이라도 지적한다면, 마치 소수자를 차별하거나 억압한다는 편협한 시각이라고 몰아갈 수 있는 잘못된 또 하나의 편협한 관점을 낳을 소지가 크기 때문이다.

성경은 소수자냐 다수자냐의 관점에서가 아니라, 하나님이 만든 피조질서에 부합하느냐 하지 않느냐의 관점에서 모든 행위를 바라본다. 왜냐하면 하나님이 우주만물과 인간을 창조할 때에 부여하신 질서야말로 하나님의 영광을 적합하게 드러내는 길인 동시에, 피조물인 인간에게도 가장 유익한 길이기 때문이다.

✦ 썩어지지 아니하는 하나님의 영광을 썩어질 사람과 새와 짐승과 기어다니는 동물 모양의 우상으로 바꾸었느니라 그러므로 하나님께서 그들을 마음의 정욕대로 더러움에 내버려두사 그들의 몸을 서로 욕되게 하게 하셨으니 이는 그들이 하나님의 진리를 거짓 것으로 바꾸어 피조물을 조물주보다 더 경배하고 섬김이라 (롬 1:23-25)

존 파이퍼(John Piper)는 이 구절을 인용하면서, 사람들이 하나님의 영광의 아름다움을 사랑하지 않고, 오히려 피조물인 인간의 육체의 아름다움에 빠진 나머지 성적 지향이 왜곡되었다고 분석한다(『존 파이퍼의 돈, 섹스 그리고 권력』. 2017).

그렇다면 하나님이 만드신 성적 질서를 지키는 것이 왜 우리에게 유익한지 생각해 볼 필요가 있다. 예를 들어, 하나님이 창조한 물질세계에서 작동하는 과학적 법칙을 위반하면 인간은 생존할 수 없다. 우리가 물 속에 살고 싶다고 자유롭게 물 속에 들어간다면 20분 이상 자유를 누릴 사람은 없다. 인간이 사회를 유지하기 위해 만든 사회적 질서와 교통법을 1초간 어긴 경우, 그 대가는 죽음일 수 있다. 가령 시내 도로를 주행하던 한 운전자가 교통 신호에 상관없이 자유를 누리고 싶은 나머지 좌회전 신호를 무시하고 자유롭게 좌회전을 했을 경우, 영원히 자유를 박탈당할 가능성이 높아진다. 물리적 질서 및 사회 법규적 질서를 어길 경우, 생존 자체가 불투명해질 지경인데, 하물며 인간과 인간 사이의 관계적 질서를 알고 그것을 지키는 것을 어떻게 무시할 수 있겠는가?

그렇다면 하나님이 인간을 창조할 때 부여한 남녀 간의 성적 관계의 질서는 무엇인가? 창세기와 레위기를 보면, 하나님은 남자와 여자가 서로 사랑하며 도우며 외롭지 않게 살도록 하기 위해 결혼 제도를 만들었다. 또한 동성애는 근친상간이나 수간과 마찬가지로 창조의 질서를 위반한 도덕적 및 성적 죄라고 규정했다. 존 파이퍼에 따르면, 동성애는 관계의 왜곡에서 비롯되었다고 설명했다. 즉 인간이 하나님과의 수직적 관계에서 "아름다움"을 올바로 평가하지 않았기 때문에, 이것이 사람과 사람의 수평적 관계에서 "아름다움"을 잘못된 방식으로 교환하게 된 결과 동성애로 나타났다는 것이다.

✦ 이러므로 남자가 부모를 떠나 그의 아내와 합하여 둘이 한 몸을 이룰지로다 (창 2:24)

✦ 각 사람은 자기의 살붙이를 가까이 하여 그의 하체를 범하지 말라 나는 여호와니라.....너는 여자와 동침함같이 남자와 동침하지 말라 이는 가증한 일이니라 너는 짐승과 교합하여 자기를 더럽히지 말며 여자는 짐승 앞에서 그것과 교접하지 말라 이는 문란한 일이니라 (레 18:6, 22-23)

성경에 기록된바에 의하면, 하나님은 동성애를 도덕적 죄와 같은 반열에 놓고 있다. 근친상간을 일삼는 사람을 성소수자라고 보호해 주고 칭찬해 주는 사회가 있는가? 소위 동성애, 더 정확히 말하면 동성간 성행위 및 수간은 소수의 성적 취향으로 인정해 줄 행위가 아니라, 하나님의 창조질서를 문란케 하는 인류 보편적인 죄이다. 성경에서는 분명히 결혼은, 남자와 여자가 해야 하며, 결혼 생활을 통해 예수님과 교회가 서로 사랑하고 순종하는 관계를 배운다고 명확히 선언한다.

✦ 음행을 피하기 위하여 남자마다 자기 아내를 두고 여자마다 자기 남편을 두라 (고전 7:2)

✦ 아내들아 이와 같이 자기 남편에게 순종하라 (벧전 3:1)

✦ 남편들아 이와 같이 지식을 따라 너희 아내와 동거하고 그를 더 연약한 그릇이요 또 생명의 은혜를 함께 이어받을 자로 알아 귀히 여기라 (벧전 3:7)

또 하나의 문제는, 동성간의 성관계 또는 수간을 하는 사람들을 기독교 교회는 어떻게 대할 것이냐이다. 기독교 교회가 사람들을 대하는 태도는 하나님이 모든 인류를 대하는 방식을 따른다. 하나님은 우리의 죄를 밝히 드러내 보였지만 우리의 인격과 영혼은 사랑하시며 기꺼이 받아주셨다.

✦ 그러므로 그리스도께서 우리를 받아 하나님께 영광을 돌리심과 같이 너희도 서로 받으라(Accept one another) (롬 15:7)

로마서에서 말씀하는 바와 같이, 예수님이 우리를 받아 하나님께 영광을 돌린 것처럼 교회는 모든 사람을 받아들인다. 그렇다면 받아들인다(accept)는 말은 무슨 말인가? 그 말은 모든 사람이 그리스도를 믿고 하나님께로 돌아와서 하나님께 영광을 돌리고 거룩한 삶을 살도록 권면하고 기도하고 도와주는 것을 뜻한다. 교회 역시 동성간의 성행위와 수간을 일삼는 사람의 죄와 죄를 행하는 사람들은 철저히 분리한다. 왜냐하면 일탈적인 성행위를 하는 사람을 받아주는 이유는 궁극적으로 그들이 행위를 돌이켜 하나님의 뜻대로 살도록 하는 것이기 때문이다.

존 버크(John Burke)는 하나님이 모든 사람을 받아준 것처럼, 교회는 성소수자 뿐만 아니라 모든 죄인을 받아주어야 한다고 주장한다(『있는 모습 그대로 오라』. 2007). 그 이유는 그들이 하나님의 크신 사랑을 깨닫고 예수님을 믿는다면, 죄악된 행위를 버릴 것이라고 믿기 때문이다.

34장

믿음의 증거 : 하나님을 내 눈앞에 보여준다면 믿을 것 같은데요!

예수 믿기 전에 한 번쯤 생각해 봤음직한 질문이고, 비신자들한테서 한 번쯤 들어봤을 질문이다. 과연 이런 질문을 던지는 사람들 눈앞에 하나님이 나타난다면 그들이 당장에 믿을까? 하나님은 자신을 철저히 숨긴 채 인간에게 숨바꼭질 하듯이 하면서, 자신을 우연히 발견하는 사람한테만 구원을 베풀까? 단언컨대 이 질문들에 대한 적절한 반응은 각 유형의 질문을 제기한 사람에 따라 다르게 해 줄 수 있다.

이런 질문을 던지는 사람은 여러 부류로 나눌 수 있다. 첫째, 믿고는 싶은데 하나님이 누구인지 직접 보지 못했기 때문에 못 믿겠다는 입장이다. 자기 눈으로 보면 기꺼이 믿을 수 있다는 것이다. 둘째, 하나님을 믿기 싫다는 말을 우회적인 질문으로 바꾸어 표현하는 경우이다.

믿음의 증거는 많다

먼저, 첫 번째 부류의 사람들에게 할 수 있는 답변은, 성경을 일단 읽어보면 해결할 수 있다는 것이다. 성경에는 하나님이 자신을 우리에게 이미 충분히 보여주었다고 말한다. 요한복음에 보면 빌립이 이미 동일한 질문을 던졌다. 이에 예수님은 아들인 자기와 하나님 아버지가 하나이기 때문에, 자기를 본 자는 이미 아버지를 본 것이나 마찬가지라고 했다. 히브리서에서 예수는 하나님의 본체의 형상이라고 말했다. 예수는 역사상 실존 인물이다(『예수는 역사다』. 리스트로벨. 2002). 예수의 삶을 들여다 봄으로써 하나님의 영광, 권능, 위엄 등 모든 것을 알 수 있다. 고로 예수님을 본 사람은 이미 하나님을 본 것과 같으며, 예수님을 믿는 사람은 하나님을 믿는 것이다. 하나님을 보여 주면 믿겠다고 하는 사람들에게는 성경을 읽어보라고 권면해야 한다. 겸손한 마음으로 성경에 나타난 예수님을 만나보면, 하나님을 믿지 않는 것이 오히려 더 믿기지 않는 기적이라는 것을 알게 될 것이다.

- ✦ 나와 아버지는 하나이니라 (요 10:30)
- ✦ 이 아들을 통하여 우리에게 말씀하셨으니....이는 하나님의 영광의 광채시오 그 본체의 형상이시라 (히 2:2-3)
- ✦ 빌립이 이르시되 주여 아버지를 우리에게 보여 주옵소서 그리하면 족하겠나이다 예수께서 이르시되 빌립아 내가 이렇게 오래 너희와 함께 있으되 네가 나를 알지 못하느냐 나를 본 자는 아버지를 보았거늘 어찌하여 아버지를 보이라 하느냐 (요 14:8-9)

보이는 것을 믿는 것은 믿음이 아니다

둘째 부류의 사람들에게 해줄 수 있는 적절한 대답은, 하나님은 눈에 보이지 않는다라는 것이다. 이런 사람들은 진정으로 하나님을 믿고 싶어서가 아니라, 믿기 싫어하는 마음을 감추기 위해 변명을 댈 가능성이 많기 때문이다. 우리는 눈에 보이지 않아도 실재로 존재하는 많은 것들이 있음을 이미 알고 있다. 공기는 눈에 보이지 않지만 존재하며, 우리가 중요하게 생각하는 최고의 가치들, 가령 사랑, 행복, 우정, 감사 등은 눈으로 보고 귀로 듣고 손으로 만질 수 없지만 너무나도 명백히 존재한다. 어쩌면 눈에 보이지 않는 것들이 실존하고 더 영원한 것일 가능성이 많다고도 볼 수 있다. 왜냐하면 눈에 보이는 것들은 시간적 및 물리적 제약 때문에 결국에 부패하고 사라지기 때문이다.

✦ 하나님은 영이시니 예배하는 자가 영과 진리로 예배할지니라 (요 4:24)

✦ 그는 보이지 아니하시는 하나님의 형상이요 (골 1:15)

더 엄밀히 말하면, 하나님의 속성 중에서 '눈에 보이지 않는다'(invisible)는 특성은 핵심적이라고 할 수 있다. 눈에 보이는 물체는 사라지고 영원할 수 없기 때문이다. 따라서 역설적으로 말하면, 하나님이 존재한다면, 그는 눈에 보이지 않아야만 한다. 그래서 우리는 하나님이 눈에 보이지 않는다는 것을 자랑스럽게 받아들여야만 한다.

눈이 아니라 마음이다

눈으로 보여주면 믿겠다는 사람들한테, 하나님이 정말로 그들 눈앞에 '물리적 형태'로 나타난다면 과연 믿을까? 성경은 그렇지 않다고 단호하게 말한다. 예수님은 누가복음에서 거지 나사로와 부자의 이야기를 예로 들었다. 거지 나사로는 물질적 궁핍 때문에 이 세상에서 고생했지만, 하나님을 믿었기 때문에 죽어서 천국에 갔다. 그러나 부자는 이 세상에서 호위호식하고 풍족한 생활을 누렸지만, 자신의 죄를 처리하지 못했기 때문에 죽어 지옥에 갔다. 지옥에 간 부자가 나사로가 천국에서 아브라함과 같이 있는 것을 보고, 살아 있는 자기 형제들에게 죽은 나사로를 살려 보내면 그들이 하나님을 믿게 될 거라고 말하면서 간청했다. 그 때 예수님은 '살아 있는 사람이 전도해도 믿지 않는데, 죽은 사람이 살아서 찾아간다한들 믿겠느냐'고 했다.

✦ 모세와 선지자들에게 듣지 아니하면 비록 죽은 자 가운데서 살아나는 자가 있을지라도 권함을 받지 아니하리라 (눅 16:31)

죽은 나사로가 그들 앞에 나타난다고 하더라도 귀신이라고 생각하며 무서워하면 했지 믿지 않을 것이다. 예수님은 믿음이 눈에 보이는 시각적 증거의 존재의 문제가 아니라, 마음의 문제임을 명백히 지적했다. 하나님은 눈으로 봐야 믿는 존재가 아니라, 믿음으로 볼 수 있는 영적 존재이다. 비신자들에게는 '보는 것이 믿는다'이지만, 신앙의 세계에서의 법칙은 '믿으면 보인다'는 것이다. 하박국 2장 4절에서 보듯이, 교만한 마음이 있으면 믿지 못하고 정직한 마음으로 하나님을 찾으면 믿음을 가진다고 말한다.

✦ 믿음은 바라는 것들의 실상이요 보이지 않는 것들의 증거니 (히 11:1)

✦ 보라 그의 마음은 교만하며 그 속에서 정직하지 못하나 의인은 그의 믿음으로 살리라 (합 2:4)

고로 하나님을 믿기 위해서는 반드시 예수님을 알고 만나야 한다. 예수님을 만나는 것이 하나님을 만나는 길이기 때문이다. 그래서 예수님은 요한복음에서 자기를 통하지 않고서는 하나님을 알 수 없다고 못박았다. 예수님은 하나님의 형상의 본체이기 때문에 예수님을 본 것은 하나님을 본 것이고, 예수님을 믿는 것은 곧 하나님을 믿는 것과 동일하다고 명확히 설명하신다.

✦ 예수께서 이르시되 내가 곧 길이요 진리요 생명이니 나로 말미암지 않고는 아버지께로 올 자가 없느니라 (요 14:6)

✦ 예수께서 이르시되 나를 믿는 자는 나를 믿는 것이 아니요 나를 보내신 이를 믿는 것이며 나를 보는 자는 나를 보내신 이를 보는 것이니라 (요 12:44-45)

✦ ...마지막에는 아들을 통하여 우리에게 말씀하셨으니...이는 하나님의 영광의 광채시오 그 본체의 형상이시라 (히 1:2-3)

35장

가톨릭과 개신교 : 가톨릭이 큰 집이고 개신교가 작은 집 아닌가?

개신교인 또는 가톨릭 신자 또는 비신자들이 흔히들 생각하거나 당연하게 받아들이는 생각 중의 하나는, 가톨릭과 개신교(Protestantism)는 원래 형제지간이었는데 같이 잘 지내다가 개신교가 집을 나와서 또 다른 분파를 만들었다는 것이다.

가톨릭은 흔히 로마 가톨릭 또는 구교로 불리우며, 개신교는 마르틴 루터의 종교 개혁이후 생겨난 종파로 알려져 있다. '기독교'라고 하면 1세기 초대 교회(early church)에서 시작되었는데, 오늘날 3개의 부류, 즉 로마 가톨릭, 동방 정교회, 개신교(프로테스탄트)를 통칭하여 일컬어지기도 한다(『무엇이 다른가』.2005).

먼저 가톨릭과 개신교가 같은 '형제'인지를 살펴보려면, 두 종교가 얼마나 성경과 성경적 원리에 충실한지를 비교해 보아야 한다. 어느 한 쪽이 성경의 근본적인 진리와 너무나 동떨어져있다면 '한 지붕 두 가족'이라고 볼 수 없을 것이다.

신약성경의 마태복음에 나와 있듯이, 교회는 예수님이 베드로의 신앙 고백 위에 세울 것이라고 예언한 바 있다. 예수님이 승천 하신 후에, 오순절에 마가의 다락방에 모인 제자들 가운데 성령이 임했다. 이때 베드로가 설교하자 삼천 명이 회개하는 역사가 일어났고, 이들이 모여 교제하고 기도하면서 초대 교회가 자연스럽게 출현했다.

✦ 너는 베드로라 내가 이 반석 위에 내 교회를 세우리니 음부의 권세가 이기지 못하리라 (마 16:18)

✦ 그들이 사도의 가르침을 받아 서로 교제하고 떡을 떼며 오로지 기도하기를 힘쓰니라...날마다 마음을 같이하여 성전에 모이기를 힘쓰고...하나님을 찬미하며...주께서 구원받는 사람을 날마다 더하게 하시니라 (행 2:42-47)

1세기경 예루살렘에서 시작된 초대 교회는 신자의 수가 갈수록 증가했다. 그러던 중 이단 세력도 생겨나기 시작했다. 1-2세기 경 이에 대한 감독도 강화되었다. 3세기에 로마의 주교(감독)인 칼릭투스(218-223)가 마태복음 16장 18절을 인용하면서 로마 주교는 '베드로의 후계자'임을 주장하기 시작했다. 동시에 초대 교회는 로마 황제의 핍박에도 불구하고 날로 세력을 확장했다. 그러다가 4세기 초 로마의 콘스탄티누스 황제에 의해 기독교가 국가적으로 공인을 받기에 이르렀다. 로마 제국에는 5개의 관구가 조직되었다. 동양에 네 군데, 즉 콘스탄티노플, 예루살렘, 알렉산드리아, 가이사랴에 있었고, 나머지 한 개는 로마에 있었다. 이 5개의 관구들 중에서 로마 교회가 최고 권위를 주장하게 되면서, 1054년 교회는 서방의 로마 가톨릭과 동방의 정교회로 분열되었다(『무엇이 다른가』. 2005:40).

이 시기에 굳어진 로마 가톨릭과 성경 사이의 근본적인 차이점을 발견할 수 있다. 첫째, 누가 권위를 가지느냐의 문제이다. 로마 가톨릭에서는 초대 교회 베드로의 권위가 로마 교회의 주교들에게 승계되었다고 주장한다. 최종 권위는 성경에 덧붙여 주교들이 만든 전통에 부여되었다. 일반 성도는 성경을 읽을 수는 있지만 스스로 해석하는 것은 허용되지 않았다. 마태복음 16장 13절~20절에 나오는 구절 '너는 베드로라 내가 이 반석 위에 내 교회를 세우리니'를 해석함에서 있어서, 로마의 주교를 베드로의 유일한 계승자로 추켜세웠다. 이 해석에서 로마 가톨릭과 개신교 및 성경의 진리의 관점 사이에 큰 차이점이 발견된다. 첫째, 성경과 개신교에서는 '반석'이 베드로란 개인 인물이 아니라, '베드로의 신앙 고백'이라고 본다. 실제 베드로에 해당하는 헬라어 '페트로스'와 반석에 해당되는 헬라어 '페트라'는 다르다. 김종원 목사는 설교에서 '반석'이 개인 베드로가 아니라는 간접적인 주장은 마태복음 16장 23절에서도 발견된다고 언급했다 (경산중앙교회 2019.9.14 주일 설교 중에서). 예수님이 이 반석 위에 교회를 세우리라고 베드로에게 말씀하신 후 얼마 지나서, 베드로는 예수님의 죽음에 반대했다. 이를 듣고 예수님은 베드로에게 '사탄아 내 뒤로 물러가라' (마 16:23)고 즉석에서 꾸짖었다. 베드로를 이번에는 사탄으로 규정했다면, 예수님이 사탄에게 교회의 권세를 맡기셨단 말인가? 그럴 리가 없을 것이다. 베드로 개인은 사탄도 아니고 반석도 아니다. 베드로의 믿음의 고백이 '반석'이요, 예수님의 뜻에 정면으로 거스르는 베드로의 말과 생각이 '사탄'적인 것을 의미할 뿐이다. 둘째, 교회의 기초는 '예수 그리스도'이다(고전 3:11, 엡 2:20, 벧전 2:4-11). 또한 베드로는 자신을 장로라고 불렀지 (벧전 5:2), 교황이라고 부른 적이 없다.

✦ 이 닦아 둔 것 외에 능히 다른 터를 닦아 둘 자가 없으니 이 터는 곧 예수 그리스도라(고전 3:11)

✦ 너희는 사도들과 선지자들의 터 위에 세우심을 입은 자라 그리스도 예수께서 친히 모퉁이 돌이 되셨느니라 (엡 2:20)

셋째, 베드로 이후에 20명의 주교가 임명되었는데, 그 중에 한 명인 칼릭투스가 자신만을 베드로의 후계자라고 주장했기 때문에 권위 계승의 독점성을 확보할 근거가 없다. 넷째, 신약성경에는 사도 승계의 원칙과 명칭이 전혀 없다는 것이다(무엇이 다른가』 2005).

1517년 마르틴 루터는 비텐베르크 대학 가톨릭 교회당의 정문에 '95조의 논제'라는 제목이 붙은 반박문을 게시함으로써 당시 교회가 하나님만이 할 수 있는 '면죄'권을 판매한 행위의 부당성을 알렸다. 이는 종교 개혁의 시발점이 되었고 개신교(protestantism)가 탄생하는 출발점이 되었다. 루터는 학생들과 함께 로마교회 법전을 불태우는 화형식을 가졌고, 이에 1521년 로마 교회와 교황으로부터 파면당하고 추방되었다.

그러나 루터는 오히려 많은 추종자들을 얻었고 이들이 소위 16세기 종교 개혁의 핵심 세력으로 성장했다. 그들은 중세 로마 교회의 전승과 가르침이 성경과 위배됨을 지적하고, 철저히 성경으로 돌아가자는 주장을 펼쳤다. 개신교의 씨앗이 된 종교 개혁자들의 주장을 간단히 살펴 보자. 첫째, 최고의 영적 권위는 오직 성경이다 (오직 성경, "Sola Scriptura"). 로마 교회의 주교들이 만든 전승은 성경과 동일한 권위를 지닐 수 없다는 것이다.

둘째, 성경 해석은 성령에게 주어져 있기 때문에, 성직자 뿐만 아니라 모든 믿는 자들이 성령의 인도하심을 받아 성경 말씀을 깨달을 수 있다(요 16:13).

✦ 그러나 진리의 성령이 오시면 그가 너희를 모든 진리 가운데로 인도하시리니 그가 스스로 말하지 않고 오직 들은 것을 말하며 장래 일을 너희에게 알리시리라 (요 16:13)

셋째, 구원은 행위가 아니라 오직 믿음으로 받는다 ("Sola Fide" 오직 믿음). 로마 가톨릭의 주요 가르침 중 하나는, 구원 받기 위해서는 믿음 뿐만 아니라, "선행"도 필요하며, 하나님의 은혜는 7성사(영세성사, 견진성사, 성체성사, 고백성사, 병자의 도유, 신품성사, 혼배성사)를 통해서만 전달된다고 주장한다. 그러나 성경은 인간의 "선행 또는 행위"는 구원받은 자의 믿음의 열매는 될지언정, 조건이 아님을 분명히 단언한다.

✦ 의로 여기심을 받을 우리도 위함이니 곧 예수 우리 주를 죽은 자 가운데서 살리신 이를 믿는 자니라 (롬 3:24)

✦ 너희는 그 은혜에 의하여 믿음으로 말미암아 구원을 받았으니 이것은 너희에게서 난 것이 아니요 하나님의 선물이라 행위에서 난 것이 아니니 이는 누구든지 자랑하지 못하게 함이라 (엡 2:8-9)

✦ 보라 그의 마음은 교만하며 그 속에서 정직하지 못하나 의인은 그의 믿음으로 말미암아 살리라 (합 2:4)

이상에서 간략히 살펴보았듯이, 로마 가톨릭의 주장과 가르침은 분명 성경의 핵심 내용과 근본적으로 배치됨을 알 수 있다.

따라서 로마 가톨릭과 개신교는 '한 집안에서 사는 형제'가 아님을 알 수 있다. 오히려 초대 교회와 성경의 가르침에서 벗어나 '집을 나간 분파'는 개신교가 아니라 로마 가톨릭이 아닐까? 16세기 마르틴 루터의 반박문을 계기로 성경으로 돌아간 종교 개혁자들과 이들의 후손인 개신교야말로 초대 교회의 전통을 이어 받은 정통 적자라고 봐야 하지 않겠는가!

36장

교회와 성경의 권위 : 교회가 성경에 포함될 책을 정했다면, 성경보다 교회의 권위가 더 높은 게 아닌가요?

오늘날 개신교(Protestantism)와 개혁 교회 전통을 잇는 교단에서 사용하는 구약성경 39권과 신약성경 27권을 함께 묶은 성경을 정경(正經 canon)이라고 한다. 개신교에서는 정경 66권 이외에 일부 교회에서 인정하는 구약성서의 일부를 외경(外經 Apocrypha)으로 간주하기 때문에, 본서에서는 정경에 포함된 66권을 일단 성경이라고 전제하고 논의를 전개할 것이다.

현재 구약성경을 구성하고 있는 39권은 AD 90년 경 얌니아 회의에서 결정되었고, 신약성경에 현재의 27권을 포함할 것을 정한 회의는 AD 397년 카르타고 교회 회의(Councils of Carthage)였다. 이와 같이 기독교 신자들의 회의에서 어떤 책을 정경에 포함시킬 것인지를 결정했다면, 교회가 하나님의 말씀이라고 하는 성경보다 더 높은 권위를 지닌다고 말할 수 있지 않을까?

교회와 성경의 권위는 다르다

이상의 의심어린 질문은 굉장히 순진한 질문이기에 단호히 아니다라고 답할 수 있다. 오히려 성경의 권위가 교회보다 높음을 보여주는 몇 가지 합리적인 이유와 논거를 살펴보자.

첫째, 얌니야 회의나 카르타고 교회 회의에 모인 사람들은 다분히 자의적인 기준이 아니라, 합리적이고도 객관적인 기준에 의해 정경에 포함될 책을 선택했다. 구약성경에 포함할 책의 기준은 첫째, 히브리어로 쓰여진 것, 둘째, 율법서, 셋째, 예언자적인 영감에 의해 쓰인 것이어야 한다였다. 신약성경의 정경에 포함될 책들은 첫째, 그리스도를 증거해야 하고 둘째, 사도들이 직접 쓴 것 또는 사도들로부터 들어서 쓴 것이어야 하며, 셋째, 성령의 감동으로 쓰여진 것이어야 한다.

둘째, 책의 선정 위원회의 권위와 책의 권위는 근본적으로 다르다는 점을 유의할 필요가 있다. 예를 들어 노벨상 선정위원회와 수상자의 권위를 비교해 보자. 스웨덴 왕립과학원의 노벨상 선정 위원회는 노벨의 유언에 따라 인류 문명의 발달에 학문적으로 기여한 사람에게 물리학, 화학, 생리의학, 문학, 경제학, 평화부문 등 6개 분야에서 수상자를 선정하여 시상한다. 최근에는 젊은 과학자도 수상하는 경우가 있지만, 대부분의 수상자는 평생을 실험실과 연구실에서 보내면서 획기적인 아이디어를 낸 사람들로서 수상자로 선정될 쯤에는 은퇴를 한 시점인 경우가 많다. 한국연구재단이 10년간 (2008-2017년) 노벨 과학상 수상자 78명의 연구를 분석한 결과, 연구를 시작한 후 노벨상을 받기까지 30년이상이 걸렸다는 사실을 보고했다. 그 이유는 수상자들의 아이디어가 인류 문명의 발달에 기여했는지를 판정하기 위해서는 어느 정도 시간이 필요하기 때문이다. 한 사람이 발표한 논문이 점진적으로 인용횟수가 늘어나다가 그것이 많은 사람들에 의해 실용화되고 오랜 시간에 걸쳐 인류 문명의 발전에 실질적으로 공헌했다는 성과가 나오려면 기본적으로 시간이 걸린다. 이 경우 노벨상 선정 위원의 권위가 노벨상 수상자의 권위보다 크다고 할 수 있는가? 결코 그렇지 않을 것이다. 노벨상 수상자를 살펴본다면, 선정 위원회가 아니더라도 누구나 수상해야 할 사람이 받은 것이라고 수긍하는 경우가 대부분이다. 다시 말해서, 선정 위원회가 선정하긴 했지만 결과적으로 보면 누가 보더라도 마땅히 받아야할 사람을 선정한 거나 마찬가지기 때문이다. 즉 노벨상 선정 위원회가 노벨상 수상자보다 결코 뛰어나지 못하다는 것이다.

마찬가지로 얍니아 회의나 카르타고 교회 회의에서 정경으로 채택된 책들은 회의 참가자들의 뛰어난 안목이나 영적 권위 때문이 아니다. 누가 보더라도 하나님의 말씀이며 성령의 감동으로 쓰여졌고 많은 사람들에게 구원의 역사를 일으킨, 이미 검증이 끝난 책들을 교회 회의를 통해 공식적으로 선포한 것에 불과한 것에 다름 아니기 때문이다. 정경을 선택한 회의에 참석한 기독교 지도자들 어느 누구도 성경이 전파하고 있는 구원을 베풀 수 없다.

성경이 먼저고 교회가 다음이다

마지막으로, 정경에 포함된 성경이 성경에 포함될 책을 선정한 교회보다 더 높은 절대적 권위를 자랑하는 이유는 바로, 그들이 정한 성경의 예언에 의해 교회가 탄생했기 때문이다. 교회가 먼저 생기고 성경이 결정된 것처럼 보이지만, 사실은 성경이 먼저 기록되고 성경이 예언한 대로 교회가 나중에 출현했다. 교회가 출현하기 오래 전에 구약성경 곳곳에는 예수 그리스도에 의한 주의 나라, 곧 교회가 굳건히 설 것이 예언되어 있다(사 2:2, 단 2:44, 삼하 7:12-16).

요컨대 교회의 회의에서 현재 우리가 읽고 있는 구약성경 및 신약성경에 포함될 책을 선택했다는 사실이 성경보다 교회의 권위가 높다는 것을 의미하지 않는다. 오히려 정경의 일부로 채택될 수 밖에 없었던 성경의 예언의 일관성과 성령의 감동으로 기록된 권위를 더 높여줄 뿐이다.

37장

영접 시기와 구원 : 예수 믿은 날짜와 시간을 정확히 알아야만 구원받나요?

주변 사람들 중에 자기가 정확히 언제 믿음이 생겼는지를 몰라서 구원을 못 받은게 아닌가 하는 걱정을 하는 사람을 본 적이 있다. 요한복음에서 보다시피, 성경에서는 예수님을 믿으면 하나님의 자녀가 된다고 했다. 하나님 아버지의 새로운 생명을 받아 하나님의 가족의 일원이 되는 것이다. 자녀가 된다는 말은 아버지의 생명을 얻는다는 것인데, 과연 육체가 태어나는 순간처럼 영적으로 거듭나는 중생(重生, born again)의 순간을 정확히 알 수 있을까?

✦ 영접하는 자 곧 그 이름을 믿는 자들에게는 하나님의 자녀가 되는 권세를 주셨으니 (요 1:12)

✦ 예수께서 대답하여 이르시되 진실로 진실로 네게 이르노니 사람이 거듭나지 아니하면 하나님의 나라를 볼 수 없느니라 (요 3:3)

생일을 몰라도 성장한다

우리는 모두 각자의 생일이 언제인지 정확히 안다. 그 이유는 부모님이 출생신고를 한 다음, 그 날짜를 알려줬기 때문이다. 가끔 실제

출생일과 신고된 날짜가 다른 경우가 있긴 하다. 부모님이 우리의 생일을 축하해주지 않거나 주민 센터에서 발급한 주민등록증이 없다면 누구도 자기의 생일이 언제인지 모를 것이다. 그러나 우리가 생일 축하를 받지 못하거나 주민등록증이 없더라도 우리가 현재의 부모의 자녀이며 가족이라는 것을 안다.

생일을 모른다고 자기 부모의 자녀가 아니라고 할 사람은 없다. 그 이유는 여러 가지이다. 첫째, 같이 살면서 부모의 양육을 받는 동안 사랑을 느끼고 배우고 존경도 하면서 부모의 자녀임을 본능적으로 체득한다. 둘째, 자기 안에 있는 부모의 모습을 봄으로써 자녀임을 확인한다. 신체적으로 닮거나 성격 및 정서적인 유대감, 또는 행동 방식의 유사점은 동일한 가족임을 간접적으로 증명한다. 내가 부모의 자식이고 가족의 일원임을 아는 것은 생일을 알았기 때문이 아니라, 한 가족 안에서 누리는 가족애, 즉 사랑과 헌신 및 보호 덕택이다.

우리 인간의 참 부모인 하나님의 자녀를 확인하는 방법 역시, 육체적 부모를 아는 것과 유사하다. 첫째, 우리가 구원받고 하나님의 자녀가 되었다는 증거는 로마서 8장에서 언급하듯이, 그리스도인들의 마음 속에 내주하는 성령의 증언이다. 예수를 믿을 때 성령이 우리 안에 임하게 되고, 성령이 우리의 영과 더불어 우리가 하나님의 자녀임을 확증시켜 준다. 둘째, 예수를 영접하면 하나님의 거룩한 성령이 우리 안에 내주하기 때문에, 우리 안에 하나님을 닮고 싶어하는 거룩한 소망이 생긴다. 내적으로 하나님의 거룩한 형상이 회복되고 죄를 멀리하고 우리의 말, 사고, 및 행동이 하나님을 닮아가는 것을 보게 된다. 이것이 하나님의 자녀라는 증거가 아니고 무엇이겠는가!

✦ 너희는 다시 무서워하는 종의 영을 받지 아니하고 양자의 영을 받았

으므로 우리가 아빠 아버지라고 부르짖느니라 성령이 친히 우리의 영과 더불어 우리가 하나님의 자녀인 것을 증언하시나니 (롬 8:15-16)

✦ 곧 육신의 자녀가 하나님의 자녀가 아니요 오직 약속의 자녀가 씨로 여기심을 받느니라(롬 9:8)

✦ 너희가 거듭난 것이 썩어질 씨로 된 것이 아니요 썩지 아니할 씨로 된 것이니 살아 있고 항상 있는 하나님의 말씀으로 되었느니라 (벧전 1:23)

예수님의 제자들인 베드로, 야고보 및 요한이 예수님을 언제 구주로 영접했는지에 관해 성경에 정확한 날짜가 기록되어 있지 않다. 그들은 자기를 따라오라는 예수의 명령에 순종하고 따라갔지만, 가룟 유다는 예수를 팔고 자살했고 수제자인 베드로는 가장 중요한 순간에 예수를 부인했다. 그러나 오순절에 성령을 받고 난 후, 예수를 증거하는 데 일생을 바쳤다. 그러나 그들이 정확히 몇 년 몇 월 며칠 몇 시에 예수를 믿고 거듭났는지에 대해 성경이 밝히지 않는다. 중요한 것은 거듭난 시점이 아니라 그들이 결국에 예수를 진정으로 믿고 제자의 삶을 살다가 죽었다는 것이다. 그들의 삶이 하나님의 자녀인 것을 입증하고 있는 것이다.

물론 어떤 사람은 인생의 특정한 시점에 회개하고 그 시점이 인생의 중대한 전환점이 되어 그리스도인이 되기도 한다. 아마도 그 시점을 거듭난 시기, 즉 영적인 생일로 간주할 수도 있다. 그러나 대부분의 사람들은 회개하고 예수를 영접한 특별한 계기가 있을지라도 반드시 그 시점이 거듭난 때라는 것을 확신하지 못하고 신앙생활을 한다. 엄밀히 말해, 하나님이 우리의 아버지이기 때문에, 하나님만이 우리의 거듭난 시점을 정확히 알 수 있다. 그가 우리에게 가르쳐주지 않는 한, 아무도 정확히 우리가 거듭난 날짜와 시간을 알 수 없다.

중요한 것은 언제 구원받았는지가 아니라 구원받은 후에 하나님의 자녀로서 하나님의 사랑과 헌신과 보호와 인도를 받고 있느냐이다. 구원받은 날짜를 정확히 안다고 말은 하지만 그의 삶을 들여다 볼 때 하나님의 자녀다운 삶을 살지 못한다면 그는 하나님의 자녀가 아니다. 또한 반대로 구원받은 날짜를 정확히 알지 못한다고 말하지만, 그의 삶은 하나님의 사랑으로 늘 기뻐하고 하나님의 말씀대로 거룩한 삶을 살아서 그를 보고 있노라면 하나님이 보이는 삶을 사는 사람은 하나님의 자녀가 확실하다.

✦ 하나님께로부터 난 자마다 죄를 짓지 아니하나니 이는 하나님의 씨가 그의 속에 거함이요 그도 범죄하지 못하는 것은 하나님께로부터 났음이라 이러므로 하나님의 자녀들과 마귀의 자녀들이 드러나나니(This is how we know who the children of God are) (요일 3:9)

38장

기독교인의 사회참여 : 기독교인들은 개인 기도만 중요시하고, 사회에는 눈을 감게 만들지 않나요?

많은 비기독교인들이 이 질문을 던지는 것을 들을 때마다 마음이 아프다. 아마도 많은 기독교인들은 이 질문에 공감할 것이다. 실제로 개인의 안위와 축복만을 받기 위해 신앙 생활을 하는 사람들이 있으며, 이들 때문에 예수님이 말씀하신 빛과 소금의 역할을 한다고 칭찬받는 것이 아니라, 불신자들에게 오히려 비난의 구실을 제공하기도 한다.

주변에 보아온 기독교인들의 삶이 전부라면 그렇게 실망하는 것도 무리가 아닐 것이다. 그러나 성경의 근본 가르침과 이를 따른 기독교의 역사적 증거 등을 총체적으로 고려해야만 기독교의 본질을 이해할 수 있을 것이다.

사실 이 질문에 대한 답을 논의하기 위해서는, 이 질문 아래에 깔려 있는 전제를 살펴보는 것이 중요하다. 첫 번째 전제는, 이 질문을 던지는 사람한테 개인 기도란 사회에 별 도움이 안 되는 방법이란 것이다. 둘째, 기독교인들은 사회 변화에는 기여하는 바가 적다는 생각이다.

기도는 사회변화를 이끄는 동력이다

먼저, 개인 기도가 과연 이기적이고 사회 변화에 도움이 안 되는가에 대해 생각해 보자. 성경은 기도가 그리스도인의 삶에서 가장 중요한 하나님의 뜻이라고 단호히 선포한다.

- 항상 기뻐하라 쉬지 말고 기도하라 범사에 감사하라 이는 그리스도 예수 안에서 너희를 향하신 하나님의 뜻이니라 (살전 5:16-18)
- 의인의 간구는 역사하는 힘이 큼이니라 (약 5:16)

비신자들은 기도하는 그리스도인에 대해 의무와 책임을 다하지 않고 하나님께 바라기만 하는 나약한 모습이라고 비난하는 경향이 있다. 하지만 이는 기도가 무엇인지에 관한 오해에서 비롯된 것이다. 기도란 자신의 능력의 한계를 정직하게 인식한 상태에서 그 문제를 해결할만한 능력이 있는 하나님께 문제 해결을 의탁하는 지극히 현명한 방법에 다름 아니다. 게다가 하나님은 개인뿐만 아니라 교회, 국가, 민족을 위해 기도하라고 말씀하셨다. 기도의 주체 뿐만 아니라, 기도할 내용에 있어서도 하나님의 관심은 개인의 안위만을 위해 기도하라고 하지 않으셨다. 다음 구절에서 보듯이, 자기를 미워하는 사람을 위해, 자기가 살고 있는 도시를 위해, 그리고 개인이 속한 정부 및 국가를 위해 기도하라고 명령하셨다.

- 예루살렘의 평화를 위해 기도하라 (시 122:6)
- 너희를 모욕하는 사람들을 위해 기도하라 (눅 6:28)
- 왕들과 높은 지위에 있는 모든 사람을 위해 기도하라 (딤전 2:2)

물론 이 말씀을 그리스도인 개개인이 성실하게 따르느냐가 불신자들의 판단에 중요한 영향을 미칠 것이다. 그러나 진실한 신앙인들이 성경 말씀대로 산다는 것을 받아들인다면, 기도만 중요시한다는 것은 분명 오해이다. 우리는 기도를 통해서 사회에 관심을 갖고, 국가, 민족, 사회를 더 사랑하게 된다. 하나님이 우리가 사회와 국가를 위해 기도하라고 명하신 이유는, 평화롭고 경건한 삶을 살기 위해서다(딤전 2:1-4). 사회가 불안하고 폭력적이고 범죄율이 높고 정의롭지 못하고 타락한 경우, 하나님은 그리스도인이 기도의 의무를 제대로 수행하지 않았기 때문이라고 판단하시고 안타까워 할 것이다. 따라서 기독교인이 기도만 해서 사회가 변하지 않는다고 하는 것은 오해이다. 오히려 기도하지 않기 때문에 사회가 개선되거나 변혁되지 않는 것이다.

기독교는 사회를 변화시켰다

둘째, 기독교인들은 정말 개인의 행복만 구하고 사회의 모순에는 눈을 감았는가? 이 질문에 대해 답하기 위해, 성경의 증거와 역사적 증거를 살펴보는 것이 중요하다(존 스토트 『현대사회 문제와 그리스도인의 책임』,2006). 우선 성경의 인물 가운데 국가와 민족을 위해 자신을 희생하고 헌신한 인물들은 너무나 많다. 이스라엘을 이집트의 압제로부터 구출하는 임무를 띠고 가나안 땅으로 인도한 민족의 지도자 모세, 주변 팔레스타인의 수많은 침공으로부터 이스라엘 국가를 구한 정치 지도자인 다윗, 이스라엘이 바벨론 제국의 포로가 되었을 때 독립과 구원을 예언함으로써 희망을 준 민족의 선지자 다니엘, 전 세계에 복음을 전하기 위해 목숨을 아끼지 않고 로마 제국의 법정에 서고자 했던 바울 등등. 이들은 개인의 안녕과 행복만을 위해 기도하지 않고, 국가와 민족 및 전 세계인의 구원 문제를 가슴으로 끌어안고 기도하면서 동시에 기꺼이 고난받는 인생을 택했던 사람들이다. 이들의 헌신 덕택에 민족이 탄생하고 발전하고 바벨론 제국의 포로기에서 탈출했으며 전 세계에 평화와 구원의 메시지가 선포되었다.

성경의 증거 외에도, 역사적 인물 중에서도 목숨을 걸고 사회적 부조리를 파헤치고 대중을 일깨우고 개혁의 선두에 선 위대한 그리스도인들은 셀 수 없이 많다. 이들은 독실한 신앙심을 바탕으로 사회 개혁에 헌신했으며 그 결과 인류 사회는 진일보했다. 다음의 인물들을 간단히 소개한다(송광택,『고전의 숲에서 하나님을 만나다』. 2010). 윌리엄 윌버포스는 영국의 노예무역과 노예 제도 폐지를 위해 일생을 헌신했고, 아브라함 카이퍼는 네덜란드의 교회 개혁과 교육 개혁에 앞장섰고, 톨스토이는 문학 작품을 통해 평화주의를 전파했고, 니부어는 미국의 초기 산업사회에서 노동의 가치를 재천명했으며, 본회퍼는 독일의 나치 운동을 비판하는 운동의 선봉장 역할을 감당하다가 순교했다.

✦ 윌리엄 윌버포스(1759~1883): 영국의 노예무역 폐지안 입법을 주도한 그리스도인 정치가
✦ 아브라함 카이퍼(1837~1920): 네덜란드의 교회 개혁과 교육 제도 개혁에 힘쓴 국회의원, 수상 이력을 지닌 정치가이자 신학자
✦ 레프 톨스토이(1828~1910): 러시아의 그리스도인 작가
✦ 라인홀드 니부어(1892~1971): 미국 산업사회에서 노동의 가치를 일깨우고 자본주의의 문제점을 비판한 개신교 목사
✦ 디트리히 본회퍼(1906~1945): 반나치 운동을 펼치다가 교수형을 당한 독일 루터교 신학자

이상에서 간략히 살펴본 그리스도인들은 이 땅에 정의, 평등, 사랑, 평화가 넘치는 하나님의 나라를 구현하고자 하는 신앙에 뿌리를 내린 채, 적극적으로 사회, 국가, 민족의 개혁과 개선에 일생을 바쳤다.

존 스토트는 그리스도인에게 있어서 복음 전도가 사회적 행동보다 분명히 우위에 있다고 주장한다. 그는 복음 전도가 사회를 개혁하고 개선시키는 주요한 방법이라고 언급한다. 예수님은 그리스도인을 세상의 빛과 소금이라고 말씀하셨다. 그리스도인들은 복음을 전파하여 개인을 변화시킴으로써 사회를 근본적으로 변화시킬 수 있다고 믿는다.

✦ 선행을 배우며 정의를 구하며 학대 받는 자를 도와 주며 고아를 위하여 변호하라 하셨느니라 (사 1:17)

✦ 이같이 너희 빛이 사람 앞에 비치게 하여 그들로 너희 착한 행실을 보고 하늘에 계신 너희 아버지께 영광을 돌리게 하라 (마 5:16)

✦ 오직 정의를 물 같이 공의를 마르지 않는 강 같이 흐르게 할지어다 (암 5:24)

39장

성경의 권위 : 성경을 어떻게 믿어요? 성경은 믿는 사람들만 보는 게 아닌가요?

복음을 4가지 영적인 원리로 간단히 제시하는 한 가지 방법인 사영리(四靈理, Four spiritual laws) 전도지를 가지고 전도하거나 성경 말씀을 인용하면서 지인들에게 신앙을 권유하다 보면 대개 받는 질문이 있다. "당신은 성경을 믿지만 나는 안 믿어요. 그렇기 때문에 성경 말씀은 나에게 별로 효과가 없을 것 같아요." 성경은 믿는 사람들이나 보면 되고, 불신자들은 믿지 않기 때문에, 언급조차 하지 말라는 말이다.

과연 그런가? 성경은 믿는 기독교인들끼리만 대화할 때 사용해야 하는가? 비기독교인들에게 전도할 때 성경 말씀을 전혀 인용도 하지 말아야 한단 말인가? 이 질문에 대해 적절한 답을 제시하기 위해, 특정 이론 또는 주장을 뒷받침하기 위해 어떤 태도가 필요한지 논의해 보면 도움이 될 것이다.

성경을 반박하거나 뒷받침하려면 성경을 인용해야 한다

특정 학문적 이론-과학이론, 도덕이론, 철학이론, 사회과학 이론-을 설득력있게 제시해서 대중에게 인정을 받으려면, 적어도 두 가지 종류의 증거가 필요하다고 본다. 하나는 이론 내적인 증거이다(theory-internal evidence). 다른 하나는 이론 외적인 증거(theory-external) 또는 경험적 증거(empirical evidence)이다.

첫째, 주장하고 싶은 이론 자체만 놓고 볼 때, 얼마나 논리성, 일관성 및 타당성을 갖추고 있느냐가 중요하다. 이론을 구성하는 전제나 구성이 비논리적이라면 그 이론은 일관성과 타당성이 없다는 평가를 받게 되며, 인정받지 못하고 무너질 것이다. 다시 말해, 이론을 검증하기 위해서 그 이론이 제시하고 있는 전제, 소주장 및 그들간의 내적 논리 구조를 살펴보는 것은 합리적이다.

이 점을 성경의 신뢰성을 검증하는데 그대로 적용할 수 있다. 성경을 믿지 않는 사람들한테, 성경 구절을 인용하며 설명하는 태도는 더군다나 성경의 신뢰성을 검증하고자 하는 자에게 필수적이며 지극히 합리적인 방법이 아니고 무엇이겠는가! 따라서 기독교인이 전도를 할 때 상대방이 성경을 믿지 않을 때에도, 성경 구절을 제시하면서 설득하는 것은 피해야할 태도가 아니라, 오히려 권장해야 할 일이다. 성경을 믿으라고 이야기 하면서 성경 말씀을 이야기하지 않는 것이야말로 불합리한 태도이다. 성경은 40여명의 저자가 1600여년간 (BC 1500~AD 100) 기록한 것임에도 불구하고, 주제의 일관성과 통일성을 보여준다. 다양한 직업을 가지고 서로 다른 시대적 배경에서 성장하고 활동한 다양한 성격의 인물들이 성경의 저자로 알려져 있다.

- 모세 (정치가, 선지자)
- 다윗 (정치가)
- 솔로몬 (정치가)
- 예레미야 (선지자)
- 느헤미야(행정가)
- 다니엘 (정치가, 예언자)
- 아모스(농부, 선지자)
- 마태, 마가, 누가 (예수의 제자)
- 바울 (율법가, 사도)

그러나 구약성경의 저자들은 예수의 탄생과 죽음, 그리고 부활을 예언했고, 신약성경의 저자들은 예수의 생애를 기록하면서 예수는 구약에서 예언된 삶을 살았다고 동일하게 증언했다. 이와 같이 성경은 일관되고 통일된 주제를 보여주고 있다. 그 이유를 성경 자체가 밝혀주고 있다. 즉 모든 성경의 주저자는 하나님이며, 성경의 저자들은 성령의 감동과 영감을 받아서 기록했기 때문이라는 것이다.

✦ 모든 성경은 하나님의 감동으로 된 것으로 교훈과 책망과 바르게 함과 의로 교육하기에 유익하니 (딤후 3:16)

즉 성경은 내적 일관성과 통일성이라는 검증의 잣대를 무사히 통과한 책이란 점에서 신뢰성을 확보한 셈이다.

둘째, 주장하는 이론이 설명하고자 하는 현실 세계에서 얼마나 많은 현상을 합리적으로 설명하느냐이다. 물리적 현상을 설명하는 어떤 과학 이론이 설명하지 못하는 현상이 많아질수록 그 이론은 이론으로서의 설명력과 지위를 잃어버리게 된다. 그와 같은 경우 현상을 설명할 수 있도록 수정하거나 그러한 가능성이 없을 때는 폐기처분하게 된다. 물리적 현상 뿐만 아니라 사회적 현상을 설명하는 사회과학 이론도 마찬가지이다. 가령 일부 마르크스주의자들의 사회 발전 이론에 따르면 '자본주의가 가장 발달한 곳에서 사회주의 혁명이 일어날 것이다'라고 예측했지만, 역사적 사실은 그 예측을 빗나갔다. 반대로 자본주의가 발달하지 않은 러시아, 중국, 쿠바, 버마 등에서 공산혁명이 일어나 사회주의 국가가 등장한 후에 한동안 지속되었다. 즉 특정 사회과학 이론이 사회현상을 설명하지 못한 것이다. 이와 같이 중대한 현상과 역사적 사실을 설명하거나 예측하지 못하는 모든 이론은 저절로 운명을 맞이할 수 밖에 없다.

그런다면 성경으로 돌아가 보자. 성경은 기본적으로 하나님이 이스라엘의 역사에 주권적으로 개입하고 구원자를 보내어 인류를 구원하는 계획을 담은 역사서이자 예언서이다. 성경의 진리성과 타당성을 검증하려면 성경에서 예언하고 설명한대로 일어났는지를 살펴보면 된다. 구약성경에서 예수님의 탄생, 죽음 및 부활에 대해 예언한 대로, 신약성경에서 성취되었다. 뿐만 아니라 세계사적 예언에 관한 부분도 정확히 성취되었다. 다음에 몇 가지 예를 선택해서 제시한다.

✦ 예수의 탄생에 대한 예언과 성취

민 24:17, 사 11:1, 믹 5:2, 사 7:14 ⇒ 마 1, 눅 1:31-32, 마 2:4-6, 마 1:18

✦ 예수의 죽음에 대한 예언과 성취

창 3:15, 신 21:23, 시 22, 사 53:5-6 ⇒ 마 20:28, 눅 24:25-27, 롬 5:8, 갈 3:13-14

✦ 예수의 부활에 대한 예언과 성취

단 12:2-3, 시 16:9-11, 사 53:11 ⇒ 마 12:39-40, 고전 15, 행 2:23-24, 롬 4:25

✦ 세계사적 예언

단 2 신상 ⇒ 바벨론, 메데, 페르시아, 로마 제국

요컨대 성경은 내적 통일성과 일관성이라는 검증을 통과했고, 외적 증거와도 부합되기 때문에 역사적 검증도 통과했다. 그러므로 성경에 나오는 구절과 말씀을 가지고 믿음이 없는 사람들에게 전도하고 설득하는 것은 부끄러워할 일이 아니라, 오히려 당당하고 자신있게 감당해야 할 일임을 상기해야 할 것이다. 성경이 틀렸다라고 증명하려면 성경이 말하는 바 내적 논리성의 모순과 외적 증거의 부재를 제시해야 논리적으로 타당한 것처럼, 성경이 진리라고 주장하기 위해 성경을 인용하면서 전도하는 것은 지극히 자연스럽고 합리적인 태도가 아니고 무엇이겠는가!

40장

죄의 정도와 구원 : 연쇄 살인마 사이코패스도 구원받나요?

1970년대 이후로 개인적 정신 병리적 현상으로 인해 사회적으로 심각한 문제를 일으키는 사례에 관심을 기울이게 되었는데, 그 중 한 예가 사이코패스라 불리는 사람들이다. 몇 가지 예를 살펴보자.

1999년 우크라이나 법정에서 아나톨리 오노프리엔코는 사형을 선고받았다가 후에 종신형으로 감형되었다. 그는 1986년부터 1999년 사이에 총, 도끼, 망치 등을 이용해서 운전자, 행인 및 심지어 경찰까지 무려 52명을 무참히 살해했다. 어릴 때 고아원에서 자란 그는 행복해 보이는 사람들을 무차별적으로 증오했다고 밝혔다. 간호사 연쇄 살인범으로 알려진 찰스 컬린은 1988년에서 2000년 사이에 미국 뉴저지 주와 펜실베니아 주에서 간호사로 일하는 도중, 근무하는 병원 등지에서 35명 내지 45명을 살해한 것이 드러나서 397년 징역형을 선고받았다. 그는 9살 때 처음으로 자살을 시도한 적이 있으며 이혼의 아픔도 겪었다.

이상에서 두 명의 극단적인 사이코패스의 예를 살펴보았다. 사이코패스(psychopath)는 흔히 반사회성 인격장애를 가진 사람을 일컫는데, 공감 능력이 떨어지고 극히 이기적이며 양심의 가책을 받지 않으며 거짓말을 자유롭게 하지만 겉으로 보기에는 정상인처럼 보이는 특징을 가지고 있다고 알려져 있다. 연쇄살인범 또는 연쇄 성폭행범 등 극단적 유형도 있지만 의사, 변호사 등 사회적 상류층의 전문직 종사자에서부터 여성, 청소년 등 다양한 사람들에게서 나타난다. 세계 인구의 1~2% 정도가 사이코패스라고 한다 (『사이코패스: 정상의 가면을 쓴 사람들』나카노 노부코. 2018).

대부분의 사이코패스는 사회에 적응해서 평범하게 살아가고 있으며, 그들이 저지르는 범죄 유형을 보면 살인마가 아니라, 특히 사기꾼이 많다고 한다. 최근 연구 결과에 따르면, 모든 사람이 특정 순간에 보이는 반응은 사이코패스의 특징이라는 제안까지 등장했다. 즉 타인이 불행을 겪는 것을 보고 쾌감을 느끼는 경우가 흔히 있는데, 이는 사이코패스의 특징이라는 것이다.

이 지점에서 사람들이 자연스럽게 던지는 질문이 있다. 즉 무고한 사람들을 무차별적으로 살해한 연쇄 살인마 사이코패스들도 과연 구원 받을 수 있는가이다. 이 질문은 앞서 9장에서 다룬 질문인, 착한 일을 하면 구원받지 않나요와 정반대로 표현된 질문이다. 이 두 질문은 표현은 다르지만, 기본적으로 선행을 많이 하면 구원받고, 악행을 많이 하면 벌을 받아 지옥을 가야한다는 정의 또는 공의에 관한 물음이라는 점에서 일맥상통한다. 만약 하나님이 공의의 하나님이라면 연쇄 살인마 사이코패스는 당연히 지옥에 가야 하지 않겠는가라는 생각이 깔려 있다. 또 다른 한편으로, 사랑의 하나님이라면 어떻게 할 건가와 같은 복합적인 질문이라고 볼 수 있다.

하나님의 공의와 사랑에 대해 살펴보기 전에, 세속적 법 체계에서는 어떻게 이를 다루는지 잠시 살펴보자. 예를 들어 연쇄 살인범이 재판을 받을 때 사이코패스라는 것이 입증되면 감형이나 사면이 가능할까?

2017년 10월 여중생을 성추행한 후 살해한 한국의 이영학은 2018

년 2월 1심 선고에서 사형선고를 받았다. 여러 가지 법리적 이유 외에, 그는 정신감정을 받았는데 사이코패스 평정 척도(PCL-R) 검사 결과 40점 중 25점을 받아 변태성욕을 가진 고위험군에 분류되었으며, 재범가능성이 높다는 판정을 받았다. 그러나 2018년 9월 항소심에서는 무기징역으로 감형되었다. 그는 정신감정을 다시 받았는데 한국 성범죄자 위험성 평가척도(KSORAS)에서 중간 정도의 평가를 받아 재범가능성이 없다는 판단을 받았다. 이로 보건대 사이코패스 감정 결과 고위험군으로 판단되면 오히려 재범가능성이 높다고 판단되기 때문에 감형의 가능성이 더 낮아진다고 볼 수 있다. 흔히 형법 10조에 기록된 '심신 장애인' 또는 심신미약 상태로 판정을 받을 경우 자의적으로 범죄를 저질렀다고 보기 어렵기 때문에 처벌을 하지 않거나 감형을 한다고 볼 수 있다. 그러나 사이코패스들은 대개 평범한 사회생활을 지속하기 때문에, 정상적인 생활을 할 수 없을 정도의 심신미약이나 심신 장애가 아니라고 판단되어 감형이나 무처벌의 대상이 될 수 없다고 보는 것이다.

사이코패시(psychopathy)를 일으키는 요인에 대한 연구 결과, 유전적 및 생물학적 요인과 후천적인 사회 및 환경적 요인이 복합적으로 결합된 것으로 설명되었다. 가령 행동을 통제하고 충동을 조절하는 전두엽에 이상이 있다거나, 공격성을 억제하는 세로토닌이 전두엽에 분비되지 않거나, 효소를 조절하는 MAOA라는 유전자가 염색체 이상으로 세로토닌 분비를 감소시킬 가능성이 있다는 것이 사이코패스들한테서 발견되었다. 그러나 이러한 생물학적 요인이 유전되는지에 대한 확실한 연구는 없다. 또한 생물학적 요인만으로 사이코패스가 된다거나 가정환경, 소아시절의 후천적 경험만으로 사이코패스가 결정적으로 된다는 명확한 결론은 확정되지 않은 상태이다. 다시 말해 사이코패스를 개인의 자유의지가 아닌 것으로 확정할 수 없다는 것이 현재까지 알려진 바라고 할 수 있다.

요컨대 현대 과학으로 밝혀진 현재까지의 결과와 더불어 세속 법에서 사이코패스들은 특별히 감형을 받지 않고 법에서 정한 대로 형을 받는다. 이런 상황에서 하나님은 극단적인 유형인 연쇄살인범 같은 사이코패스를 구원하는가에 대한 질문은 바로 하나님의 공의에 대한 물음이다.

이 질문에 대한 답은 선행이 구원의 필수 조건이 될 수 없다는 9장의 답과 어느 정도 관련성이 있다. 인간의 선행 여부 또는 정도가 구원의 조건이 될 수 없듯이, 사회적 악행 여부 또는 정도 역시 구원의 필요 조건 또는 지옥에 가야할 충분 조건이 될 수 없다.

첫째, 공의와 정의를 실현하기 위한 객관성과 타당성의 측면에서 볼 때, 악행의 여부 또는 정도 역시 정의롭지 못한 기준이기 때문이다. 9장의 논의에서 살펴보았듯이, 누가 천국에 갈만큼 선행을 베풀었느냐에 대한 객관적 측정이 불가능하기 때문에, 선행은 오히려 불공정한 잣대이다. 악행의 기준 역시 사회적 범죄로 측정할 것인지, 도덕적 비난 정도로 측정할 것인지 판단할 객관적 주체와 기준이 없다. 또한 사회적 범죄 여부 및 정도로 판단할 때 어느 정도가 적절한지, 또한 도덕적 비난 정도로 판단할 때 어느 정도가 천국에 갈만하거나 지옥에 가야만 정당한지에 대한 공정한 기준은 정하기 불가능하다.

둘째, 사람이 판단하는 기준과 하나님이 판단하는 기준이 다르다. 앞서 살펴 보았듯이, 하나님 앞에서 모든 사람은 죄인이다. 인간은 죄를 지었기 때문에 죄인이 아니라, 죄인으로 태어났기 때문에 죄를 짓는다. 하나님은 우리의 마음의 중심을 보시며, 우리는 모두 죄인이다.

✦ 모든 사람이 죄를 범하였으매 하나님의 영광에 이르지 못하더니 (롬 3:23)
✦ 기록된 바 의인은 없나니 하나도 없으며 (롬 3:10)
✦ 사람은 외모를 보거니와 나 여호와는 중심을 보느니라 (삼상 16:7)
✦ 나는 너희에게 이르노니 여자를 보고 음욕을 품는 자마다 마음에 이미 간음하였느니라(마 5:28)

우리는 사회적으로는 연쇄 살인마같은 사이코패스적 행동을 발산하지 않았을지 모르지만, 하나님 보시기에 우리 인간은 살인자나 마찬가지이다. 인간이 아무리 선행을 하거나 아무리 악행을 저지르느냐에 상관없이 하나님의 거룩하심의 기준에 보면 모두 영원한 형벌을 받아야할 죄인이다. 최근의 한 뇌과학적 연구에 의하면, 모든 사람이 특정 순간에 사이코패스적 행동을 보인다는 제안까지 한 것은 참으로 특이하다(『샤덴프로이데: 타인의 불행에서 느끼는 은밀한 쾌감』.나카노 노부코. 2018).

그렇다면 하나님이 우리를 구원하시는 방법은 무엇인가? 그것은 본서의 여러 질문에 대한 답변에서 반복적으로 논의했듯이, 구원은 인간의 행위의 여부나 정도에 달려 있는 것이 아니라 오직 하나님의 은혜로만 가능하다는 것이다. 자신이 죄인임을 인정하고 회개하고 예수님이 우리의 죄를 위해 죽으시고 부활하셨다는 것을 마음으로 믿으면 누구도 예외없이 구원을 받는다.

✦ 너희는 그 은혜에 의하여 믿음으로 말미암아 구원을 받았으니 이것은 너희에게서 난 것이 아니요 하나님의 선물이라 (엡 2:8-9)
✦ 이르되 주 예수를 믿으라 그리하면 너와 네 집이 구원을 받으리라 하

고 (행 16:31)

✦ 여호와는 마음이 상한 자에게 가까이 하시고 중심에 통회하는 자를 구원하시는도다 (시 34:18)

✦ 네가 만일 네 입으로 예수를 주로 시인하며 또 하나님께서 그를 죽은 자 가운데서 살리신 것을 네 마음에 믿으면 구원을 받으리라 (롬 10:9)

선행이나 악행의 여부와 정도는 구원받거나 지옥에 가는지를 결정하기 위해 고려할 수 있는 요인으로서 결코 공정하거나 객관적인 기준이 아님은 본서에서도 충분히 검토한 바 있다. 하나님은 우리를 사랑하시기 때문에 가장 공정하고도 객관적인 자신의 기준을 제시했다. 사람들이 보기에 연쇄 살인마같은 사이코패스도 마음으로 자신의 죄를 회개하고 예수님이 자기의 죄 값을 모두 갚았다는 은혜의 선물을 믿음으로 받기만 하면 구원받을 수 있는 것이다.

간혹 이런 질문을 받는다. 만약 나중에 죽어서 천국에 갔을 때, 다음과 같은 두 가지 상황 중에서 어떤 경우를 더 많이 보게 될까? 평소에 행실이 좋아 보여서 당연히 천국에 갈 것 같았는데 가서 보니 오지 못한 경우 또는 저런 사람은 너무나 악해서 도저히 천국에 가지 못할 거라고 예상했는데 가서 보니 천국에 온 경우가 있을 것이다. 겉으로 보기에 선행을 많이 한 사람이 마음으로는 예수님을 거절한 경우 또는 겉으로 보기에 악인이었는데 나도 모르는 사이에 예수님을 믿고 회개하고 진정한 하나님의 아들이 된 경우일 것이다. 하나님의 측량할 수 없는 사랑과 공의를 고려한다면 후자의 경우 때문에 더 놀라지 않을까?

참고문헌

A. W. 토저. 2010.『하나님은 굶주린 영혼을 먹이신다』.(이용복 옮김). 규장.

C. S. 루이스. 2005.『고통의 문제』.(이종태 옮김). 홍성사.

김종원. 2019. 우리가 꿈꾸는 교회. 2019. 9. 14 주일 설교

게리 하버마스. 2002.『의심: 믿음의 또다른 얼굴』.(오수미 옮김). 요단출판사.

나카노 노부코. 2018.『사이코패스: 정상의 가면을 쓴 사람들』.(박진희 옮김). 호메로스.

나카노 노부코. 2018.『샤덴프로이데: 타인의 불행에서 느끼는 은밀한 쾌감』.(노경아 옮김). 삼호미디어.

낸시 피어시. 2006.『완전한 진리』.(홍병룡 옮김). 복있는 사람.

노먼 가이슬러·라이언 스너퍼. 2009.『기독교 윤리로 세상을 읽다』.(박주성 옮김). 사랑플러스.

매튜 미드. 2018.『유사 그리스도인』.(장호익 옮김). 지평서원.

래리 크랩. 2010.『영적 가면을 벗어라』.(윤난영 옮김). 복있는 사람.

리 스트로벨. 2002.『예수는 역사다』.(윤관희. 박중렬 옮김). 두란노.

송광택. 2010.『고전의 숲에서 하나님을 만나다』. 평단.

스티븐 마이어. 2014.『세포 속의 시그니처』.(이재신 외 옮김). 겨울나무.

앤드루 머리. 2002.『하나님의 치유』.(장진욱 옮김). 기독교문서선교회.

앤드류 머레이. 2015.『앤드류 머레이의 예수님처럼』.(유재덕 옮김). 브니엘.

앤드류 머레이. 2017.『나를 허물고 주님을 세우는 삶』.(박이경 옮김). 아가페출판사.

앤드류 머레이. 2018.『내가 죽어야 성령이 산다』.(임종원 옮김). 브니엘.

어윈 맥마너스. 2002.『영혼의 혁명』.(윤관희 옮김). 사랑플러스.

윌리엄 쉐드. 2012.『사망의 잠 깨워 거듭나게 하는 말씀』.(서문강 옮김). 청교도신앙사.

잔느 귀용. 2015.『잔느 귀용의 순전한 사랑』.(유평애 옮김). 두란노.

잔느 귀용. 2018.『예수 그리스도를 깊이 체험하기』.(채수범 옮김). 생명의 말씀사.

제임스 패커. 1994.『사도신경』.(김진웅 옮김). 아바서원.

제임스 패커. 2012.『하나님을 아는 지식』.(정옥배 옮김). IVP.

조나단 에드워즈·존 파이퍼. 2003.『존 파이퍼의 하나님의 영광을 위한 하나님의 열심』.(백금산 옮김). 부흥과 개혁사.

조나단 에드워즈. 2010.『영적 감정을 분별하라』.(김창영 옮김). 생명의 말씀사.

존 맥아더. 2006.『구원 얻는 믿음이란 무엇인가』.(박성호 옮김). 여수룬.

존 맥아더. 2012.『최고의 설교』(이지혜 옮김). 국제제자훈련원.

존 버크. 2010.『있는 모습 그대로 오라』(윤관희 옮김). 국제제자훈련원.

존 스토트. 1988.『그리스도의 십자가』(정옥배 옮김). IVP.

존 스토트. 2006.『현대사회 문제와 그리스도인의 책임』(정옥배 옮김). IVP.

존 파이퍼. 2006.『영적 침체를 극복하라』(전의우 옮김). IVP.

존 파이퍼. 2009.『하나님을 기뻐하라』(박대영 옮김). 생명의 말씀사.

존 파이퍼. 2011.『존 파이퍼의 생각하라』(전의우 옮김). IVP.

존 파이퍼. 2013.『장래의 은혜』(차성구 옮김). 좋은 씨앗.

존 파이퍼. 2017.『존 파이퍼의 돈, 섹스 그리고 권력』(박대영 옮김). 생명의 말씀사.

존 칼빈. 2003.『기독교강요』(원광연 옮김). 크리스찬 다이제스트.

찰스 스펄전. 2011.『예수가 가르친 제자도』(송용자 옮김). 터치북스.

최승호. 1995.『율법과 복음: 제자양육교재』. 서울: 한사랑.

최준식. 2013.『죽음학개론』. 모시는 사람들.

폴 워셔. 2013.『복음』(조계광 옮김). 생명의 말씀사.

폴 틸리히. 2008.『흔들리는 터전』(김광남 옮김). 뉴라이프.

프릿츠 리데나워. 2005.『무엇이 다른가』. 생명의 말씀사.

하재성. 2014.『긍휼, 예수님의 심장』. SFC 출판부.

한국창조과학회. 2012.『기원과학』. 한국창조과학회.

윤관희

서울대학교 영어교육과를 졸업한 후, 미국 애리조나 대학교의 언어학과 박사과정을 졸업하고 현재 대구대학교 영어영문학과의 교수로 재직 중이다. 대학교 학원 복음화 사역, 외국인 전도 사역, 및 번역 및 저술 활동을 하고 있다. 역서로 『예수는 역사다(두란노, 공역)』 『평범이상의 삶(사랑플러스, 공역)』 『하나님의 파격적인 주장(사랑플러스)』 『넥스트(국제제자훈련원)』 외 다수.

믿음과 의심의 대화

초판 1쇄 발행 _ 2020년 3월 28일

저　자 · 윤 관 희
발행인 · 정 현 걸
발　행 · 신 아 사
인　쇄 · 대명프린팅
주　소 · 서울특별시 은평구 통일로 59길 4 (2F)
전　화 · (02) 382-6411　팩스 · (02) 382-6401
홈페이지 · www.shinasa.co.kr
E-mail · shinasa@daum.net
출판등록 · 1956년 1월 5일 (제 9-52호)

ISBN 978-89-8396-391-8 (03230)

정가　15,000원